T0278042

La democracia expansiva

Nicolás Sartorius

La democracia expansiva

o cómo ir superando el capitalismo

EDITORIAL ANAGRAMA
BARCELONA

Ilustración: «Julián el jurista en el acto de pensar» (estatua frente al Palacio de Justicia en Roma), © Cris Foto / Shutterstock. Diseño de lookatcia

Primera edición: marzo 2024

Diseño de la colección: lookatcia.com

© Nicolás Sartorius, 2024

© EDITORIAL ANAGRAMA, S. A., 2024
Pau Claris, 172
08037 Barcelona

ISBN: 978-84-339-2287-8
Depósito legal: B. 1174-2024

Printed in Spain

Romanyà Valls, S. A.
Verdaguer, 1, 08786 Capellades (Barcelona)

Para mi nietísimo Román,
el futuro del futuro

1. DE LAS GUERRAS CALIENTES Y FRÍAS

La IIª Guerra Mundial la ganaron, desde un punto de vista social, los trabajadores europeos, con la ayuda tardía de los norteamericanos. En términos políticos, fue una alianza entre la URSS –primer país en el que se intentaba un sistema no capitalista–, la Norteamérica del New Deal de Roosevelt y una Europa ocupada, en la que solo quedaban Gran Bretaña y múltiples focos de resistencia en el continente. En realidad, después de la batalla de Inglaterra, durante muchos meses fue un combate entre la Alemania nazi y la Unión Soviética.

Las causas de aquel conflicto espantoso hay que buscarlas en la Gran Guerra y su nefasto Tratado de Versalles, pero sobre todo en el nacionalismo belicista de los nazis y en las secuelas tóxicas de la gran crisis del capitalismo de los años treinta del siglo pasado. Esta quiebra del sistema comenzó en Estados Unidos con el famoso crac de Wall Street en octubre de 1929 y, como sucediera años después, saltó del sector financiero a la economía productiva, y del país norteamericano a la vieja Europa. Una vez más, las cíclicas convulsiones del capitalismo provocaron efectos catastróficos en las mentes atemorizadas de los individuos, arrastrándolos a posturas defensivas y reaccionarias de naturaleza xenófoba y nacionalpopulista.

Las fuerzas políticas que consiguieron dar expresión a estos estados de ánimo colectivos y lograron, a la postre, conquistar el poder tenían, con ligeras variantes, parecidas características: un nacionalismo radical y belicista, un manifiesto racismo, y una agresividad enfermiza contra todo lo que oliera a democracia liberal o a partidos y sindicatos de izquierda. Un factor que alimentó a estas fuerzas de ultraderecha fue, sin duda, el pánico que suscitaron entre las clases propietarias el triunfo de la Revolución en Rusia, los movimientos de los consejos (sóviets en Rusia) que se extendieron por diversos países de Europa como Alemania, Italia, Austria o Hungría, y, más tarde, los frentes populares que triunfaron en Francia y España. De ahí que en el surgimiento, la financiación y el apoyo a los partidos fascistas, nazis y de ultraderecha tuvieran un papel esencial los sectores dominantes del gran capital y de las burguesías nacionales, sin cuyo concurso esas formaciones no habrían alcanzado el poder y arrastrado a Europa a una guerra devastadora.

El Partido Nacionalsocialista alemán de Hitler, el Partido Fascista italiano de Mussolini, el petainismo francés o el franquismo español son hijos de las grandes burguesías y de los poderosos financieros, industriales y terratenientes de sus respectivos países. Lo anterior no es contradictorio, sino que se compadece, con el hecho de que la masa movilizada por esos partidos estuviese formada, en su mayoría, por la pequeña y mediana burguesía e incluso por numerosos sectores de trabajadores. Pero las fuerzas dominantes que estaban detrás, financiando esos partidos y aprovechándose de sus políticas belicistas y antiizquierda, eran los grandes propietarios. Está acreditado que las mayores empresas alemanas financiaron y apoyaron a Hitler en la liquidación de la República de Weimar y en sus aventuras guerreras. Entre otras muchas cabría destacar Bayer, BMW –de la familia Quandt–, Daimler, IG Farben, Agfa, Telefunken, Schneider, Siemens, Mannesmann, Flick, Deutsche y Dresdner Bank, además de a los grandes personajes que se sentaban en sus consejos de administración, como Gustav Krupp von Bohlen –presidente de la Industria Alemana del Reich–; el cuarto hijo del káiser, Augusto Guillermo; Fritz Thyssen; el conde von der Solz; el magnate del carbón Emil Kirdorf; Hjalmar Schacht, expresidente del Reichsbank; Kurt Schmitt –de Allianz–; los von Finck; los Porsche-Piëch; Walther Funk, magnate de la prensa, y Albert Vögler, de la industria siderúrgica, así como a los grandes terratenientes, con el presidente de la Liga Agraria del Reich a la cabeza.

Otro tanto ocurrió en el caso del *fascio* italiano. No debe resultar extraño si tenemos en cuenta que lo primero que hizo Mussolini cuando tomó el poder en 1922 fue «reordenar» el sistema tributario y destruir las organizaciones sindicales, industriales y agrarias. Contó con el apoyo directo del terrateniente Colonna di Cesarò; de Rossi di Montelera, copropietario de Martini Rossi y presidente de la Cámara de Comercio de Turín, y del conde Zappi Recordati, terrateniente y presidente de la Confederación Nacional de la Agricultura. De igual condición latifundista eran el conde Filippo Cavazza, el marqués Carlo Malvezzi y los líderes de empresas como Fiat, Perrone, Pirelli, Orlando y Montecatini, entre otros muchos. Lo que no empece para que algunos de ellos evolucionaran con el tiempo y se fueran distanciando al compás del devenir de la guerra.

Por otra parte, la colaboración del gran capital francés con la Alemania hitleriana está igualmente documentada. Las habituales comidas en la llamada Table Ronde del Hotel Ritz eran conocidas como los «almuerzos de la traición». En ellos, una buena parte de los más importantes industriales franceses aceptaron colaborar con las demandas de los ocupantes, incluyendo el esfuerzo bélico. Empresas como Renault, Peugeot, Pechiney, Rhône-Poulenc, Saint-Gobain, Ugine, Champagne Pommery, Ford (Francia), Grands Hotels, Société Générale, Banque Nationale y Paribas, entre otras, aparecen en esta lista de la vergüenza. Personajes como Louis Renault, François Albert-Buisson, el barón Pierre d'Oissel, Jean Parain, Maurice Dollfus, el marqués Charles de Polignac, el príncipe de Beauvau-Craon, André Laurent o Marcel Boussac eran de los que pensaban que el bolchevismo era mucho más terrible que el nazismo. Desde el punto de vista de sus intereses cremátisticos y de clase no les faltaba razón. Una colaboración que fue cambiando, como en otros países, entre 1943 y 1944, en especial tras la derrota nazi en la batalla de Stalingrado. Hubo, como en todas partes, excepciones: fue el caso de Raoul de Vitry, director general de Pechiney y uno de los pocos que se sumaron a la Resistencia.

Pero incluso en los países que, a la postre, acabaron enfrentándose a Hitler y Mussolini, estos gozaron de simpatías y apoyos entre las clases altas, como fueron los casos de Henry Ford en Estados Unidos o de Eduardo VIII, más conocido como el duque de Windsor, en Gran Bretaña. Por no hablar del caso español, cuyo golpe cívico-militar de julio de 1936 fue financiado, apoyado y sostenido, en todo momento, por los grandes financieros, industriales y terratenientes, pertenecientes a la llamada aristocracia en su mayoría: queda reflejado en investigaciones como las de Ángel Viñas o Sánchez Asiaín. De este panorama se deduce que es bastante evidente la responsabilidad de esos sectores del gran capital en la conquista del poder por dictadores fascistas y en la subsiguiente guerra Mundial. Lo notable del asunto es que, salvo rarísimas excepciones, ninguno de los que pertenecieron a países como Alemania, Italia o Francia tuvo que rendir cuentas ante la justicia y siguieron disfrutando de sus empresas y riquezas una vez finalizada la contienda. No sé qué hubiera sucedido si tamaña hecatombe la hubiese provocado el «socialismo» y no el «capitalismo», como en este caso.

11

Los que murieron, tanto militares como civiles, pertenecieron, como es lógico, a todas las clases sociales, pero en su inmensa mayoría fueron obreros y campesinos, aunque solo sea porque lo eran la práctica totalidad de los 25 millones de ciudadanos soviéticos que perecieron en la contienda. Por eso me he permitido decir que la IIª Guerra Mundial la ganaron los trabajadores de todas clases. El más alto precio lo pagó con diferencia la URSS, con los citados 25 millones de muertos, 1.710 ciudades y poblaciones destruidas y 70.000 pueblos arrasados. Estados Unidos perdió 405.000 ciudadanos-soldados, pero tuvo la fortuna de que ni una sola bomba cayera en su territorio continental. De los 36,5 millones de muertos europeos, Alemania acumuló 4,5 millones; Polonia, 3,5, y Yugoslavia, 1,8. Las muertes italianas se cifraron en 427.000; las de Francia en 400.000 y las del Reino Unido en 350.000. Por su parte Japón tuvo 1,7 millones de bajas y se estima que perecieron 14 millones de chinos. Todo ello sin contar los miles de fallecimientos violentos que se produjeron en multitud de países de Europa y Asia durante la ocupación de las tropas alemanas y japonesas.

El nacimiento del Estado del bienestar

Las dos consecuencias más trascendentales de la derrota del nazifascismo y de la complicidad del gran capital con las fuerzas vencidas fueron, por un lado, un avance significativo en las conquistas sociales de los trabajadores europeos y norteamericanos y, por otro, el principio del fin del colonialismo. En Asia, la derrota del militarismo japonés conduce a la trascendental toma del poder en China por los comunistas de Mao. Hay que tener en cuenta que, en el periodo de entreguerras, es decir, los veinte años (1919-1939) que transcurren entre la Iª y la IIª Guerra Mundial –que no dejaron de ser al mismo tiempo «guerras civiles» europeas–, ni en Estados Unidos ni en Europa occidental existían Estados que intervinieran en la marcha de la economía, o que proporcionaran servicios sociales universales a la ciudadanía. Era el reino de la concepción liberal, en que la presión fiscal era mínima y, en consecuencia, no se podía hablar de un Estado social como los que conocemos hoy en día.

La mayoría de los países destinaban entre un 10 y un 20 % del PIB a las necesidades públicas, mientras que en Estados Unidos, hasta bien entrados los años veinte del siglo pasado, el gasto total del Gobierno federal era inferior al 10 % de la riqueza anual. En esa misma década, la presión fiscal era la siguiente: en Alemania el 8,6 %, en Suecia el 7,2 %, en Austria el 9 %, en Francia el 18 %, en el Reino Unido el 20 %, y en España el 6 %. Asimismo, de la suma que recaudaba el Estado, la mayor parte iba destinada a gastos de defensa, seguridad interior, etc., y prácticamente nada a lo que Marx llamaba la «administración de las cosas». Tengo la impresión de que los primeros que se percataron del peligro que esta situación suponía durante la gravísima crisis económica de los años treinta fueron el presidente Roosevelt y el que luego sería su progresista vicepresidente Henry Wallace, lo que les indujo a poner en marcha el famoso New Deal. Nada parecido se hizo, por el contrario, en Europa. Sin la gravedad de entonces, algo parecido ha sucedido con la crisis de 2008 y veremos en otro capítulo de este ensayo cuáles han sido sus resultados.

El New Deal supuso, entre otras cuestiones, aumentar los impuestos a los ricos –los *robber barons*, es decir, los «barones ladrones»– y reconocer derechos a los trabajadores. Se les permitió sindicarse, hacer huelgas, y se aprobó una ley de seguridad social cuyo resultado fue un aumento considerable de la afiliación a los sindicatos. Hasta tal punto se avanzó en derechos sociales que el magnate de los medios de comunicación William R. Hearst, influyente promotor de las guerras contra España y México, y en el que se inspiró el famoso ciudadano Kane de la película de Orson Welles, llamaba al presidente «Stalin Delano Roosevelt». Por las anteriores razones, cuando terminó la IIª Guerra Mundial y, una vez lograda la reconstrucción básica de los destrozos producidos por la contienda, se produjo un progreso realmente espectacular en los derechos sociales de los trabajadores en la mayoría de los países europeos, si exceptuamos España y Portugal, sometidos a dictaduras de extrema derecha.

Las causas principales de estos avances fueron las siguientes: en primer lugar, las fuerzas que se habían enfrentado al nazifascismo habían sido, en su mayo-

14

ría, de izquierda; comunistas, socialistas y cristianos progresistas, entre otros, habían nutrido los grupos de la Resistencia. En el caso de Francia cada vez es más conocido el importante papel que desempeñaron los republicanos españoles que habían huido del país al terminar la Guerra Civil. Por otra parte, la máxima contribución a la derrota del hitlerismo la había aportado la URSS con sus 25 millones de muertos y una lucha casi en solitario en la Europa continental hasta la apertura del segundo frente en junio de 1944, con el desembarco de Normandía. En realidad, la invasión de Italia por los aliados en julio de 1943 no se consideró como la apertura de un segundo frente en términos bélicos. Debido a ello, al finalizar la contienda, el prestigio de la URSS era considerable entre las capas populares de la población y el temor de las burguesías anglosajonas al avance del comunismo era un hecho cierto, lo que las incitaba a realizar concesiones sociales para frenarlo, aunque no fuera esa la causa principal de la mejora en derechos. Por último, era inviable regresar a la antigua situación social de preguerra, después de que los trabajadores y sus mujeres hubieran sido el sostén principal del esfuerzo bélico y una parte de las clases altas hubiesen coqueteado con el fascismo como valladar ante el peligro bolchevique. Un caso paradigmático a este respecto fue el de Gran Bretaña, un país profundamente clasista, con un vasto imperio, una Cámara de los Lores hereditaria y en el que Hitler no había dejado de tener amigos y admiradores. Pues bien, llegado el momento de la verdad, el Reino Uni-

15

do se enfrentó al dictador alemán no sin antes provocar la caída de un rey –Eduardo VIII– y de un primer ministro –Chamberlain, partidario del apaciguamiento–. El mérito en la conducción de la guerra se lo arrogó casi en exclusiva Winston Churchill, cuando en realidad funcionó un Gabinete de Guerra en el que estaban representados conservadores, laboristas y liberales, con el socialista Attlee de segundo de a bordo. En más de una ocasión, los miembros de este Gabinete tuvieron que refrenar y corregir las tendencias aventureras del primer ministro, que solía cometer errores de bulto, como cuando se opuso todo lo que pudo a la apertura de un segundo frente e incluso al propio desembarco de Normandía. Así, cuando concluyó la contienda, los británicos no le dieron la victoria electoral al Partido Conservador, liderado por el «gran triunfador de la guerra», sino al más modesto y discreto Attlee, líder del Partido Laborista. El mensaje fue claro: los británicos no deseaban de ninguna manera regresar al Antiguo Régimen, plagado de privilegios clasistas, sino avanzar en derechos sociales y empezar a desmantelar un colonialismo que hacía agua por todos los costados.

Fueron los años de las nacionalizaciones de sectores estratégicos de la economía como la minería, los seguros, los transportes, la energía y una parte de la banca, y de la introducción de elementos de planificación que ya se habían aplicado durante la guerra. En el orden social se empezaron a poner en práctica contenidos centrales del llamado Estado del bienestar.

Unos años antes, el Informe Beveridge de 1942 había apuntado los ejes básicos de la reforma: servicio nacional de salud, pensiones públicas, ayudas familiares, educación generalizada, etc. Dichas medidas exigían, obviamente, unas profundas reformas fiscales que permitieran aumentar el gasto social. Por ejemplo, Gran Bretaña dedicaba en 1949 a seguridad social el 17 % de su PIB, y Francia, que en 1938 destinaba a servicios sociales un 5 % de su riqueza, en 1949 había doblado esa proporción. En el caso de Italia se partía de una situación más precaria. En 1938 destinaba el 3,3 % del PIB a gasto social, cifra que se había multiplicado por dos en 1949.

Lo cierto es que en las elecciones generales de 1946 los partidos comunistas obtuvieron muy buenos resultados en varios países occidentales. Así, en Francia el 28,6 % de los votos; en Italia el 19 %, que crecería hasta el 30 % en años posteriores; en Bélgica el 13 %, y en Checoslovaquia el 38 %. Por su parte, los partidos socialistas y socialdemócratas lograron en Gran Bretaña, Dinamarca, Suecia y Noruega resultados que oscilaron entre un 38 y un 41 % de los sufragios, que los llevaron a alcanzar el gobierno en varios casos. La atracción del «comunismo» era real y la afiliación a los partidos comunistas fue copiosa. El PC francés contaba con más de un millón de inscritos, el italiano con 2,25 millones de afiliados e incluso en países como Noruega, Dinamarca o Finlandia una parte considerable de la ciudadanía apoyaba a partidos comunistas. Otro tanto sucedió en el terreno sindical. La afiliación a los sindicatos creció de manera exponencial y en Francia e Italia las centrales obreras CGT y CGIL, de mayoría comunista, alcanzaron la hegemonía en el mundo del trabajo. En estos dos últimos países, la fuerza de la izquierda se tradujo en la incorporación de ministros socialistas y comunistas a los primeros gobiernos posteriores a la guerra. No puede pues sorprender que en un informe de la CIA de 1947 se afirmase que «el mayor peligro para la seguridad de Estados Unidos es la posibilidad de un colapso económico en Europa occidental y el subsiguiente acceso al poder de elementos comunistas». En efecto, la situación económica de Europa occidental era catastrófica. Incluso el Reino Unido, a pesar de su imperio, era insolvente al terminar la guerra, estaba endeudado hasta las cejas y había perdido el 25 % de su riqueza. Los demás países estaban todavía peor.

¿Es más rentable la guerra que la paz?

Al finalizar la IIª Guerra Mundial, con las rendiciones de Alemania en Europa y Japón en Asia, se plantearon dos grandes opciones estratégicas de cuya elección dependería el futuro de Europa y del mundo. O mantener la cooperación y/o alianza que se había establecido entre Estados Unidos y la URSS durante la guerra, con una política de coexistencia pacífica, que limitara el rearme y mantuviera la paz o, por el contrario, caminar por la senda de una política de confrontación o de «guerra fría», con una desaforada carrera armamentista y conflictos regionales. Como es bien conocido, durante toda la segunda mitad del siglo XX triunfó la segunda de estas estrategias. Aunque las responsabilidades fueron compartidas, esta política la impusieron, en lo esencial y en los momentos decisivos, los sectores del capitalismo norteamericano que representaban lo que el presidente Eisenhower llamó, al final de su mandato, el «complejo industrial-militar». La estrategia fue nefasta para la izquierda en su conjunto y, a la postre, provocó la implosión o colapso de la URSS y del llamado campo socialista. Stalin cayó o no pudo evitar caer en esta trampa, de la que no supieron o pudieron salir, aunque lo intentaron, sus sucesores.

¿A quién hay que achacar la responsabilidad del inicio de la guerra fría y la subsiguiente carrera de armamentos? En mi opinión, no hay duda de que al sector más derechista y belicista del capitalismo norteamericano, aunque también pesó la paranoia de la dictadura estalinista. Aquí vendría a cuento el apotegma de Séneca en *Medea*: «Cui prodest scelus, is fecit» («aquel a quien aprovecha el crimen es quien lo ha cometido»), que había popularizado Cicerón. La guerra fría benefició especialmente a Estados Unidos, sobre todo a su ya mencionado complejo industrial-militar, y en ciertos momentos contribuyó al crecimiento económico del país en su conjunto.

Hay quien sostiene, no sin algo de razón, que la guerra fría comenzó realmente entre 1917 y 1918,

19

cuando los bolcheviques tomaron el poder en Rusia y establecieron un sistema económico-social que rompía, por primera vez en su historia, con la «cadena del capitalismo». No creo que en puridad se tratase de una guerra fría, sino, propiamente hablando, de una guerra caliente. Por aquel entonces tropas británicas, francesas, norteamericanas y japonesas, entre otras, intervinieron a favor de los ejércitos «blancos» en la guerra civil rusa, que tuvo lugar entre 1917 y 1923, en lo que constituyó el primer intento de acabar con aquella novedosa experiencia. Esa intervención puso de manifiesto que el capitalismo dominante no estaba dispuesto a permitir el triunfo de una revolución que terminase con su dominio y, mucho menos, que llegara a demostrar, cuestión harto difícil, que podía ser superior. Una guerra civil que, en principio y con enormes costes, terminó con la victoria del Ejército Rojo y la posterior «normalización» de relaciones entre la URSS y las potencias occidentales. Sin embargo, no dejó de ser un aviso para lo que vino después y, sobre todo, para la psicosis de asedio en la que siempre vivió la dirección soviética, con las consecuencias nefastas que esta obsesión tuvo para el desarrollo de la guerra fría. No hay que olvidar que en el breve plazo de veinticuatro años, la URSS o, si se prefiere, Rusia fue invadida dos veces.

No estaba escrito ni era ineluctable que después de la IIª Guerra Mundial, con la victoria de la alianza entre Estados Unidos y la URSS frente a Alemania, Italia y Japón, tuviera que iniciarse una guerra fría entre los antiguos aliados. Sin ir más lejos, los líderes norteamericanos, el presidente Roosevelt y su vicepresidente Henry Wallace, eran partidarios de establecer un nuevo orden, que pivotara sobre las Naciones Unidas, en el que pudieran colaborar las dos grandes potencias como garantes de la paz. Del lado soviético, como era obvio, después de la total destrucción del país, el interés debería haber estado en la coexistencia pacífica y evitar así, por todos los medios, otro conflicto bélico. Por su parte, Estados Unidos tampoco tenía ningún interés en fomentar conflictos. Esa era la concepción rooseveltiana de la situación.

Sin embargo, uno de los momentos clave en que se torció el destino de la humanidad fue con ocasión de las elecciones presidenciales norteamericanas de noviembre de 1944. Ante la muy precaria salud de F. D. Roosevelt, el candidato demócrata, eran decisivos la personalidad y el pensamiento del que fuera a ser el vicepresidente, en un tándem que se daba por seguro ganador. Los sectores más reaccionarios del Partido Demócrata, incluidos los sindicatos, organizaron una dura campaña contra la elección del entonces vicepresidente Wallace, heredero natural de Roosevelt y de personalidad progresista, que era partidario de una coexistencia pacífica después de la guerra. En la Convención Demócrata para la elección de los candidatos se hicieron todo tipo de maniobras y trampas con el fin de que saliera escogido Harry S. Truman, un oscuro senador de Misuri, antiizquierdista visceral y que, como estaba previsto, sucedió a Roosevelt cuando este murió días antes de que terminase la guerra en Europa.

El nuevo presidente ya había apuntado maneras en su época de senador, recién atacada la URSS por las tropas de Hitler, cuando declaró: «Si vemos que Alemania va ganando la guerra ayudaremos a la URSS, pero si es Rusia la que va ganando ayudaremos a Alemania y, de esta manera, dejaremos que se maten entre ellos lo más posible» (Turner Catledge, «Our Policy Stated», *The New York Times*, 24 de junio de 1941). Así, en cuanto Truman llegó a la presidencia, las relaciones de Estados Unidos con la URSS cambiaron radicalmente. Ya en la Conferencia de Potsdam (del 17 de julio al 2 de agosto de 1945) se manifestó claramente el nuevo clima entre los antiguos aliados. Truman adoptó en aquella reunión una actitud prepotente, apoyado en que Estados Unidos acababa de realizar pruebas exitosas con la bomba atómica, y así se lo comunicó confidencialmente a Stalin. Según cuentan testigos presenciales, el líder soviético no movió una ceja al oír tamaña información, pero acusó el golpe, pues de inmediato habló con el físico ruso Ígor Kurchátov y le dio instrucciones de que se aceleraran los planes para disponer cuanto antes de la letal arma.

En realidad, cuando Truman le comunicó a Stalin que tenía intención de emplearla contra Japón, la dirección soviética no se llamó a engaño. Comprendió que esas bombas, militarmente innecesarias para derrotar a Japón, que ya estaba a punto de rendirse, iban dirigidas contra la Unión Soviética. Se trataba, en el fondo, de un aviso chantajista sobre el futuro que les aguardaba si no se plegaban, de alguna manera, a los planes norteamericanos. Ese auténtico crimen de guerra, en el que murieron cientos de miles de civiles en pocos minutos, se intentó justificar con el argumento de que fue necesario para evitar las víctimas norteamericanas que se habrían producido en el supuesto de una invasión de Japón. Hoy en día nadie serio sostiene esta tesis. Cuando el 6 y el 9 de agosto de 1945 las bombas Little Boy y Fat Man cayeron sobre Hiroshima y Nagasaki respectivamente, Japón estaba prácticamente vencido. La Unión Soviética le había declarado la guerra, corría el riesgo de ser invadido por el norte y perder parte de su territorio. La única condición que puso Japón para rendirse fue que se respetase la figura del emperador, cosa que los norteamericanos acabaron aceptando.

Se podría decir que fue en ese momento cuando comenzó la guerra fría. Por el contrario, se ha sostenido sin rigor alguno que tanto la doctrina Truman como el famoso discurso de Churchill en la Universidad de Fulton en Estados Unidos fueron una reacción defensiva frente al llamado Golpe de Praga, cuando los comunistas tomaron el poder en Checoslovaquia. Esta teoría no se sostiene si se analiza con un mínimo detalle el curso de los acontecimientos. El Golpe de Praga, con la dimisión de los ministros no comunistas del Gobierno de coalición checo, tuvo lugar en febrero de 1948. Pues bien, el discurso de Churchill anunciando que un «telón de acero» había caído sobre Europa fue pronunciado en marzo de 1946 –por cierto, esa misma expresión fue utilizada por Goebbels en febrero de 1945 en el semanario *Das Reich* y reproducida en mayo por el último ministro de Asuntos Exteriores Schwerin von Krosigk–. Por otra parte, en el verano de 1947 habían sido expulsados de los gobiernos francés e italiano los ministros de los respectivos partidos comunistas, y la doctrina Truman, auténtico vademécum de la guerra fría, es de marzo de 1947 y fue provocada por la situación en Grecia y Turquía. Truman, que pronunció el discurso en una sesión conjunta del Congreso y del Senado, dijo que Estados Unidos debía «ayudar a todos los pueblos libres que se resisten a la subyugación de minorías armadas o presiones exteriores». Por supuesto, se olvidó de España y Portugal y esto a nosotros nos costó cuarenta años de dictadura.

Es decir, que a pesar de los errores y crímenes de Stalin, los primeros que rompieron la alianza forjada durante la guerra fueron los gobiernos anglosajones, poniendo en marcha una estrategia que a la larga fue letal para la URSS. En primer lugar, era la manera de aislar al mal llamado campo socialista y dificultar al máximo su improbable éxito; en segundo lugar, la guerra fría conllevaba una carrera de armamentos que en última instancia ahogó a la URSS, al dificultar un desarrollo económico dedicado a satisfacer las necesidades de la población; en tercer lugar, suponía dividir a la izquierda europea, tanto política como sindical, por cuanto obligaba a partidos y sindicatos a tomar posición en un bando u otro de la fría contienda; y, por último, alineaba a Europa occidental tras la estrategia norteamericana, al colocar la seguridad y lo fundamental de la política exterior bajo la hegemonía de Estados Unidos.

Son complejas las razones que llevaron a la dirección soviética a caer en esa trampa que, a la postre, fue su ruina. Hasta el final, como luego veremos, no comprendieron que los efectos de la producción masiva de armas convencionales o atómicas, es decir, la desaforada carrera de armamentos, tenía consecuencias económicas opuestas en Estados Unidos y en la URSS. Mientras que para el primero era una «bomba» que contribuía a hinchar la economía –no debemos olvidar que la IIª Guerra Mundial, primero, y la guerra de Corea, después, fueron decisivas para sacar al país de sendas crisis–, para el segundo, la URSS, era una «bomba de destrucción masiva» económica y social. Esta disparidad de efectos obedecía a diversas causas que es trascendental tener en cuenta para comprender lo sucedido con posterioridad. La principal razón era que la diferencia en el grado de desarrollo entre ambos países al final de la contienda era abismal. Para Estados Unidos el resultado de la IIª Guerra Mundial supuso una bendición desde el punto de vista económico y político. Fue en realidad lo que acabó de sacar al país de la crisis del 29, mientras que para la URSS, por el contrario, fue una catástrofe. El país quedó destruido y la ciudadanía empobrecida hasta límites inimaginables. En términos periodísticos,

Estados Unidos podía permitirse producir «tanques y mantequilla» en cantidades industriales y la URSS, no; tenía que elegir entre los tanques o la mantequilla. Al optar por lo primero creó un sistema que era incapaz de proporcionar bienestar y, como consecuencia, solo podía sostenerse cercenando la libertad de la población. De socialista no tenía nada y, a la postre, resultó inviable.

¿Habría tenido la URSS otra opción? ¿Podía haber evitado la carrera de armamentos y haber dedicado la mayor parte de la riqueza a producir bienes de consumo? No es fácil responder a esta pregunta, porque sectores dominantes de la dirección norteamericana eran conscientes de que a la URSS le ahogaba la carrera de armamentos, y nunca les interesó realmente una política que condujese al desarme nuclear total ni a una coexistencia pacífica real. Las pruebas de lo que sostenemos son múltiples. Sin necesidad de remontarnos a la actitud de las potencias occidentales frente a la Revolución de Octubre, las bombas que se lanzaron sobre Hiroshima y Nagasaki fueron una clara advertencia, y durante diferentes conflictos –pensemos en Corea, Cuba o Vietnam– a lo largo de la guerra fría, Estados Unidos estuvo al borde de utilizar bombas atómicas contra la URSS o China. Si no lo hicieron fue por el temor a desencadenar una guerra termonuclear en la que los contendientes quedarían mutuamente aniquilados. En el caso de la guerra de Corea, el presidente Truman tuvo que destituir al general MacArthur para contener su afán de lanzar la «bomba» ante la oposición de los líderes europeos, Attlee entre ellos, que temían un ataque soviético devastador sobre Europa en el caso de cometerse tamaño disparate. Desde entonces, la carrera de armamentos no cesó, con artefactos cada vez más mortíferos, sofisticados y onerosos que engullían la mayor parte de la riqueza que se producía. El que fuera ministro de Asuntos Exteriores de la URSS, Andréi Gromiko, resumió la situación en sus *Memorias* cuando señaló que en el camino de la fabricación incesante de armas «subyace el evidente cálculo de que la URSS agotará sus recursos materiales antes que Estados Unidos, y por lo tanto, nos veremos finalmente obligados a rendirnos». Y me temo que así fue, «camarada» Gromiko.

No fue quizá una rendición en términos clásicos, pero llegados a un punto la URSS implosionó, se desintegró, se desbarató; en una palabra, desapareció, y con ella el conjunto del llamado campo socialista. Durante los años siguientes, con el nefasto Boris Yeltsin a la cabeza, Rusia quedó a merced de su enemigo y de una caterva de aprovechados que se enriquecieron a costa del desbarajuste general. Esta contradicción entre la producción de armas sofisticadas, o incluso de ser el primer país en enviar un hombre al espacio (Yuri Gagarin), y la pobreza de la población la pudo constatar el autor de estas líneas cada vez que viajaba a la URSS en su calidad de dirigente del PCE español. Por aquellos años, desde los sesenta hasta los noventa del siglo pasado, la URSS competía con Estados Unidos en asuntos como los de la cohetería nuclear o los misiles intercontinentales, y sin embargo, los mercados y las tiendas de las ciudades soviéticas estaban totalmente desabastecidos, hasta el extremo de que para poder adquirir algún producto que en Occidente era de uso corriente, había que acudir a «tiendas especiales» a las que solo tenían acceso los miembros de la nomenklatura soviética o los invitados de alto nivel del Estado o del Partido.

Es cierto que la URSS conoció a partir de los años cincuenta un potente crecimiento económico con un aumento del 10 % anual del PIB en la década que va desde 1953 –fecha de la muerte de Stalin– hasta 1964, cuando la producción industrial se cuadruplicó. No obstante, este crecimiento se dio sobre todo en la industria pesada, ligada a la producción militar, y en una medida mucho menor en la industria ligera o en la agricultura, lo que explicaría los avances espectaculares en armas modernas y la carestía dramática en bienes de consumo. Recordemos el amargo comentario de Mijaíl Gorbachov cuando llegó a la secretaría general del PCUS en 1985: «Los gastos de Defensa sangraban las otras ramas de la economía hasta dejarlas secas (...). Mientras teníamos tanques modernos, los tractores eran obsoletos (...). En los primeros planes quinquenales los gastos militares crecieron el doble que la renta nacional». En efecto, los gastos militares absorbían el 25 % del PIB, lo que a la postre debilitaba al conjunto de la economía y fue una de las causas del estancamiento de los años setenta, en la calificada como la calamitosa era Brézhnev.

Cuando Gorbachov intentó dar un giro estratégico a la política soviética y modificar así la situación, ya era tarde y los norteamericanos no estaban por la labor de facilitarle la tarea a pesar de las buenas palabras y de lo popular que era Gorby en Occidente. La orientación que guiaba a Estados Unidos era igualmente estratégica y eficaz. Consistía en agotar y acogotar a la URSS económicamente vía la carrera de armamentos, obstaculizando los planes de la dirección soviética para resolver los problemas económicos y provocando de esta forma el descontento social. En el fondo era el éxito de la estrategia diseñada antaño por Dean Acheson y continuada por Zbigniew Brzezinski, y la causa por la cual la administración Reagan lanzó, en la última fase de la guerra fría, su Guerra de las Galaxias –de *Star Wars* del cineasta George Lucas, armas indetectables capaces de destruir la URSS, sin defensa posible–, negándose a renunciar a ella y haciendo caso omiso de la desesperada propuesta soviética de una eliminación total de armas nucleares y una reducción de las convencionales. ¿Tenía, pues, la URSS otra opción que no fuese armarse hasta los dientes? Yo creo que sí, pero es discutible en las condiciones de entonces. Gromiko cuenta en sus *Memorias* que en una ocasión le preguntaron: «¿Y qué pasa con la URSS y todas las armas que tiene en tierra, aire y bajo el mar?», a lo que contestó: «Sí, están ahí, pero no tuvimos otra elección». En el fondo seguía el pensamiento de Stalin de 1928, cuando dijo: «O nos industrializamos y nos rearmamos o nos aplastan». Sin duda, los soviéticos tenían motivos para sospechar que si no contaban con una fuerza militar disuasoria serían, en un momento u otro, atacados. Les había sucedido durante la guerra civil, luego en la terrible invasión alemana de Hitler y, por último, con las bombas atómicas que Truman lanzó sobre un Japón ya derrotado.

El hecho objetivo era que, cuando terminó la IIª Guerra Mundial, la URSS era un país destrozado. Necesitaba, por encima de todo, la paz, asistencia económica y mantener las alianzas de la guerra. Como ya hemos visto, esta última posibilidad se esfumó con la muerte de Roosevelt y la sucesión de Truman. Sin embargo, no es cierto que Stalin tuviera la pretensión de hacerse con toda Europa occidental. En ese caso no habría tenido sentido su dramática insistencia en que se abriera un segundo frente en Francia o en dejar caer a los comunistas griegos. Por eso, como cuenta John Lewis Gaddis en *La guerra fría*, cuando los norteamericanos lanzan la bomba atómica, Stalin afirma: «Hiroshima ha sacudido el mundo entero... el equilibrio ha sido destruido. Esto no puede ser». Gaddis señala con razón que, cuando se impulsó el Plan Marshall, los norteamericanos eran conscientes de que la mayor amenaza para los intereses de Occidente no era la perspectiva de una intervención militar soviética, sino el riesgo de que el hambre, la pobreza y la desesperación inclinase a los europeos a votar a los partidos comunistas y los llevasen al poder, sirviendo así a los intereses de Moscú. Como ha quedado acreditado, Stalin cayó en la trampa, quizá porque era la manera más segura de conservar el poder. De todas formas, la opinión de este sobre el chantaje atómico norteamericano no estaba tan descaminada. Según algunos autores, ya Winston Churchill había animado a los estadounidenses a provocar una confrontación con la URSS mientras disfrutasen del monopolio de la bomba atómica, aunque enseguida cambió de opinión cuando comprendió que también podían caer bombas sobre ciudades británicas.

Sin ir más lejos, como ya he comentado, durante la guerra de Corea, el general MacArthur había ordenado a las fuerzas aéreas de Estados Unidos que lanzaran cinco bombas atómicas sobre las tropas chinas que avanzaban por la península de Corea. Solo ante la amenaza soviética de lanzar bombas equivalentes sobre ciudades coreanas del sur se frenó al belicoso general, que, por lo visto, tenía intención de atacar Vladivostok y varias ciudades chinas. Al final, Truman le tuvo que destituir. Luego, durante la crisis de los misiles en Cuba también se estuvo al borde de un encontronazo nuclear. Lo evitaron en el último momento Kennedy y Nikita Kruschev al comprobar que por ese camino acabarían destruyendo sus propios países. La verdad es que pone los pelos de punta lo que cuenta Gaddis en su libro sobre la guerra fría. Escribe que cuando J. F. Kennedy ocupó la presidencia, determinado a racionalizar la conducción de la guerra nuclear, quedó sorprendido al ver que el único plan que había dejado Eisenhower habría requerido el uso simultáneo de más de tres mil armas atómicas contra todos los países comunistas. Ante tamaño descubrimiento decidió que lo más sensato era ordenar a su secretario de Defensa, Robert McNamara, que estudiara otras opciones.

En cualquier caso, para qué vamos a engañarnos: en la guerra fría todo valía, de un lado o del otro. Paul Nitze, sucesor de George F. Kennan como director de Planificación de Políticas del Departamento de Estado, afirmaba que, ante el peligro comunista, el sistema norteamericano «no puede ponerse en peligro por ninguna medida que tomemos, abierta o clandestina, violenta o no violenta, que sirva para el propósito de frustrar los designios del Kremlin». (NSC, documento top secret sobre estrategia de seguridad nacional).

Y en efecto, esa política «abierta o clandestina, violenta o no violenta», se puso en marcha y abarcó buena parte de la segunda mitad del siglo XX. Uno de los primeros episodios de esa «estrategia» fue la caída de Mohammad Mosaddegh en agosto de 1953, orquestada por Estados Unidos. La operación Ajax o Boot, como se la llamó, fue organizada por la CIA y el Gobierno británico –Churchill había regresado al poder en 1951– cuando el Gobierno democrático de Irán decidió nacionalizar la gran compañía de petróleos Anglo-Iranian Oil Company (British Petroleum, BP). Esta empresa repartía los beneficios de una manera un tanto curiosa: el 84% para los británicos y el 16% para los iraníes. Como en tantas otras ocasiones, se acusó al primer ministro Mosaddegh de estar en manos de los comunistas del Partido Tudeh y de atacar las mezquitas. En realidad, el primer ministro persa no tenía nada de comunista, simplemente deseaba que la principal riqueza del país beneficiara a los ciudadanos de su país y terminar con el expolio de la petrolera británica. Al final Mosaddegh fue depuesto mediante un golpe militar y el sha Reza Pahleví se hizo con todo el poder y estableció un régimen represor y corrupto. El final de la película es que, años después, el sha fue depuesto por un movimiento popular encabezado por Ruhollah Jomeini y sus ayatolás, radicalmente enfrentado a Estados Unidos. Por cierto, ironías de la historia, en las manifestaciones contra Mosaddegh había participado activamente el ayatolá Jomeini. Ya estamos comprobando lo bien que le fue a Occidente el derrocamiento de Mosaddegh, por no hablar de a las mujeres iraníes.

Una operación similar, montada por la CIA por aquellos mismos años, en junio de 1954, fue la del derrocamiento del presidente democrático de Guatemala, Jacobo Árbenz, por los mismos motivos que la anterior. La única diferencia es que, en este caso, en vez de defender a una petrolera, se trataba de una frutera, la famosa United Fruit Company norteamericana, que controlaba la principal riqueza del país. Tampoco el coronel Árbenz tenía nada de comunista, pero cualquiera que pretendiese «atentar» contra los intereses yanquis era considerado un rojo peligroso. El Nobel de Literatura Mario Vargas Llosa ha dedicado una ilustrativa novela histórica a este golpe antidemocrático, dejando claro lo nefasto del suceso. Porque también en este caso el golpe a la democracia tuvo, con el tiempo, consecuencias no deseadas, pues a Árbenz le sucedió una dictadura represiva, toda Centroamérica siguió debatiéndose entre la miseria y la inestabilidad y hay quien sostiene que en este acontecimiento están el origen del castrismo y de los movimientos guerrilleros de la región, como los de Nicaragua y El Salvador, entre otros.

Ya en los años sesenta le tocó el turno al llamado Congo Belga. Patrice Lumumba había sido elegido como el primer ministro inaugural de la República Democrática del Congo, justo después de lograr la independencia. El colonialismo de los belgas había sido de los más crueles de la historia. El rey Leopoldo II, prácticamente el dueño personal de la colonia, había cometido un auténtico genocidio a finales del siglo XIX y, aunque el territorio contaba con grandes riquezas mineras, su población vivía en la más absoluta indigencia. Lumumba, al igual que Mosaddegh o Árbenz, era un líder anticolonialista que pretendía que las riquezas del Congo revertieran a la población autóctona. Aquella era demasiada osadía para los norteamericanos y los belgas. Allen Dulles, el director de la CIA, envió enseguida un telegrama a sus hombres sobre el terreno: «La destitución de Lumumba debe ser un objetivo primordial y urgente». Y así fue, Estados Unidos apoyó al secesionista Mobutu, que se había atrincherado en la rica región de Katanga y, poco después, el líder anticolonialista africano fue asesinado. Mucho más tarde, tanto los norteamericanos como los belgas reconocieron su participación en los hechos y manifestaron sus condolencias. En la época en que ocurrieron los acontecimientos, Bélgica estaba gobernada por dos primeros ministros socialcristianos, Gaston Eyskens y Théo Lefèvre, que como es de ver no tenían mucho ni de sociales ni de cristianos.

En septiembre de 1961 llegó al poder en Brasil João Goulart con una política social progresista centrada en una reforma agraria para distribuir una parte de la tierra entre los campesinos pobres del país. Hay que tener en cuenta que en Brasil algunos latifundistas tienen propiedades tan extensas como provincias españolas. El autor de este libro, en un viaje que hizo al gran país sudamericano con el fin de explicar la Transición española, se quedó asombrado cuando el representante de la patronal agraria explicó a su grupo que para recorrer sus fundos tenía que utilizar una avioneta. La CIA se puso en marcha y apoyó el golpe militar del general Castelo Branco, que estableció una dictadura represiva durante veinte años. Como en los demás casos ya tratados, Goulart no tenía nada de comunista; su única aspiración, además del reparto de algunas tierras, era que se pagaran impuestos y que se invirtiera en Brasil con la finalidad de sacar el país del subdesarrollo. Quizá le perjudicó en su empeño una política exterior demasiado equilibrada entre el Este y el Oeste y el reconocimiento del régimen de Castro.

Sin embargo, el caso más dramático fue el de Indonesia. Ya en 1948 George Kennan había advertido de que el país estaba ubicado en la zona más crucial en la lucha contra el comunismo. Era el país más poblado de Asia después de China y la India, el más rico y de mayoría musulmana. Los comunistas chinos estaban a punto de tomar el poder en Pekín y, para los norteamericanos, era demasiado «perder también» Indonesia. En 1957 se había producido un golpe fallido contra el presidente Sukarno, líder de la independencia contra los holandeses y partidario de una política exterior neutral en el marco de la guerra fría. Durante su mandato, el Partido Comunista indonesio cobró una fuerza considerable, pues había sido una de las formaciones que más había combatido contra el colonialismo y los japoneses. En realidad era el partido comunista más importante después del soviético y el chino, con tres millones y medio de afiliados. En 1965, el general Suharto, con el apoyo de Estados Unidos, dio un golpe militar e inició una de las mayores masacres del siglo XX, en la que fueron asesinados entre medio y un millón de militantes comunistas. Dicha matanza está considerada como la mayor victoria de Estados Unidos durante la guerra fría.

En los años setenta, se produjo el vergonzoso episodio del derrocamiento del presidente democrático de Chile, Salvador Allende, por parte de los militares, encabezados por el general Augusto Pinochet. Esto desató una cruel represión con miles de muertos y desaparecidos. Está plenamente acreditado que en noviembre de 1970, recién elegido Allende, el presidente Nixon dio instrucciones al Consejo de Seguridad Nacional estadounidense de derrocar al presidente chileno, y así sucedió en septiembre de 1973. Como podemos comprobar a través de este sucinto repaso de algunos episodios ocurridos durante la guerra fría, no es riguroso afirmar que Estados Unidos y sus aliados actuaran siempre en favor o beneficio del «mundo libre». De hecho, en la mayoría de los casos las consecuencias para la democracia y el futuro de los países han sido bastante nefastas.

Todo tiene un límite

A mediados de la década de los sesenta, el presidente Lyndon B. Johnson se dio cuenta de que el aumento del gasto en armas no le permitiría recaudar todos los fondos que necesitaba dedicar al bienestar de la ciudadanía para llevar a cabo su proyecto de una Great Society. A pesar de todo, el gasto militar siguió creciendo y Estados Unidos acabó perdiendo la guerra de Vietnam, tras cometer un auténtico genocidio en la península de Indochina. Al final fue el presidente Reagan quien dio la puntilla a la guerra fría con una curiosa y paradójica teoría, cuando afirmó que solo podía terminar matando la política de «contención». Como ya hemos explicado, lanzó la famosa Guerra de las Galaxias y, por más esfuerzos que hizo Gorbachov para evitarla, el premier soviético fracasó en el intento. Era plenamente consciente de que había que terminar con la carrera de armamentos, como reconoció a su entonces ministro de Asuntos Exteriores

Shevarnadze en un momento de sinceridad: «No podemos seguir viviendo de esta manera». Aunque tampoco sabía muy bien qué hacer para vivir de otra.

Con el final de la URSS terminó la fase más aguda de la guerra fría. Sin embargo, observando como discurren en la actualidad las relaciones entre Estados Unidos y Rusia o China, tengo dudas de que haya fenecido en todas sus manifestaciones. Es un hecho indiscutible que la experiencia de la URSS y del campo socialista fue un rotundo fracaso. Ni la URSS ni Yugoslavia ni Checoslovaquia o la RDA existen en la actualidad. Sin embargo, no todo fueron derrotas del comunismo. En Asia los acontecimientos no rodaron en la misma dirección. El Partido Comunista de China, con Mao y Zhou Enlai a la cabeza, tomó el poder a finales de 1949 después de vencer a los nacionalistas del Kuomintang, aliados de Estados Unidos: una derrota estratégica de estos últimos, de la que los dirigentes norteamericanos fueron amargamente conscientes. Años más tarde, Estados Unidos conocería la primera derrota directa de su historia, a manos de los comunistas vietnamitas liderados por Ho Chi Minh, en la que perdieron toda la península de Indochina. Antes solo habían logrado un empate en la guerra de Corea, cuando tuvieron que conformarse con la mitad del país.

Hubo otros escenarios en los que Occidente no salió bien parado. De 1945 a 1975 las potencias europeas, sin excepción, perdieron sus imperios coloniales, sobre los que habían sustentado, en gran medida, su riqueza y hegemonía. Prácticamente toda Asia y África se liberaron de esa dominación, por lo menos en términos políticos y, en parte, económicos. Tanto es así que si en 1950 más del 75 % de la riqueza del mundo la disfrutaban Estados Unidos y Europa occidental, hoy en día este porcentaje apenas llega al 50 %. Sería absurdo no reconocer que en este gigantesco proceso de liberación de pueblos y naciones fue determinante el llamado campo socialista. ¿Qué habría ocurrido en la crisis de Suez o en la guerra de Vietnam sin el apoyo de la URSS, de China o de ambos? Lo definió muy bien Zhou Enlai en una carta dirigida a Mao en los años cincuenta: «La victoria frente al colonialismo estaría en el interés del campo socialista y podría frustrar cualquier intento de los imperialistas occidentales de cercar al campo del Este». Es posible que Zhou tuviera razón sobre evitar el cerco al campo socialista, pero con la descolonización no acabaron los graves problemas del llamado tercer mundo.

Como señala Joseph Stiglitz en su libro *La gran brecha*, al terminar el periodo colonial, los países excolonizados habían quedado esquilmados y necesitaban dinero. Tanto el FMI como otras entidades pusieron condiciones a los créditos que les concedían en términos de liberalización, que consistieron básicamente en abrir los mercados a los bienes industriales, pero no así a los agrarios. El resultado a largo plazo es que los países ricos les han costado a los pobres tres veces más, en restricciones comerciales, que lo que les han entregado en ayuda al desarrollo.

El error del socialismo en un solo país

Quizá el error estratégico fundamental de los soviéticos tuvo lugar pocos años después de la muerte de Lenin, cuando se impuso la teoría de Stalin y sus partidarios sobre la construcción del «socialismo en un solo país», en este caso, la URSS. Siempre he pensado que la contraposición a esta idea no fue la estrategia, igualmente errónea, que proponía Trotski en su teoría de la revolución permanente, porque, después del fracaso de la Revolución alemana de los espartaquistas, de Karl Liebknecht y Rosa Luxemburgo, y de la húngara de Béla Kun, era evidente que la revolución no se iba a extender a Europa occidental y, en consecuencia, la URSS quedaba peligrosamente aislada. El movimiento de los Consejos en Italia terminó con Mussolini en el poder y los frentes populares en Francia y España murieron a manos de la reacción y de la Guerra Civil. Pretender construir el socialismo en un país como la URSS, atrasado económica y socialmente, destruido como consecuencia de la Gran Guerra y de la posterior guerra civil, era una entelequia abocada al fracaso.

Lo que en el fondo parió aquel proceso traumático no fue, desde luego, el socialismo, sino un capitalismo de Estado que sacrificó el bienestar y la libertad de los rusos en aras de la seguridad de un Estado asediado por variados enemigos. Fue capaz de derrotar a la Alemania nazi y contribuir a la descolonización de multitud de pueblos, al tiempo que competía militarmente, a lo largo de la guerra fría, con Estados Unidos. Pero, como he señalado, la disyuntiva no era entre socialismo en un solo país o revolución permanente, sino entre lo primero o haber mantenido y desarrollado la Nueva Política Económica (NEP) que impulsaron en su momento Lenin y Bujarin, después del fracasado comunismo de guerra.

La NEP suponía la introducción de elementos de desarrollo capitalista, de mercado libre, de propiedad privada, por la sencilla razón de que solamente desarrollando el capitalismo hasta sus últimas consecuencias se podría pasar a formas que se pareciesen en algo al socialismo. Por el contrario, una estatalización forzosa en la industria, el comercio y la agricultura solo podía conducir a la represión, la dictadura, y no precisamente del proletariado, y a la carestía, cuando no a sucesivas hambrunas. El propio Lenin era plenamente consciente de ello cuando dijo «No somos lo suficientemente civilizados como para pasar al socialismo», pues en su opinión eran necesarios años de economía mixta. Por eso sostengo que fue en 1928 (al término de la NEP, que estuvo en vigor entre 1921 y 1928), con la implantación del Primer Plan Quinquenal y la colectivización forzosa, cuando la URSS adoptó una estrategia que la conduciría a la implosión final de 1991. Stalin justificó la necesidad de esa política sosteniendo que o se industrializaban a marchas forzadas o los aplastarían. En efecto, los intentaron aplastar, pero no está escrito en ningún sitio que en el marco de la NEP no hubiese podido industrializarse el país. La prueba es que, en algún sentido, es la que han adoptado los chinos.

En 1984, con la llegada de Mijaíl Gorbachov al poder, la dirección soviética entendió que era imprescindible dar un giro completo a la política seguida hasta entonces, con la introducción de elementos de economía capitalista, pero ya era tarde. Y, sobre todo, el líder soviético cometió, en mi opinión, un error, que consistió en pretender desarrollar una reforma política antes que la económica en un país lleno de carencias y de malestar social. Es decir, todo lo contrario de lo que están haciendo desde hace treinta años los comunistas chinos: primero mejorar la economía, desarrollar las fuerzas productivas modernas, mejorar el consumo y el nivel de vida de las grandes mayorías y luego abordar las reformas políticas, si es que alguna vez se deciden a ello: eso está por ver. En todo caso, son ilustrativos los patéticos esfuerzos que hizo Gorbachov para conseguir, inútilmente, apoyos financieros de Occidente y su ingenuidad a la hora de afrontar las pulsiones autodeterministas que afloraron a lo ancho del «imperio», empezando por la Rusia de Yeltsin.

Hay quien ha sostenido que si Stalin no hubiese clausurado la NEP e impuesto la tesis del socialismo en un solo país con el Primer Plan Quinquenal, Rusia no habría estado preparada militarmente para hacer frente a la embestida alemana de junio de 1941. En mi opinión esta no es una conclusión sólida de verdad. Fue precisamente durante la NEP cuando Rusia mejoró todos sus datos económicos y sociales, después del durísimo periodo del llamado «comunismo de guerra». Al final de la NEP se duplicó la cosecha de alimentos, se alcanzó el nivel máximo de la producción, se triplicó la de carbón y se multiplicó la de acero. Por el contrario, cuando se liquidó ese periodo, Stalin implantó un régimen de terror que alcanzó incluso a los mandos militares, que fueron aniquilados, lo que debilitó la cohesión del Estado soviético. Y, para colmo de males, el ataque alemán cogió incomprensiblemente por sorpresa a la dirección soviética. Hasta tal punto fue así que Stalin ofreció una dimisión que, por desgracia, no fue aceptada.

Como hemos visto, Lenin reconoció que los rusos no estaban lo bastante civilizados como para poder pasar directamente al socialismo. Sin duda, el fundador del Estado soviético conocía muy bien la opinión de Karl Marx al respecto, cuando señalaba que no era la atrasada Rusia la llamada a intentar esa nueva experiencia, sino las avanzadas Alemania o Gran Bretaña. Lenin calificó la NEP como una forma de capitalismo con fuerte intervención del Estado, un sistema de economía mixta en el que los sectores clave de la producción –la energía, los transportes, la banca– estaban en manos del Estado y el resto de la economía obedecía a las reglas del mercado, en especial el excedente agrario después de impuestos. Es cierto que este modelo originó, al igual que en la China de hoy, desigualdades y la aparición de una clase propietaria (los *nepmen*), pero al mismo tiempo favoreció un desarrollo de las fuerzas productivas más equilibrado entre bienes de inversión y de consumo, y mejoró así el bienestar general de la población.

Por el contrario, lo que implantó Stalin no fue, desde luego, el socialismo sino un capitalismo de Estado de guerra, al caer en la trampa de la guerra fría que, consciente o inconscientemente, le tendieron las potencias anglosajonas, con Dean Acheson, Harry S. Truman y Winston Churchill, entre otros, al frente, recién terminada la contienda mundial. Lo que cayó realmente en Europa no fue un «telón de acero», como proclamó Churchill en Fulton, sino un «inmenso espejo», sostenido en una desaforada carrera de armamentos, en el que de un lado se reflejaba un mundo capitalista donde reinaban la abundancia, el bienestar y, en algunos países, las libertades y, del otro, el campo socialista, en el que imperaban la escasez, el malestar y las dictaduras, es decir, lo opuesto al socialismo concebido por los clásicos de la izquierda. El resultado final fue el previsible.

La trampa de la guerra fría

Como ya hemos señalado, para Estados Unidos la guerra fría fue, en cierto sentido, una bendición económica, como lo habían sido antes la IIª Guerra Mundial o la guerra de Corea. En el fondo, lo que lo sacó de la crisis de 1929 no fue tanto el New Deal rooseveltiano sino la entrada en la guerra a partir del ataque japonés de Pearl Harbor (Greenspan y Wooldridge *dixit*, en *Capitalism in America. A History*). Ya después de la Gran Guerra Estados Unidos había sustituido a Gran

Bretaña como primera potencia. A partir de la IIª Guerra Mundial consolidó esta posición y acentuó su hegemonía a escala planetaria. El conflicto de Corea, aunque terminó en empate, proporcionó una bocanada de oxígeno a una economía que empezaba a griparse, pero sobre todo vino en apoyo de las tesis de ese complejo militar-industrial del que hablara Eisenhower como amenaza a las libertades, que se nutría del rearme y, en consecuencia, necesitaba de conflictos armados para justificar las astronómicas cifras en gastos de defensa.

En el fondo, la corta historia de Estados Unidos ha sido y sigue siendo una historia de conflictos. De los 2.875 meses que han pasado desde su fundación, ha estado 707 en guerra, esto es un 25 % del total, sin contar la guerra fría. (Greenspan *dixit*). Después de la guerra de la Independencia le arrebataron a México la mitad de su territorio y, tras la guerra de Secesión, le quitaron a España lo que le quedaba de sus colonias. Luego vendrían la Iª y la IIª Guerras Mundiales, la de Corea, la de Vietnam y más tarde Kuwait, Afganistán, Irak, Libia y un largo etcétera. Cuando terminó la Gran Guerra en noviembre de 1918, la deuda de los europeos con Estados Unidos alcanzaba los doce mil millones en oro, de los cuales Gran Bretaña debía cinco y Francia cuatro. De esta suerte, la dirección de orquesta pasó de los británicos a los yanquis y el presidente Wilson se convirtió en la estrella de París y de Versalles. Los aliados se resistieron a pagar la deuda y los norteamericanos respondieron con el proteccionismo, lo que acabó generalizándose. Como hay pocas cosas nuevas bajo el sol, el presidente Calvin Coolidge ya decía por aquellos años, entre 1923 y 1929, algo que quizá les suene: «El mercado norteamericano para los productos de los trabajadores norteamericanos». Eso sí, al mismo tiempo, se lanzó una ofensiva contra los sindicatos, se prohibieron los boicots y el establecimiento de un salario mínimo, por lo que las fuerzas sindicales perdieron filiaciones y poder negociador.

El resultado no pudo ser más catastrófico. Wall Street se convirtió en el corazón de Norteamérica. Los bancos bombearon créditos sin parar, las hipotecas pasaron de un valor de doce billones en 1919 a cuarenta y tres billones en 1930, es decir, lo que el presidente que sucedió a Coolidge, Herbert Hoover, terminaría por calificar de «orgía de la especulación». En 1929 el mercado bursátil se desplomó un 37 %, la producción industrial un 46 %, los precios un 24 % y el trabajo se esfumó. Empezó una terrible crisis que duró doce años y de la que Estados Unidos consiguió salir no solo por las políticas del New Deal de Roosevelt sino también por el desenlace de la IIª Guerra Mundial. En realidad, el crecimiento de la economía norteamericana de 1936 a 1940 fue del 20 % –es decir, un 4 % anual–, que si bien no está nada mal, no puede compararse con lo que sucedió entre 1939 y 1944, cuando dobló el PIB, esto es, creció el 100 %. Eso sí, todo gracias al empuje del siempre agraviado Estado, a la recuperación de los derechos sindicales, al aumento de los impuestos a los ricos y a las grandes corporaciones, y a la ley de la seguridad social, hasta el punto de que, como ya hemos señalado, el magnate de la prensa William Randolph Hearst llamaba al presidente «Stalin Delano Roosevelt».

Los antecedentes de esta situación se caracterizaron por un capitalismo descontrolado, que, unido al contenido del Tratado de Versalles y al proteccionismo que se impuso en el periodo de entreguerras, propició el surgimiento de nacionalismos radicales, que, a la postre, condujeron a la guerra. Este pasado nos ayuda a comprender que el «America First» de Donald Trump, que ha hecho fortuna en otros países, encuentra su origen en los años treinta con el «Deutschland Über Alles» («Alemania por encima de todo») y otras expresiones por el estilo, que se han puesto otra vez de moda. La lección que se puede extraer de todo ello es que cuando el capitalismo adopta formas ultraliberales siempre se apoya en expresiones políticas de contenidos nacionalistas, en un paradójico y engañoso maridaje entre «más patria y menos impuestos».

Ese contexto explica por qué la posición norteamericana después de la IIª Guerra Mundial fue tan diferente a la que adoptó tras la Iª. Mientras que Wilson, después de propiciar la fundación de la Sociedad de Naciones, no logró que Estados Unidos participase en ella y permitió que el contenido de Versalles desplegase sus funestos efectos, el presidente Truman, siguiendo el consejo que le diera el expresidente Herbert Hoover —«puedes tener venganza o paz, pero no ambas»—, apoyó el famoso Plan Marshall. Un plan en el que Estados Unidos invirtió unos catorce billones de dólares entre 1948 y 1952, la mayor parte de los cuales se los llevaron Gran Bretaña, Francia y en menor medida Alemania. Fue una operación estratégica muy inteligente y productiva, que solo Estados Unidos se podía permitir. Hay que recordar que el PIB se había doblado en cinco años y que el gasto de la Administración norteamericana había pasado en cuatro del 1,5 % del PIB al 36 %, una demostración de lo «negativo» que era el gasto del Estado. Eso sí, la mitad de todos los contratos de guerra se los llevaron treinta y tres compañías: General Motors sola suministró el 10 % de toda la producción bélica.

El negocio continuó con el Plan Marshall. Las compañías norteamericanas necesitaban mercados globales para vender sus productos y a una Europa empobrecida le hacía falta de todo, pero en especial créditos para reconstruirse. Qué mejor ocasión para hacerse con la parte del continente europeo que no había caído bajo la órbita de la otra potencia emergente. El negocio fue tan estratégicamente suculento que las empresas americanas acabaron fabricando el 80 % de las computadoras europeas. Además, era fundamental frenar la expansión del comunismo; una amenaza, en el fondo, más aparente que real en países como Francia e Italia. Y digo esto si pensamos en lo que estaba dispuesto a hacer Stalin por sus camaradas franceses e italianos, a la luz de cómo había dejado caer a los griegos y, si se descuidan, a los yugoslavos. En realidad, Stalin se conformaba con que respetaran sus ganancias del «pacto de la servilleta [en la que ambos escribieron en qué proporción se repartían los países del este de Europa]» con Churchill y no tenía ningún interés en enfrentarse con Estados Unidos sabiendo que llevaba todas las de perder. Incluso estuvo tentado a apuntarse a los beneficios del Plan Marshall y, si no lo hizo, a pesar de las presiones que recibió de algunos países satélites, fue porque creía que la ayuda estaba condicionada y no deseaba quedar a merced de Estados Unidos.

Tres procesos que cambiaron el mundo

Al mismo tiempo que Estados Unidos consolidaba su hegemonía a nivel global, como resultado de las sucesivas guerras, se desarrollaban otros tres fenómenos que incidirían y moldearían la historia de los humanos: la creación del Estado del bienestar y la paulatina unificación de Europa occidental, la descolonización de los países sometidos a las potencias europeas en África, Asia y Oceanía, y el lento, tortuoso pero imparable resurgir de China como gran potencia. Ya hemos comentado que a partir de los años cincuenta y hasta mediados de los setenta se produjeron grandes avances sociales, por lo menos en Europa occidental. La derrota del nazifascismo, el temor al avance del comunismo y la fuerza de los sindicatos y los partidos de izquierda lograron una serie de conquistas que configuraron un auténtico salto civilizatorio sin parangón en el resto del mundo. Fue la época en que se consiguió una sanidad y una educación universales y gratuitas, un sistema de pensiones público, los seguros de enfermedad y accidentes, la asistencia social, los salarios mínimos garantizados y otros tantos hitos en la construcción del llamado Estado del bienestar o modelo social europeo, que no tiene equivalente en otras áreas del planeta, salvo alguna excepción como Canadá, Australia y Nueva Zelanda. En otro capítulo de este ensayo dedicaremos una atención especial al proceso de construcción europea.

Por otra parte, no se ha insistido bastante, por lo menos en España, en el impacto de la descolonización sobre el desarrollo posterior de los acontecimientos. Si el resultado de la Iª Guerra Mundial supuso el final de cuatro imperios –el ruso, el austrohúngaro, el alemán y el otomano–, el de la IIª fue el principio del fin de los dos imperios más extensos y resistentes, el británico y el francés, pues el japonés había quedado reducido al mero nombre del emperador. Así, de 1950 a 1970 decenas de países de África y Asia lograron su independencia. Sería absurdo negar que en este proceso fueron relevantes la URSS y los partidos comunistas, porque en el debe de las múltiples atrocidades cometidas por los humanos siempre se mencionan, con fundamento, los crímenes del nazismo y del estalinismo, pero se omiten de forma sistemática los perpetrados por el colonialismo, es decir, por países supuestamente civilizados y democráticos como Gran Bretaña, Francia, Holanda o Bélgica. En realidad, esos países colonizadores no colonizaron nada, sino que se dedicaron a expoliar a las naciones sometidas, cuando no a cometer auténticos genocidios, como fue el caso del Congo Belga y otros muchos que iremos viendo.

Además, al alcanzar la independencia a través de cruentas guerras de liberación nacional, los países colonizados se encontraban en un estado de atraso inenarrable en términos económicos, educativos, sanitarios e institucionales. Sin olvidar que después de la independencia política siguieron siendo objeto de la codicia de las potencias dominantes, con Estados Unidos a la cabeza, en especial en el caso de aquellas naciones que poseían copiosas reservas de materias primas, sobre todo petróleo. Esta cuestión explica la historia de los países árabes de Oriente Medio, como Irak, Irán, Kuwait, Emiratos Árabes o Arabia Saudita, y sus interminables conflictos. Si sumáramos las matanzas cometidas por los países occidentales durante la dominación colonial y las guerras posteriores, las cifras serían equiparables a las causadas por las atrocidades más emblemáticas. De ahí que siempre he pensado que hay que hablar de los crímenes del nazismo, del estalinismo y del colonialismo, y no solo de los dos primeros.

La gran ofensiva neoliberal

La confluencia entre guerras de liberación nacional, anticolonialismo y Estado del bienestar es lo que explica la crisis del capitalismo que se inicia a mediados de los años setenta y que marca, a fin de cuentas, la gran ofensiva neoliberal contra las conquistas sociales alcanzadas después de la IIª Guerra Mundial. El capitalismo había logrado un fuerte crecimiento durante los llamados «treinta años gloriosos» gracias, entre otros factores, a un coste muy barato del petróleo y de las materias primas en general. De 1930 a 1970 el precio del barril osciló entre el 1-20 y el 10-20 dólares actualizado. Es decir, de 1880 a 1970 el precio por barril se situó en torno a 20 dólares, mientras que en 2022 alcanzó casi los 118 dólares. Entre 1978 y 1981 su precio se multiplicó por 2,7.

Por otra parte, es bastante conocido que las guerras son los empeños más caros del mundo, como pudieron comprobar Napoleón Bonaparte y, antes que él, Carlos V o Felipe II, que condujeron varias veces a la quiebra al erario público castellano en su afán de conquista. En contraste con lo anterior, para Estados Unidos tanto la Iª como la IIª Guerra Mundial fueron un magnífico negocio. Tanto es así que el patrón oro –la referencia para todas las monedas– se ligó al dólar como su equivalente operativo en las transacciones comerciales. Pero todo en la vida tiene un límite, como ya hemos visto, y las continuas guerras, unidas a la enloquecida carrera de armamentos, acabaron pasando factura a la potencia norteamericana. En este caso, fueron dos guerras en concreto las que sirvieron de detonante: la de Vietnam, que acabó perdiendo Estados Unidos, y la del Yom Kipur, en octubre de 1973, entre Israel y los países árabes. Si bien es cierto que esta última la ganó Israel, su más fiel aliado, el subsiguiente culatazo de los países petroárabes conllevó un crecimiento espectacular del precio del barril de petróleo, lo que puso en solfa a la economía occidental. En el fondo se trataba de dos acontecimientos relacionados con la descolonización. Vietnam fue una herencia del colonialismo francés, en el que se jugaba el destino de la península de Indochina, la antigua Cochinchina de los mapas escolares. Israel fue la cuña que metió Gran Bretaña entre los países árabes para que sirviera de gendarme en un área especialmente sensible para los intereses occidentales y ha sido un factor permanente de desestabilización a través del conflicto con Palestina.

Poco antes de terminar este libro, estalló el mayor conflicto desde la guerra del Yom Kipur, con el ataque terrorista de los integristas de Hamás y la brutal reacción del ultraderechista Gobierno de Israel, con masacres de civiles y, en especial, de niños. Ese ataque terrorista totalmente condenable, que no representa al pueblo palestino, se produjo en un viejo contexto de décadas en las que Israel ocupa un territorio ajeno en violación de las resoluciones de las Naciones Unidas, y desarrolla una política de asentamientos que hace cada vez más difícil la única solución razonable, que es la de los dos estados. De lo contrario, la paz estará siempre amenazada, con consecuencias nefastas para todos. Occidente debería frenar esta hecatombe humanitaria. Viene a cuento, en este caso, el ya citado consejo que le dio el expresidente Hoover a Truman, después de la IIª Guerra Mundial: «Puedes tener venganza o paz pero no ambas a la vez».

A partir de las tres crisis del petróleo, debidas a la Revolución islámica iraní y a la guerra del Golfo –1973, 1979 y 1990–, el capitalismo se replanteó toda su estrategia y comenzó el gran giro que, en su fase final, coincidiría con la implosión de la URSS. El crecimiento sustentado en petróleo barato y materias primas abundantes procedentes de las colonias a buen precio se había terminado, por lo menos de momento. En esas condiciones, mantener el Estado del bienestar incólume sobre la base de un crecimiento económico de naturaleza keynesiana se hacía doloroso para la cuenta de resultados de las grandes compañías. La ofensiva neoliberal la iniciaron los conservadores británicos a finales de los setenta, con Margaret Thatcher al frente, secundada poco después por Ronald Reagan en Estados Unidos. El objetivo estratégico era doble: limitar al máximo el poder y la influencia de una URSS en decadencia y mellar, cuando no eliminar, las conquistas sociales de la posguerra.

Para alcanzar el primer objetivo fue de gran ayuda el largo periodo de estancamiento de la época de Leonid Brézhnev (1964-1982), que se inició ese primer año, a partir de la caída de Nikita Kruschev. La URSS dejó de tener el más mínimo atractivo desde el punto de vista tecnológico, económico, político o incluso moral/cultural. Acontecimientos como los levantamientos de Alemania del Este, Checoslovaquia o Polonia, e internamente la catástrofe de Chernóbil, eran prueba de esa profunda decadencia. Si de 1960 a 1970 la URSS había crecido en torno a un 4,5% anual del

PIB, de 1970 a 1975 el ritmo cayó al 3%, y a partir de los años ochenta no llegaba al 2%; nada que ver con el ritmo de crecimiento de China, ni tan siquiera con el de los países occidentales. En realidad, el estancamiento económico y la parálisis teoricopolítica del periodo Brézhnev fueron letales para el futuro de la URSS. Si a ello sumamos el enorme gasto en defensa que supuso el mantenimiento de la carrera de armamentos y la desastrosa guerra de Afganistán (1978-1989), obtendremos un cuadro aproximado de las causas de la implosión de la URSS unos cuantos años después. Como ha quedado dicho, el intento de Gorbachov de voltear esta calamitosa situación llegó tarde y se erró en el ritmo, el orden y la intensidad de las reformas.

La izquierda europea se tambalea

Este periodo de deterioro del llamado campo socialista coincidió en el tiempo con el inicio de la crisis de la izquierda social y política europea, tanto en términos electorales como en afiliación sindical. En 1948 el Partido Comunista Italiano tenía 2,2 millones de afiliados, cifra que en 1990 se había reducido a 1,2 millones. En 1976 alcanzó su techo electoral con el 34,4% de votos, porcentaje que en 1990 había descendido al 24% para desaparecer unos años después. El Partido Socialista Italiano se evaporó años antes a causa de la corrupción. En Francia, el Partido Comunista Francés obtuvo en las elecciones de 1945 el 30%

de los votos, pasó al 15 % en 1981, después de la experiencia de Gobierno de coalición con Mitterrand, y en las presidenciales de 1988 obtuvo el 6,7 %. En el campo sindical el proceso fue parecido. Desde 1980 la afiliación empezó a descender. Entre 1980 y 1989 pasó de un 54 % a un 39 % en Italia; de un 55 % a un 39 % en Reino Unido; de un 35 % a un 31 % en Alemania, y de un 17 % a un 10 % en Francia.

Este declive, tanto del campo socialista como de las fuerzas de la izquierda europea, facilitó la ofensiva neoliberal del capitalismo, liderada por los partidos conservadores anglosajones de Gran Bretaña y Estados Unidos. Una ofensiva que no se circunscribió solamente al terreno de la economía, que culminaría en el famoso Consenso de Washington, sino que se extendió a los frentes político, social, cultural y de los valores morales. En el área económica se trataba sobre todo de desmantelar las regulaciones y controles que se habían establecido en los años de la posguerra. Ello se tradujo en una serie de medidas de desregulación, privatización, liberalización, desfiscalización; en definitiva, en una reducción drástica de la intervención del Estado en la economía y un aumento exponencial de los poderes financieros privados. Para llevar adelante esta política antes había que mellar la fuerza de los sindicatos y de la izquierda en general. La batalla de Thatcher contra los mineros británicos, que terminó con la derrota de estos últimos, fue un hecho sintomático de lo que decimos. El declive de la afiliación sindical, el fracaso final de la experiencia eurocomunista y el giro de la socialdemocracia hacia posiciones social-liberales –la llamada Tercera Vía de los Blair, Schröder y Clinton– son otros tantos hitos que explican el triunfo del capitalismo neoliberal. Asimismo, el hundimiento de la URSS, el fracaso de las Tercera Vía en la socialdemocracia, la incapacidad de que cuajara el eurocomunismo en países como Italia, Francia y España, así como la flojera sindical, fueron manifestaciones de la débil resistencia que se opuso a la nueva ofensiva del capitalismo en los años ochenta y noventa del siglo pasado.

En Estados Unidos esta ofensiva tenía sus objetivos: liquidar los avances económicos, sociales y fiscales que se habían desarrollado durante el periodo de los mandatos de Roosevelt y su vicepresidente Henry Wallace, en la época del New Deal. Así, en la etapa de Reagan se tomaron medidas para mellar el poder de los sindicatos; se redujeron los impuestos a los más ricos, se disminuyeron los salarios y se ofreció una resistencia feroz ante cualquier disposición que oliese a Estado del bienestar –sanidad, pensiones y educación públicas–, que se consideraba puro socialismo.

El fatídico año de 2008

Este capitalismo sin trabas, triunfante a nivel global, ha conducido al proceso de concentración y desigualdad en el reparto de la riqueza y de la renta más profundo que se haya conocido en la historia de Occidente. Conviene especificar lo de Occidente, porque si elevamos el cálculo a nivel global, podremos comprobar que se ha producido, al mismo tiempo, una redistribución de la riqueza en favor de algunos países emergentes, en especial China y la India, tendencia que es previsible que se mantenga en los próximos decenios. La gran desigualdad relativa que ha originado la política neoliberal tiene dos componentes que han estado en la base de la profunda depresión de 2008, la penúltima crisis, que a su vez ahondó aún más las diferencias.

Uno de estos factores ha sido la disminución de los sueldos y salarios, tanto en el sector público como en el privado. Obviamente, si se pretende mantener la capacidad de consumo necesaria para sostener el funcionamiento del sistema, la única manera de conseguirlo es por medio del creciente endeudamiento de las personas, las familias y el Estado. Y esto es exactamente lo que sucedió. Un drama que se ha visto con claridad en el caso de la compra de viviendas por medio de las hipotecas. Personas y familias con escasa capacidad adquisitiva se endeudaban hasta las cejas, y durante largos años, en la obtención de una vivienda «propia» que en realidad pertenecía a la entidad financiera hasta que no se hubiera saldado por entero la deuda. Por este y otros motivos, el endeudamiento privado alcanzó cifras astronómicas. Eso es precisamente lo que acontece cuando una necesidad vital como la vivienda está en manos exclusivas del negocio privado y no se aborda una potente política de construcción de pisos públicos susceptibles de ser alquilados a precios accesibles a los jóvenes y las familias menesterosas.

El segundo componente fue la paulatina reducción de los impuestos directos y el aumento de los indirectos. También parece obvio que si se pretende mantener un determinado nivel de gasto y de inversión sin los suficientes ingresos fiscales, el Estado no tiene otro remedio que acudir al crédito, lo que hace aumentar el déficit y la deuda públicos hasta niveles comprometidos y onerosos. Para hacernos una idea, en 2007 la deuda pública en las economías avanzadas era de media el 70% del PIB, mientras que en 2020 alcanzó el 124%. A nivel global, la deuda pública privada era del 100% del PIB y hoy es del 256%, lo que ha creado una situación peligrosa en términos democráticos, pues que el Estado dependa más de los mercados –vía créditos– que de los ciudadanos –vía impuestos– trastoca el sentido de la propia democracia y su correspondiente forma de tomar decisiones. Sostener que donde mejor está el dinero es en el bolsillo del ciudadano es una de las falacias más dañinas del pensamiento neoliberal, por la sencilla razón de que para la mayoría de las personas o de las familias que viven de un salario o sueldo es tan importante o más para su bienestar lo que perciben en forma de bienes y servicios públicos gratuitos, como la educación y la sanidad, que lo percibido directamente en la nómina.

Es gracias a la recaudación de impuestos que el Estado proporciona servicios públicos a los ciudadanos, es decir, gracias a su función redistributiva. De nada le vale al asalariado que le aumenten el sueldo o le reduzcan los impuestos directos si al mismo tiempo se le obliga a abonar una parte creciente del coste de esos servicios. De la misma manera, una reducción general de impuestos directos acompañada de un aumento de los impuestos indirectos supone una merma de ingresos para la mayoría social. Así, la tendencia ha sido francamente perversa: la reducción en impuestos sobre la renta, en especial a los ricos, o sobre el capital –sociedades, patrimonio, sucesiones– se ha compensado con la subida de los impuestos al consumo, como el IVA. Es sabido que la propensión al consumo de las rentas bajas es del 100% de sus ingresos o se aproxima mucho a ese porcentaje y, en consecuencia, la operación es perfecta: estas rentas pagan, en proporción, más impuestos y, además, lo hacen a través del consumo, que es indoloro, incluso placentero.

Todo este proceso ha conducido a un deterioro de la democracia en dos sentidos, ambos igualmente nocivos. El aumento desproporcionado del déficit y la deuda acrecienta de forma peligrosa el poder y la influencia del sector financiero sobre la sociedad y el Estado. El acreedor principal de este ya no es el ciudadano a través de los impuestos, sino sobre todo los mercados, con sus intereses –nunca mejor dicho– y su particular visión de la política económica. La debilidad fiscal de ese mismo sector público, con el consiguiente deterioro relativo de los servicios que presta, está en el origen de la desprotección progresiva de los ciudadanos,

60

su creciente temor al futuro y su inestabilidad vital, que les inclina hacia opciones populistas, nacionalistas, incluso autoritarias, todas ellas retrógradas y contrarias al sentido de la historia (si es que esta tiene algún sentido). En coherencia con lo anterior, toda esta política de desigualdad y de deterioro de la democracia se ha producido en el marco de una «contrarrevolución cultural» y moral de exaltación de los valores individualistas y de ataque frontal a todo lo que huela a colectivo o comunitario. «La sociedad no existe», decía la «nihilista» Thatcher, «solo el individuo.»

La atomización de la producción, la desestructuración del trabajo y la supuesta personalización del consumo han impulsado una visión individualista en el conjunto de la sociedad. Todo ello ha ido acompañado de una crítica permanente a los cuerpos intermedios —como los partidos o los sindicatos, una de cuyas funciones es la de aportar ideas o propuestas colectivas—, para dar paso a formas personalistas de liderazgo, supuestamente sin ideología, lo que puede acabar en experiencias autoritarias, como estamos viendo a lo largo y ancho del planeta. Una vez más, el liberalismo extremo conduce, también, al autoritarismo político.

Es curioso comprobar que cuando el liberalismo es más acusado, las tendencias políticas autoritarias resurgen con creciente fuerza. Trump, Bolsonaro, Le Pen, Orbán, Salvini, Meloni, Abascal o Ayuso son ejemplos significativos de lo que decimos. Esto ocurre porque cuando a la libertad se la vacía de cierto nivel de igualdad se transforma en su contrario, en una caricatura de sí misma. Entre otras razones, porque la libertad no consiste principalmente en que le dejen a uno hacer lo que quiera, sino en que uno pueda hacer lo que legítimamente desea teniendo en cuenta la libertad de los demás, y ese «poder hacer» queda laminado para la mayoría, que se encuentra en situación de creciente desigualdad. Ese es el primer gran fracaso de la actual forma de capitalismo: acrecienta la desigualdad, erosiona el bienestar, destruye el medioambiente y acaba suponiendo un riesgo para la propia democracia.

Una mundialización contra el mundo

Este tortuoso proceso se ha desarrollado en el ámbito de una creciente globalización. La mundialización actual, en esencia, no acepta vacíos, es instantánea y no responde a criterios subjetivos, pues obedece a razones objetivas que son producto de la revolución tecnológica en su fase digital. La globalización no es obra de la perversidad de los capitalistas, sino de la bondad de los avances de la ciencia y de la técnica. Lo que puede ser perverso es quién la dirige, cómo, en qué dirección y con qué efectos. Dirección y efectos que no dependen de los avances científicos en sí mismos, sino de la relación de fuerzas económicas, políticas, sociales y culturales, entre otras. Hoy en día esta última está inclinada a favor de los grandes poderes financieros y de las multinacionales en general, mientras las fuerzas de la democracia pierden terreno. Si somos objetivos, no podemos afirmar que hoy en día países como la India, China, Estados Unidos, Indonesia, Pakistán, Nigeria y Rusia, que son algunas de las naciones más pobladas del mundo, sean democracias avanzadas o ejemplares. Por eso es tan importante la evolución de estos países, pues de ello depende en buena medida el futuro de la humanidad.

La globalización y la revolución digital explican, también, por qué hay problemas que ya no tienen solución en el ámbito del Estado nación, ni tan siquiera a nivel suprarregional. Uno de ellos, quizá el más determinante, es el del cambio climático, la destrucción de la naturaleza o del medioambiente o como quiera denominarse. En este sentido, cuando afirmamos que los seres humanos estamos destruyendo nuestro único hábitat, no estamos diciendo toda la verdad. Los humanos no producimos y consumimos de manera abstracta, sino que lo hacemos en un sistema socioeconómico determinado, históricamente existente, y hoy global, que se llama capitalismo. Ergo somos los «humanos del capitalismo» o «el capitalismo de los humanos» los que estamos destruyendo el medioambiente, el ecosistema, haciendo insostenible la vida en el planeta Tierra. En consecuencia, deberíamos preguntarnos si nuestro medioambiente es compatible con el capitalismo en su actual configuración. En mi modesta opinión, no lo es, y este es el segundo gran fracaso del capitalismo neoliberal. La cuestión es que en su fase actual depreda más que crea o construye, y en esta situación la humanidad, en un momento u otro, tendrá que plantearse cómo regularlo o domeñarlo y, en última instancia, superarlo para evitar que acabe destruyendo nuestra casa común, pues no tenemos otra, a pesar de los proyectos de turismo espacial de los multimillonarios. No deberíamos olvidar que las mismas fuerzas que están erosionando la democracia con el aumento exponencial de la desigualdad son las que niegan el calentamiento global, el aumento del nivel de los mares, la desaparición de millones de especies; en una palabra, son los negacionistas, que no aceptan que este sistema está liquidando poco a poco, pero cada vez más deprisa, un planeta único que no tiene recambio, por lo menos de momento. En el fondo los negacionistas están negando, también, la pervivencia de la democracia.

Se afirma que todos los años mueren siete millones de personas debido al cambio climático y sus consecuencias. Un auténtico holocausto cuya negación, en el caso del exterminio de los judíos, se considera delito en algunos países. Deberíamos reflexionar si no es un delito contra la humanidad destruir nuestro ecosistema, pues, aparte de las respetables creencias religiosas con las que cada cual pueda consolarse, lo que es indiscutible es que los humanos somos parte de la naturaleza y los atentados contra esta son agresiones contra nosotros mismos. ¿Estamos seguros de que en la causa de la terrible epidemia de la covid-19 no han influido las continuas destrucciones de nuestro ecosistema, al romper los equilibrios que sostienen

nuestra vida en la naturaleza? Yo creo que sí ha influido, y mucho. Siempre me ha sorprendido que en las
declaraciones de los derechos humanos, en la protección que necesitan y el castigo por violarlos nunca se
hayan incluido los crímenes contra la naturaleza.

Otra cuestión hasta cierto punto sorprendente es
que ante tamaña crisis del capitalismo neoliberal no se
haya producido ninguna reacción que lo haya puesto
en jaque o, por lo menos, haya planteado una profunda reforma del mismo. Algunos líderes occidentales
han sido conscientes del desastre: hubo un presidente
de Francia, Nicolas Sarkozy, que habló de la necesidad de «refundar» el capitalismo. No obstante, la idea
duró muy poco, pues fue más bien el capitalismo el
que «refundó» al atrevido presidente y le envió, con
rapidez, a la oposición.

Como ha ocurrido otras veces en la historia, la
reacción ciudadana ante las crisis y sus dolores no ha
sido dar un giro a la izquierda en sus preferencias políticas, más bien todo lo contrario. Ha supuesto un
retroceso hacia posiciones reaccionarias de corte nacionalista, populista o ambas, en el fondo autoritarias
en lo político y ultraliberales en lo económico. El
triunfo de los Trump y su escuela –Johnson, Bolsonaro, Salvini, Netanyahu, Orbán, Wilders, Milei, Meloni y Putin–, y el avance de Le Pen en Francia, de la
AfD en Alemania o de Meloni en Italia –o entre nosotros las actuales tendencias de Abascal o Ayuso– son
ejemplos de lo que decimos. Por su parte la izquierda
social y política se ha mostrado, hasta hoy, incapaz de

articular una alternativa, a nivel nacional o europeo, válida para frenar esa peligrosa deriva y levantar un proyecto social y democrático ante los actuales retos. La socialdemocracia, y la izquierda en general, en los dos países más influyentes de Europa, Francia y Alemania, no pasan por su mejor momento. La derrota del SPD en Berlín en febrero de 2023 es aviso de ello. En Italia sigue sin levantar cabeza, en Grecia ha sido desplazada del poder y en Gran Bretaña ha sufrido recientemente una severa derrota, que es probable que se corrija en los siguientes comicios. Solamente en Portugal –aunque veremos qué sucede en las muy próximas elecciones– y España continúa al frente de los respectivos gobiernos. La debilidad de la izquierda obedece, sin duda, a múltiples causas, algunas de las cuales vienen de lejos y otras son más recientes. En mi opinión, la más determinante radica en que no tiene un discurso, programa o estrategia que claramente englobe y articule una solución a las principales contradicciones en los espacios nacionales, europeos y mundiales en que los distintos retos se plantean. Una estrategia que necesita una política de alianzas sociales y políticas, en el seno de la UE y también a nivel global. Un interglobalismo que sustituya al viejo y fenecido internacionalismo de antaño, que aglutine a la inmensa mayoría de los trabajadores y ciudadanos del mundo en la lucha por una mundialización inclusiva, democrática y sostenible.

Todos los estudios coinciden en que el catalizador de la crisis de 2008 fueron las hipotecas vendidas a los trabajadores de Estados Unidos alrededor del año 2000. Previamente, como ha quedado expuesto, se había realizado una doble operación de desregulación de los mercados de trabajo y financieros. Fue una época de expansión sin precedentes de la actividad financiera, cuando se originó una fuerte asimetría entre la esfera de la producción y la de la circulación; es decir, cuando en el mercado financiero se generaban beneficios comerciales con dinero y no con préstamos. Esta característica de la globalización consiste en la expansión del mercado financiero internacional a partir de la penetración en la economía de los países por medio de la inversión directa de capital. De esta manera aparecieron tres tendencias del nuevo capitalismo: la financiarización y el relativo declive de la economía productiva, es decir, las finanzas como nuevo régimen de acumulación; el lento descenso del crecimiento debido a una caída de la tasa de beneficios, que se explica por la competencia de los países emergentes y por un cambio en la composición orgánica del capital; y, por último, el predominio creciente de las grandes corporaciones.

Este triple proceso condujo a la tendencia de recuperar beneficio a través de las finanzas, lo que François Chesnais calificó de «dictadura de los acreedores». Un fenómeno paralelo al crecimiento desigual de las rentas, en el que el consumo de los trabajadores está cada vez más privatizado y mediatizado por el sistema financiero. Según Costas Lapavitsas, en su libro *Profiting without Producing*, se calcula que el capital recuperaba entre el 20 y el 30 % de los salarios a través de las hipotecas. Y como señala Giovanni Arrighi, por su parte, en *El largo siglo XX*, con la financiarización el capital cambia de la producción y el comercio a la especulación financiera, donde los beneficios se acrecientan. Desde luego, qué lejos queda el pobre Aristóteles cuando sostenía que el beneficio financiero era contra natura y no contribuía en nada a la riqueza genuina.

En efecto, esta nueva forma de acumulación comienza en los años setenta, antecedente de la crisis de 2008, con el neoliberalismo. Empieza una sistemática desregulación del mercado de trabajo, con un aumento del trabajo temporal, parcial y externalizado, cuyas consecuencias fueron un crecimiento exponencial de la desigualdad y un descenso de los sueldos, que llevó a la reducción del salario por hora en todos los países desarrollados. Era la manera particular del capital de hacer frente a la caída de la tasa de beneficios, que mutaba la relación entre capital constante y capital variable como consecuencia de la introducción de las nuevas tecnologías. En efecto, como luego especificamos con más detalle, la introducción de tecnologías cada vez más sofisticadas —máquinas que producen máquinas, IA...— que hacen desaparecer a la mano de obra tiende a reducir, en principio, la tasa de beneficios, aunque esta a fin de cuentas depende también del resultado de la lucha de clases.

La llegada de las nuevas tecnologías, como cuenta Richard Baldwin en *La gran convergencia*, ha producido un cambio radical en el sector de las manufacturas en todo el mundo. Si en 1990 dos tercios de estas estaban en manos de Occidente, hoy en día se encuentran menos de la mitad. Se podría decir que en 1970 el sector industrial chino prácticamente no existía, o por lo menos no era competitivo, y hoy es el primero o segundo del mundo en algunos productos. El viejo adagio de David Ricardo de «haz aquello que se te da mejor e importa el resto» ya no es solo un concepto nacional, pues el flujo entre las empresas es internacional y, en consecuencia, la ventaja comparativa ha dejado de ser, en gran parte, un factor de país. No se puede ganar en todos los terrenos.

Como es conocido, hoy en día la cuestión es competir en la *global value chain* o cadena de valor mundial. Y no se trata, como señalaba Baldwin, de un asunto entre Alemania y Japón, sino entre BMW y Honda. Por eso mismo China, siguiendo las enseñanzas de Marx, ha abrazado la revolución de las cadenas de valor mundial y es partidaria del libre comercio con «características chinas», es decir, siempre que les beneficie a ellos. De esta manera la nueva globalización quiebra el viejo paradigma que ligaba el trabajo nacional con la tecnología del propio país, un paradigma que hoy en día ya no vale. En la actualidad no sirven, principalmente, los actores nacionales y si no queremos que la globalización la sigan dirigiendo corporaciones mundiales tenemos que plantearnos la creación de auténticos actores políticos globales, entre ellos la Unión Europea. De lo contrario, nos seguirán conduciendo a sucesivas crisis. ¿Quieren saber por qué, durante la terrible crisis del coronavirus, la mayoría de los países occidentales carecíamos de «manufacturas» sanitarias y estábamos pendientes de los aviones que llegaban de China? Pues ya tienen ustedes una explicación.

En todo caso, las causas del desorden originado por la crisis del 2008, exponente del fracaso del capitalismo neoliberal, han sido adecuadamente identificadas: una desregulación desorbitada del sistema financiero, y del económico en general; una desigualdad creciente en la distribución de la riqueza; el surgimiento de toda una serie de burbujas tecnológicas, financieras e inmobiliarias; una rebelión fiscal sostenida por parte de las multinacionales y de los más ricos, con la creación de abundantes paraísos fiscales; los crecientes déficits de los Estados, que han conducido a deudas insostenibles, y han causado el creciente poder de los mercados acreedores. Una vez identificadas las principales causas del desorden, lo lógico habría sido tomar las medidas oportunas que condujeran al establecimiento de un orden nuevo más racional, justo y sostenible. Para ello habría resultado imprescindible la implantación de una regulación más estricta y eficaz del sistema financiero, pues no podemos correr el riesgo de caer otra vez en una crisis como la de 2008, que podría llevarse por delante no solo a la UE, sino también a la propia democracia tal como la conocemos. En definitiva, si no nos enfrentamos al reto que supone la desigualdad creciente, no hay futuro ni para el Estado del bienestar ni para la propia democracia.

El Estado social supuso un salto civilizatorio, pero en realidad solo está vigente en el territorio de la UE y poco más y ha devenido una seña de identidad de nuestras democracias. Hay que ser conscientes de que el disfrute de estos derechos sociales ha sido posible gracias a las conquistas logradas por los ciudadanos y que se sostienen gracias a unos sistemas fiscales robustos, con presiones fiscales por encima del 35 % del PIB durante décadas. Es decir, gracias a una rigurosa política redistributiva que ha permitido contar con la sanidad y la educación universales y gratuitas, el sistema de pensiones públicas o los servicios de asistencia social contra las enfermedades y los accidentes. Un modelo de civilización que es caro y a la vez irrenunciable. No es concebible que la ciudadanía europea esté dispuesta a aceptar, pacíficamente, que le arrebaten tales conquistas. Sin embargo, este modelo social europeo está siendo atacado desde diferentes frentes, al socaire de las nuevas condiciones creadas por la globalización y la revolución digital. El primer empellón procede de la «revolución fiscal» de los ricos, ya sean sociedades o personas físicas. Aquí la lucha por la eliminación de los paraísos fiscales y otras formas de evasión o elusión tributaria es esencial. Es francamente delictivo que una parte sustancial de la riqueza de las naciones no pague impuestos. Además, esa fabulosa evasión demuestra que hay dinero suficiente para sostener sistemas sociales potentes, si fuésemos capaces de conseguir que se abonasen, en tiempo y forma, los tributos debidos. Resulta, pues, una falacia afirmar que el modelo social europeo es insostenible, cuando lo que es insostenible es la actual y masiva evasión fiscal. Nos remitimos al capítulo sobre la Unión Europea para ampliar esta vital cuestión.

El siguiente ataque procede de las teorías y propuestas de los ideólogos neoliberales, en el sentido de que es necesario realizar una reducción de impuestos, por cuanto donde mejor está el dinero es en el bolsillo de los contribuyentes, cuestión que ya hemos rebatido con anterioridad. Así pues, las dos cuestiones fundamentales de las que depende el buen funcionamiento de la democracia, esto es, el Estado del bienestar, ligado a la distribución de la riqueza, y la independencia de las instituciones elegidas, vinculada al ejercicio libre del poder ciudadano, dependen en esencia de la cuestión tributaria. En la desigualdad rampante que erosiona el bienestar de la mayoría de los ciudadanos y en la dependencia de los Estados endeudados de los mercados acreedores está la base de la crisis de las llamadas democracias liberales, cada vez menos democráticas y cada vez menos libres. No debe sorprender que se estén abriendo camino modelos políticos con tendencias autoritarias, nacionalpopulistas o de otro género, que rechazan, demagógicamente, ese liberalismo, que además de generar desigualdad es ineficaz en la economía. En consecuencia, se hace necesario superar la concepción y la práctica de una democracia neoliberal que se ha pretendido imponer en Occidente desde los años setenta del siglo pasado, bajo liderazgo anglosajón, para pasar a una concepción más democrática y social de impronta europea. Esta ofensiva contra los derechos sociales necesita para defenderlos una UE cada vez más integrada económica, social y políticamente. Y eso explica los intentos de los enemigos de la democracia social por hacer naufragar este proyecto civilizatorio, del que depende la salud del continente europeo. No creo que a los ciudadanos europeos les atraiga el modelo «liberal» de Estados Unidos, ayuno de derechos sociales avanzados, o el de China, carente de libertades políticas y escaso en derechos sociales, a pesar de ser, sin duda, las dos mayores potencias mundiales.

La UE debería ir soltando amarras de las ataduras del pasado y profundizar en su propio camino de democracia, con libertades y derechos sociales, con instituciones que solo dependan de la voluntad de los ciudadanos y no de poderes no electos; con una economía sostenible que no acepte el interés del beneficio privado por encima o en contra de la salud del planeta y de sus habitantes. En este empeño no es indiferente la dirección que tomen en el futuro países como Estados Unidos, China, Rusia, la India o Brasil. En el interés de la UE estaría que en Estados Unidos se abriese camino una concepción de la democracia más social e igualitaria, como la que representan los sectores más jóvenes y avanzados de su sociedad. Igualmente, sería un suceso de trascendencia global que al formidable crecimiento de China en las últimas décadas le siguiese una apertura hacia formas más democráticas del ejercicio del poder. La UE debería contribuir a que las tendencias más avanzadas se acaben imponiendo a la corriente más reaccionaria. Pero solo lo logrará siempre y cuando sea capaz de profundizar en su modelo social, democrático y sostenible con plena autonomía y en cooperación con otras potencias mundiales. De ahí, entre otras cosas, la trascendencia de las próximas elecciones al Parlamento Europeo, en las que se vaticina un avance de la ultraderecha que es fundamental contrarrestar.

2. DIAGNÓSTICO SOBRE LA CRISIS DE 2008

El principio del fin

En el primer decenio del siglo XXI, España vivió, junto con el resto de Europa, la peor crisis económica desde los años treinta del siglo pasado. Una crisis que comenzó en el sector financiero de Estados Unidos, se trasladó a la Unión Europa y ahí pasó de las finanzas a la economía productiva, con efectos devastadores. Es interesante constatar que, como en la Gran Depresión de 1929, comenzó en Estados Unidos, país líder del capitalismo, y luego se extendió al resto del mundo, y que, como también entonces, supieron salir de la hecatombe antes que los demás. En esta ocasión, la razón del adelanto norteamericano se debió a su condición de Estado federal, capaz de insuflar directamente en la economía los medios necesarios para permitirle salir del atasco. En todo caso, las consecuencias no fueron las mismas en todos los países, y aguantaron mejor aque-

75

llos que tenían un sistema productivo más evolucionado y un Estado del bienestar más sólido. En realidad,
los peor parados fueron los países del Sur, entre ellos
España. Luego, con la crisis del covid-19 sucedió lo
mismo, con la diferencia, signo de los tiempos, de que
el destrozo comenzó en China, un país que daba la
impresión de salir el primero del agujero negro, aunque pareció haber recaído al abrir la mano de la movilidad y la permisividad.

Nuestro país había conocido un fuerte crecimiento económico en la década anterior a la crisis, cuyos
cimientos se encontraban principalmente en sectores
de baja productividad, escasa formación y reducida fi-
jeza en el empleo como la construcción, la hostelería,
el turismo, el comercio al por menor y algunos otros
servicios; por el contrario, se había producido una
pérdida de posiciones en el sector industrial. Todo
ello iba acompañado de un fuerte flujo financiero,
con bajos tipos de interés, que se había concentrado,
en exceso, en el sector inmobiliario. Esta tendencia
daría lugar a una burbuja que se iría alimentando por
varias vías principales: la liberalización excesiva del
suelo; las exageradas ventajas fiscales en la adquisición
de la vivienda; la desmesurada capacidad de los ayuntamientos para intervenir en los planes urbanísticos
como vías de financiación de dichas corporaciones, y
el impacto que tuvo la creación del euro en la obtención de una financiación abundante y barata. Todo
ello permitió una expansión del crédito más allá de
lo razonable, que nadie previó ni atajó desde los po-

deres públicos, en especial en los periodos de gobiernos liberal-conservadores. Esto es lo que explicaría que cuando estalló la crisis financiera inmobiliaria de 2008 se pasara, en un breve lapso de tiempo, de una tasa de paro del 8 % a otra cercana al 25 %. Un fenómeno típico de la economía española, cuyo sistema productivo crea mucho empleo en épocas de bonanza y lo destruye con la misma rapidez en episodios de crisis.

Todo lo anterior también esclarecería la crisis del sector financiero, en especial de las cajas de ahorros, más expuestas al negocio inmobiliario e imposibilitadas de acudir al mercado de capitales debido a su naturaleza híbrida, ni pública ni privada. Esta fue la causa del hundimiento de la mayoría de las cajas y no la inoperancia o trapacería de sus gestores «políticos», aunque de todo hubo en la viña del Señor, como explicamos en otro capítulo de este ensayo. A la postre, el sector financiero acabó siendo intervenido por la Unión Europea, como consecuencia de una deuda que le ha costado al erario público sesenta mil millones de euros. En suma, el efecto económico de la crisis fue que España perdiera, en los últimos años, alrededor del 11 % de la riqueza nacional, desaparecieran decenas de miles de puestos de trabajo y la deuda pública alcanzase el récord histórico del 100 % del PIB. Si en 2007 el PIB español era del 105 % en comparación con la media europea, en 2012 había descendido al 96 %.

Como era previsible, los efectos sociales no pudieron ser más severos. Unos, producto de la propia dureza de la crisis; otros, como resultado de una gestión política de la misma con escasa atención a las consecuencias sociales, propia de las concepciones de una derecha neoliberal o conservadora. El desempleo alcanzó cifras insoportables del 25 %, con la pérdida de 3,6 millones de puestos de trabajo; la cobertura de protección a los parados descendió al 55 %; los salarios medios mensuales brutos perdieron alrededor del 9 % de su nivel anterior a la crisis; las pensiones apenas aumentaron y algunas disminuyeron, al tiempo que miles de familias vieron amenazada la posesión de sus viviendas. En consecuencia, la pobreza se incrementó hasta el 22 % de la población y los hogares sin ningún ingreso rozaron el millón. Por primera vez desde la instauración de la democracia, la pobreza tuvo, también, rostro infantil hasta el punto de que la indigencia en los hogares con niños (el 27 %) ha aumentado en este periodo hasta alcanzar una tasa solo superada por Rumanía, Grecia y Bulgaria y que es 8 puntos superior a la de la UE15 (19,4 %).

Por otra parte, los servicios públicos que conforman el Estado del bienestar vieron descender sus inversiones y su personal, con el consiguiente deterioro de estas prestaciones esenciales para la comunidad. La educación perdió 54.000 empleos y la sanidad, 13.000. Las consecuencias de dicha degradación las seguimos pagando en la actualidad; eso explica las angustias que hemos padecido en el periodo de la pandemia, así como las justificadas protestas del personal de dichos servicios. Una lógica decadencia si tenemos en cuenta que la presión fiscal se redujo, y también lo hizo el gasto social, inferior en 8 puntos a la media de la UE. Para colmo de males, la política de austeridad practicada desde la UE, diferente a la practicada en Estados Unidos, contribuyó a acentuar este estropicio colectivo.

El deterioro económico y social, junto con un modelo político con deficientes controles y un poder excesivo en el Ejecutivo sobre las demás instituciones del Estado, dieron como resultado una erosión en el prestigio de estas en el juicio de la ciudadanía. No hay más que analizar las encuestas de opinión que publica el CIS y observar el lugar que ocupan las instituciones en la valoración ciudadana. El Parlamento, los partidos políticos, la justicia, los tribunales de supervisión o control, los bancos y las empresas están, desde hace años, situados en los últimos lugares en la consideración del público.

Los excesivos casos de corrupción, no combatidos a tiempo ni con la suficiente energía, tuvieron un efecto letal a este respecto. En momentos de crisis, con una parte muy importante de la población pasándolo de manera desesperada, la corrupción, siempre inaceptable, devino insoportable. Una corrupción que no esquivó o perdonó prácticamente a ninguna institución, desde algunos miembros de la familia real, pasando por partidos, gobiernos locales y autonómicos, patronal y sindicatos, representantes públicos y entidades privadas. Una corrupción que, en no pocas ocasiones, tuvo su origen en la coyunda impropia entre interés público y privado, o en una financiación opaca de partidos y organismos. La ausencia de un modelo adecuado de financiación de las corporaciones locales, dejadas en la indigencia fiscal, así como de los partidos políticos y otras entidades ha sido el caldo de cultivo de esa extendida venalidad. A lo que no ha sido ajena una causa más estructural, que tuvo su origen en un sistema productivo sustentado en sectores donde es posible el enriquecimiento rápido a partir de decisiones administrativas y/o políticas, como es el caso del negocio urbanístico. Y aunque estas corruptelas siempre han afectado a personas concretas, por lo que sería injusto generalizar la responsabilidad al colectivo concernido, esto no ha evitado que el daño haya sido general, ante la repetición y el escándalo social provocados por el asunto en cuestión. También conviene dejar constancia de que hoy, más que en otros tiempos, se combate la corrupción de manera más eficaz, siendo la ley igual para todos, aunque no siempre lo sea el resultado.

En cualquier caso, nunca desde el inicio del periodo democrático las instituciones y la política habían estado tan mal valoradas. Eso, no obstante, no es óbice para que podamos afirmar que la ciudadanía sigue considerando positivamente el sistema democrático y, como prueba, la alta participación del personal sufridor, es decir, la población, en las sucesivas elecciones generales, autonómicas o locales. Sin embargo, todo lo anterior es lo que explica, igualmente, que los partidos mayoritarios, que se habían ido turnando en el poder los últimos treinta y cinco años, perdieran ocho millones de votos y surgiesen otras formaciones políticas, unas de naturaleza nacionalpopulista y otras regionalistas, al calor de ese desprestigio o desgaste. El resultado ha sido que hoy en día exista, en el Parlamento, un partido de extrema derecha y múltiples formaciones regionalistas de diferentes tendencias.

Es cierto que, a partir de 2014, pasados seis años del inicio de la crisis, España empezó a salir del estancamiento y que en 2015 alcanzó un crecimiento económico superior al de la mayoría de los Estados de la UE. Hubo una mejora en el ámbito macroeconómico que se manifestó en el aumento del consumo y de las exportaciones, con cifras extraordinarias en el turismo. Ello supuso un aumento en la creación de empleo, si bien estos puestos de trabajo eran de calidad deficiente, debido a la precariedad y temporalidad de los contratos como consecuencia de la reforma laboral del Partido Popular. Fue en el fondo la manera tradicional y antisocial en la que el capital rehace su tasa de beneficios: deprimiendo costes salariales y flexibilizando el mercado de trabajo. Por eso no se podía afirmar que se tratase de un crecimiento sólido, si pensamos que la inversión pública y privada seguían siendo insuficientes y que continuamos teniendo un endeble sistema productivo en términos de industrialización, productividad, sostenibilidad e innovación.

Todo lo anterior fue consecuencia de una históricamente escasa inversión en I+D+i, que descendió en un 33 %, algo que supuso un verdadero drama que seguimos pagando muy caro: un sistema de formación profesional inferior al del resto de los países avanzados y un modelo educativo francamente mejorable, sometido a los vaivenes de las coyunturas políticas. Nuestro crecimiento económico se estaba aprovechando, en aquellos momentos, de factores exógenos muy favorables como fueron la caída del precio del petróleo, que supuso un ahorro de 20.000 millones de euros o la política expansiva del BCE; factores que siempre pueden cambiar de signo con el paso del tiempo. Aunque algo mejoró, no se podría afirmar que nuestro sistema productivo se modificase en sustancia. Seguíamos dependiendo en exceso de sectores bajos en valor añadido, nuestras cifras de paro continuaban siendo las más altas de Europa y cargábamos con un déficit y una deuda pública y privada excesivos.

No tenemos más que comprobar cuál era la composición de nuestra mano de obra para constatar lo que decimos: un sector comercial, basado sobre todo en el pequeño comercio, con más de 3 millones de empleados; el de la construcción con más de 1 millón; la hostelería y el turismo con más de 2 millones, mientras el sector de la manufactura de bienes se situaba en 1,8 millones de trabajadores. En resumen, la inmensa mayoría de las empresas siguen siendo pymes o micropymes, salvo excepciones, de escaso valor añadido e insuficiente capacidad exportadora. No deberíamos olvidar tampoco que tanto entonces como ahora el contexto europeo e internacional no permite ligerezas. La UE crece poco, China pasa por fuertes turbulencias poniendo en jaque a las bolsas del mundo, y los países emergentes como Brasil, Rusia, Turquía o la India ya no tiran de la economía sino que se encuentran en situación precaria.

Si se pretendía salir de la crisis con un crecimiento económico sostenido capaz de crear empleo de calidad y en sectores con futuro, que no sobrevivan a base de bajos salarios y contratos basura, teníamos que abordar un esfuerzo colectivo en el que se involucrasen diferentes fuerzas políticas, económicas y sociales, cuestión que no sucedió.

Como hemos señalado, la erosión y la fractura social fueron graves, lo que explicaría muchos de los fenómenos negativos en que está inmersa nuestra vida colectiva. La desigualdad creciente –España sigue siendo uno de los países más desiguales de Europa–, las diferencias abismales entre pobres y ricos, y el impacto que la falta de empleo está teniendo, en especial entre la juventud, han debilitado la cohesión social que se había cimentado, desde la instauración de la democracia, como elemento básico de la fortaleza del Estado. Los jóvenes encuentran serias dificultades para acceder al mercado de trabajo y, cuando lo consiguen, se topan con sueldos menguantes y unos contratos todavía precarios. Muchos de ellos han optado por la emigración, esta vez no como jornaleros sino como licenciados en las más variadas especialidades, lo que supone una pérdida de talento para el país. No se nos pueden ocultar las consecuencias que ha tenido, para el Estado democrático, la pérdida de cohesión social. La sensación que tienen los jóvenes de que vivirán peor que sus padres y de que sus pensiones serán de calidad inferior a las de sus mayores, a consecuencia de contratos encadenados e interrumpidos en el tiempo, acentúan los problemas generacionales. El resultado es que se merman las posibilidades de construir un proyecto de vida en un tiempo razonable, con efectos en el descenso de la tasa de natalidad, que puede llegar a crear un problema demográfico grave. Recomponer algunas bases de nuestro Estado social y garantizar un futuro laboral digno a las nuevas generaciones se convirtió en un empeño colectivo urgente, pues España no podía permitirse un deterioro social como el que estaba viviendo sin que acabase afectando a la convivencia y a la propia estabilidad política.

De ahí la trascendencia que tenía para ir superando los destrozos de la crisis el que se pudiera formar un gobierno de progreso que diera un giro social a la política del país. En este sentido, el Gobierno de coalición de izquierda que se formó a partir de la moción de censura de 2018 contra el Ejecutivo de Rajoy fue determinante para el devenir de los acontecimientos. En los últimos cinco años, al margen del ruido, las tensiones y las crispaciones, lo cierto es que se ha comenzado a modernizar nuestro tejido productivo; ha crecido y se ha estabilizado el empleo; han aumentado los salarios, en especial el mínimo, y las pensiones; se han creado nuevos derechos como el ingreso mínimo vital o la eutanasia; se ha progresado en la igualdad de las mujeres y España lleva varios años siendo el país de la UE con mayor crecimiento y menor inflación.

Los datos finales del 2023 han confirmado esta tendencia. Un récord de 21,2 millones de empleados, un descenso a la mitad de la temporalidad y un crecimiento de los trabajos de alto valor añadido, además de una marca histórica en la tasa de ocupación femenina.

Es cierto que tenemos un déficit y una deuda excesivos, consecuencia del terremoto que supuso el covid-19, pero no es menos real que se han ido reduciendo gracias al aumento de la recaudación fiscal. Por esta razón fueron tan decisivas las elecciones del 23 de julio del año pasado. La disyuntiva era entre consolidar y continuar con las reformas económicas, sociales, medioambientales y en derechos civiles del Gobierno de coalición de progreso o el retroceso que hubiera supuesto un Ejecutivo de la derecha y los ultras, cuya intención manifiesta era laminar los avances de la legislatura anterior. A pesar de los riesgos y dificultades valía la pena llegar a acuerdos con fuerzas nacionalistas, que si bien no coincidirán con algunas reformas que exijan cambios legislativos, se podrá concertar con ellos la resolución de conflictos enquistados, como puede ser el que arrastramos con una parte de Cataluña, por medio de la controvertida pero necesaria amnistía.

El origen de la calamidad

Sin embargo, el relato de esta historia de la crisis y del modelo neoliberal empezó bastante antes y no precisamente en España. Fue en la época de la presidencia de Nixon cuando se eliminó el patrón oro, como consecuencia de las necesidades financieras de la guerra de Vietnam, y comenzó esa vertiginosa escalada en la creación «privada» de dinero, de esa «industria sin producto», de dinero sobre dinero, que como una inmensa nube tóxica acabó cayendo sobre el universo. Luego continuó con las desregulaciones, privatizaciones y liberalizaciones de Reagan, con Thatcher y su revolución conservadora, que coincidió, no por casualidad, con el hundimiento de la URSS y el campo socialista; más tarde siguió con las reformas de Clinton, cuando se permitió a los bancos dejar de serlo y transformarse en «industria financiera», como con razón la llamara el canciller alemán Helmut Schmidt. Se dedicaron, desde entonces, no tanto a cumplir con la misión para la que fueron creados, es decir, la de dar créditos a la economía productiva, sino a una desaforada carrera especulativa de alto riesgo por medio de productos incomprensibles, lo que les ha permitido, no obstante, dominar el conjunto de la economía, ya que, como decía el gran Quevedo, «poderoso caballero es don Dinero».

No conviene, pues, olvidar el origen de la crisis de 2008 y sus responsables, porque si lo hacemos, los culpables del desaguisado seremos nosotros, los ciudadanos, que hemos vivido por encima de nuestras posibilidades cual derrochadores incorregibles. Y es que cuando estalló la crisis financiera no fueron los bancos o las cajas quienes pagaron la factura, sino que, por arte de birlibirloque y con la ayuda de los gobiernos, la deuda privada se transformó en deuda soberana y la tuvimos que asumir los ciudadanos, y por aquello del «Too big to fail» («Demasiado grande para caer»), tendrán que seguir pagándola nuestros hijos y nuestros nietos. Por desgracia nosotros somos «Too weak to resist» («Demasiado débiles para resistir»).

De las finanzas, la crisis se extendió cual metástasis a la economía real. La deuda se convirtió en una losa para los Estados y el crédito dejó de fluir, lo que provocó menos inversión, más paro, menos demanda, menor crecimiento y así, sucesivamente, cual pescadilla que se muerde la cola. La receta que se impuso, desde el lado de la Unión Europea, fue el famoso mantra de la austeridad, que, en mi opinión, fue la expresión macroeconómica de la lucha de clases, trufada de componentes geográficos, y que, como dijo el millonario norteamericano Warren Buffett, la estaban ganando los ricos por goleada. En ese sentido, durante aquel periodo se produjeron tres grandes «saqueos»: la socialización de pérdidas que supuso trasvasar la deuda de privada a soberana; la reducción de salarios, pensiones y sueldos con el fin de que el capital recuperase la tasa de beneficios, aunque así se deprimiera la demanda y el crecimiento; y, por último, la masiva evasión de impuestos hacia los paraísos fiscales, la reducción de tributos a los más pudientes y la elevación del injusto IVA, una operación que acrecentó la presión fiscal individual de los menos ricos hasta el cielo, por la mayor propensión al consumo que tienen las rentas bajas.

Estados Unidos y Unión Europea: dos ejemplos opuestos

En esta línea de reflexión es especialmente oportuno el análisis comparativo entre el enfoque que adoptó la administración del demócrata Barack Obama para hacer frente a la crisis y el que hizo la UE, influida por la conservadora Merkel. Mientras que en Norteamérica se realizaron grandes «transfusiones de sangre» al postrado enfermo vía inyecciones de liquidez por parte de la Reserva Federal, en la UE se le aplicaron, por el contrario, innumerables sanguijuelas, vía austeridad, que le fueron extrayendo la sangre hasta dejar al paciente cada vez más exangüe. Al mismo tiempo y para que este no acabase muriendo, el BCE prestó dinero sin límite a los bancos al 1 % de interés para que estos se lo prestasen, a su vez, a los Estados al 4 o 5 %, lo que obviamente acrecentó la deuda de estos últimos y el poder de los primeros. En realidad, el resultado fue que la política monetaria quedó, en buena medida, en manos de los bancos privados.

Lo fascinante de la historia es que la operación se hizo sin que el BCE pusiese condiciones a las instituciones financieras referentes a cómo prestar ese dinero a las empresas y los particulares, algo que hubiese facilitado la creación de empleo. Hasta tal punto fue irracional el mecanismo que una parte de esas inmensas cantidades de fondos públicos que recibía el sistema financiero, los bancos lo volvían a depositar en el propio BCE, hasta crear una especie de «manos muertas financieras», en este caso no en la forma de tierras de la Iglesia como antaño, sino de dinero del sistema financiero, tan imprescindible para que la economía se reactivase. Habría quizá que pensar en una nueva desamortización, como aquella de Mendizábal en el siglo XIX. Reconozco la dificultad de la operación si pienso en la férrea oposición de la banca ante un modesto impuesto sobre sus excesos de ganancia cuando están obteniendo los mayores beneficios de su historia.

La conclusión que se desprende del análisis que venimos haciendo, pues no podemos pensar que todo se deba a la maldad o la estupidez, es que la crisis cogió a la UE a medio construir y esta no fue capaz de acelerar los tiempos por falta de voluntad política y porque no a todos los Estados les iba igual de mal en este aquelarre, si tenemos en cuenta que unos eran acreedores –los más fuertes, con Alemania a la cabeza– y otros deudores –los países del Sur, España entre ellos–. Como es bien conocido, no teníamos todavía unión económica, ni política fiscal común, ni un Tesoro europeo, ni mutualización de la deuda ni política social europea. Solo una política monetaria, la del BCE, cuya misión esencial era la estabilidad de precios, cuando ese no era entonces el problema –había, por el contrario, un riesgo de deflación– y el drama fundamental radicaba en el desempleo masivo –un 12 % en el área euro y un 26 % en España, mientras que en Estados Unidos, con otra política e instrumentos económicos, era de casi la mitad de la europea.

Ahora bien, para llevar adelante determinada política económica, en este caso la de austeridad a todo trance, se requerían algunas operaciones y aspiraciones históricas de las fuerzas liberalconservadoras: mellar el poder de los sindicatos por medio de leyes laborales que debilitaran la negociación colectiva y facilitaran el despido; achicar el Estado del bienestar bajo la premisa de que es insostenible; permitir la «rebelión fiscal» de los más pudientes, las multinacionales y demás, y endurecer las leyes contra las movilizaciones y los emigrantes. Es evidente que, con el actual sistema fiscal, el de los paraísos fiscales, la economía sumergida y las mil maneras de eludir los impuestos, mantener el Estado del bienestar se hace enormemente complicado. Por eso conviene situar en el tema fiscal una de las líneas estratégicas del futuro para enderezar la situación desde un punto de vista de progreso o meramente decente.

Habría que empezar por acabar con el escándalo que supone que el 10 % del PIB español y el 12 % del mundial estén en «paraísos fiscales», auténticos infiernos para la democracia. Los otros ejes básicos se tendrían que ubicar en reducir y embridar el capital financiero, en rehacer y modernizar el Estado del bienestar y en restablecer el dominio de la política. Porque ¿qué se quiere decir cuando se afirma que los grandes bancos son «sistémicos» y que, en consecuencia, no se les puede dejar caer? Me temo que lo que hay detrás de esa afirmación tan repetida es la idea de que el sistema financiero es «el sistema», y no la democracia o los ciudadanos. Es decir, se puede dejar caer a veinte millones de personas en el paro, porque no son «el sistema», pero no a un gran banco porque sí lo es. Cuando esto se produce, hay algo que no estamos haciendo bien. Sin embargo, hay que reconocer que no deja de tener su lógica, porque el poder del sistema financiero global ha llegado a tal punto que una buena parte de los Estados ya no dependen tanto, o no solo, de los impuestos de los ciudadanos para hacer frente a los gastos, sino que se apoyan en los créditos de los «mercados». Es decir, se ha pasado del acreedor-contribuyente, a través de unos impuestos que son la base de la representación democrática y del control del Estado por los ciudadanos, al acreedor-mercado, vía créditos y deuda, que es el fundamento del poder actual del sistema financiero. No hay más que examinar quién tenía y quién tiene en su poder la deuda del Estado español: más de un billón de euros, por encima del 100 % del PIB. Casi el 20 % está en manos de seis bancos españoles, una cantidad bastante superior a la mitad de toda la presión fiscal del país. Aquí está la razón de por qué se puede decir que estamos asistiendo a un cierto vaciamiento de la democracia o por qué la gente en la calle gritaba: «Esto no es una crisis, esto es un atraco». La frase puede sonar demagógica, pero algo de razón llevaba.

Por eso, ahora se entiende mejor por qué llevamos años diciendo que el problema radica en que las finanzas y la economía se han globalizado y la política no, que entre el capital y el trabajo se ha elegido sin duda el capital... financiero y que cuando Sarkozy dijo aquello de que había que «refundar el capitalismo», lo que ocurría en realidad es que el capitalismo financiero estaba refundando la política. Y esto está siendo así, en buena medida, porque la reacción ante la gran crisis de 2008 por parte de las fuerzas políticas y sindicales progresistas fue extremadamente débil. Una flojera que demuestra una vez más que los fracasos políticos y sociales empiezan siempre por las dimisiones intelectuales. Y en eso consistieron, como hemos visto, las renuncias de las Terceras Vías, que al final resultaron ser vías muertas.

Sin embargo, no nos podemos limitar a un análisis severo de la situación, sino que conviene ofrecer las líneas maestras de recuperación de una política decente y progresista pensada desde y para los ciudadanos, en definitiva, desde la democracia. Han quedado resumidas con anterioridad, pero no me resisto a resaltar de nuevo algunas: controlar el capital financiero y devolverlo a su función de dar crédito a la economía productiva; recuperar el pulso fiscal para que los Estados dependan de los ciudadanos, y no de los mercados; fortalecer el Estado del bienestar y restablecer el dominio de la política, esto es, de la democracia, en la dirección de los procesos. Una democracia que no puede ser solo nacional, sino también europea.

Asimismo, la consecuencia lógica de este diagnóstico retrospectivo de la crisis de 2008 es que España necesitaría alcanzar amplios acuerdos en cinco grandes asuntos: garantizar un crecimiento económico sostenible, con reformas en nuestro sistema productivo, para crear empleo de calidad; reforzar nuestra cohesión social por medio de un sistema fiscal reformado y distributivo que permita mejorar nuestros servicios sociales; tomar medidas de expansión democrática que prestigien nuestras instituciones y laminen la corrupción; idear una nueva articulación del Estado en una dirección federal y lograr una posición más sólida en la Unión Europea y en el concierto internacional. Se trata, en pocas palabras, de abordar reformas que hagan de nuestro país un proyecto atractivo que concite la adhesión de las grandes mayorías y limite al máximo la actual desafección que ha brotado en diferentes territorios.

3. EL ESCENARIO POLÍTICO DE UN TORBELLINO

Cuando estalla la gran crisis y se extiende como un tsunami desde Estados Unidos al resto del planeta, la UE se encontraba inmersa en una difícil transición, desde un mercado común con moneda única hacia un gobierno de la economía que no acababa de nacer. La crisis, pues, nos golpeó a los europeos en medio del torrente. El Tratado de Maastricht había significado un notable avance al crear el euro, de extraordinario significado económico y político, pero no había establecido los instrumentos y las instituciones que una moneda única exige para su buen funcionamiento. Quizá se pensó, con un exceso de optimismo en medio de la bonanza económica, que tales herramientas no eran urgentes o que, en todo caso, acabarían imponiéndose como una necesidad histórica. Esta deficiencia arquitectónica vino a ser corregida, en parte, por el Tratado de Lisboa, remedo insuficiente de la nonata Constitución europea; quizá si esta se hubiese aprobado en su momento, habríamos estado en mejor situación para afrontar el torbellino en que nos metió la crisis financiera. A pesar de todo, Lisboa significó un nuevo paso hacia delante. De tal suerte que cuando estalla la crisis se observa con claridad que existe un desnivel o desfase entre los instrumentos y los retos, es decir, que la Unión no está preparada, ni económica ni políticamente, para hacer frente a un trastorno de esa envergadura. Sin embargo, sí tenía las suficientes cohesión y estructura decisoria para evitar la catástrofe que, por otro lado, hubiese supuesto en este trance la no existencia de la Unión. Quizá habríamos acabado en parecidos términos a como lo hicimos durante la crisis del 29 del siglo pasado, de infausta memoria para todos los europeos. Creo que esa es la razón por la cual se iban improvisando, con cierto retraso, medidas que eran imprescindibles para evitar que todo se viniera abajo pero que no atacaban en la raíz las causas de los problemas. Carecer de una auténtica gobernanza económica, por lo menos de la zona euro, acabó pasando factura.

Reconozcamos, en todo caso, que la fuerte sacudida de la crisis dejó en carne viva las contradicciones que se venían fraguando durante las décadas anteriores: entre mercado y Estado, o si se prefiere, entre economía y política, entre lo nacional y lo global, entre las exigencias de la construcción europea y las realidades nacionales, entre países desarrollados y emergentes, entre el Norte y el Sur. Centrándonos en el escenario político europeo, nos encontramos con que la crisis puso en evidencia la existencia de una estrecha interdependencia financiera y económica entre los países que formamos la Unión y más allá, pero que no sucede lo mismo, o por lo menos no somos conscientes de ello, en el ámbito de la política.

Aquí seguimos con las categorías nacidas en el siglo XIX y desarrolladas en la segunda mitad del siglo XX, es decir, en esencia las instituciones y la legitimidad democrática del Estado nación. Esto se ha podido comprobar con bastante claridad, a lo largo de la crisis, en las decisiones que se han ido tomando no sin cierta improvisación. De tal forma que, al no existir un gobierno económico, y mucho menos político, de la Unión, la toma de estas medidas y decisiones no recaía, esencialmente, en las instituciones europeas, como el Consejo, la Comisión o el Parlamento, sino que estaba influida de manera determinante por la lógica política de cada nación y, sobre todo, de los Estados más poderosos. No debemos olvidar que a los representantes que forman los gobiernos que, a la postre, deciden sobre el destino común de Europa no los eligen los ciudadanos europeos en su conjunto, sino que los nacionales escogen al suyo; esto es, a la canciller alemana o al presidente francés no los votan todos los habitantes de la Unión, sino, tan solo, los ciudadanos alemanes y franceses respectivamente. La consecuencia es obvia: a los mencionados responsables políticos les interesa el voto de sus ciudadanos, no el de los otros países. Estamos, pues, intentando gobernar el interés general de los europeos con instrumentos particulares de ámbito nacional. Esta cuestión no tendría mayor problema si no fuese porque hemos llegado a un punto, en el espacio del gobierno de la economía, en que la solución de los conflictos que afrontamos no la encontraremos en la suma de los intereses de cada una de las naciones de la UE, sino en el interés común de esta, que no es una adición de los anteriores, sino una síntesis que para alcanzarse necesita potenciar las actuales instituciones y crear algunas nuevas.

Este es el escenario político en que nos movemos, que no dejará de ser contradictorio hasta que pongamos en sintonía, con adecuados instrumentos políticos, las necesidades que nos está desvelando el gobierno común de la economía y de lo social. Hoy por hoy, esta sintonía no existe en el terreno político. El *demos* determinante sigue siendo nacional, como los gobiernos, y los partidos políticos traspasan apenas la lógica de cada Estado. No se trata, desde luego, de que los Estados nación vayan a desaparecer o a dejar de adoptar el papel que les corresponde, pero si queremos ganar en legitimidad y eficacia deberemos acrecentar el rol de las instituciones comunes con el fin de resolver los problemas de todos, que son cada vez más los decisivos.

Es evidente que existe un malestar político entre la ciudadanía que sería imprudente no tener en cuenta. La particular crisis griega, y de otros países del Sur, puso de manifiesto bajo una nueva luz este malestar al que nos referimos. En mi opinión, no hubiesen tenido salida ni futuro fuera del euro –habrían perdido una parte insoportable de su riqueza–, pero mantenerse dentro en las actuales condiciones de no-gobierno económico de la Unión les está suponiendo tremendos sacrificios y un creciente descontento social. Sin embargo, en países como Holanda, Austria, Finlandia, Francia y especialmente Alemania, que tuvieron que «contribuir» a «salvar» a Grecia u otros, el descontento social no radica en los sacrificios de sus ciudadanos, sino en la sensación de haber tenido que acudir en ayuda de países que «no han cumplido con sus obligaciones», ya sean económicas o sociales. De esta manera, el ambiente político en medio de la crisis se enrareció en extremo y complicó la propia salida colectiva del angustioso trance. Los gobiernos en dificultades, sean cuales sean y tengan el color que tengan, pagan un precio por imponer sacrificios que los ciudadanos no ven equitativos, y los gobiernos de los países más saneados y en mejor situación también pagan el suyo por acudir en ayuda de aquellos. Quizá todo ello se deba a que los gobiernos no les explican a los ciudadanos cuál es la realidad de las cosas ni acaban de establecer los instrumentos que permitirían salir de este laberinto sin excesivos descalabros.

Si bien la política se vive en el ámbito de cada país y la mayoría de los ciudadanos tienen la percepción de que sus gobiernos son los responsables de sus males o de sus bienes, de los errores y de los aciertos, la verdad es que la dimensión europea, e incluso global, de la política está cada vez más presente. Evitar que Grecia, España o Italia, por ejemplo, entrasen en bancarrota no fue solamente un acto de solidaridad entre europeos, sino, sobre todo, la manera de ayudarnos a nosotros mismos e impedir que el entramado del euro y la construcción europea se viniesen abajo en fatídico perjuicio de todos. La conciencia política de que lo anterior es la realidad no está suficientemente extendida entre los europeos, en parte porque los líderes no argumentan las decisiones que toman a partir de esta premisa. Salvar a Grecia fue, también, salvar a los bancos franceses y alemanes, y al sistema financiero europeo del que dependemos todos. Además, hay que tener en cuenta que los dineros que se les dieron a Grecia, Portugal, España o Irlanda no fueron a fondo perdido, sino que tienen que devolverlos con intereses. Las deudas en que han incurrido una serie de países están en manos de unos acreedores que cobran sustanciosos intereses, en un trasvase de rentas de los ciudadanos a los mercados como no se había conocido en el pasado.

La inexistencia de un gobierno de la economía europea es lo que explicaría por qué la política va por detrás de los acontecimientos económicos y el motivo de que haya esa sensación de parcheo sucesivo, de que no existía un plan, un diseño para salir de la crisis y recobrar el crecimiento y el empleo. La tardanza en tomar decisiones o la falta de contundencia de estas estriban, precisamente, en la insuficiencia del entramado político de la Unión. Muchas de las decisiones más importantes en este terreno las tienen que tomar los Estados por unanimidad, con la intervención de sus Parlamentos nacionales, que tienen ritmos, alianzas e intereses propios. A menudo olvidamos que los gobiernos europeos están compuestos de coaliciones de diferentes partidos, están conformados por uno solo que no tiene mayoría absoluta en el Parlamento o están sometidos a calendarios electorales en diferentes fechas, que deben tener en cuenta para tomar decisiones. Las derrotas o victorias del Gobierno alemán en una serie de *länder*, la pérdida de la mayoría en el Senado francés por el centroderecha o las perspectivas electorales en España o Italia son cuestiones que afectan a la marcha de la Unión.

A veces, se le pide a la UE que actúe como lo que no es: una federación de Estados. Su funcionamiento no tiene nada que ver con el de Estados Unidos o China. El drama es que, ante la profundidad de la crisis y su naturaleza global, la Unión debía responder ante ciertos temas como una federación. ¿Qué otra cosa se está diciendo cuando se ve imprescindible y urgente que se lancen los eurobonos, que se cree un Tesoro europeo, que aumente el presupuesto de la Unión, que se establezcan impuestos sobre las transacciones financieras internacionales, que los propios presupuestos nacionales tengan que ser supervisados por la Comisión Europea o que las constituciones de cada país limiten la capacidad de endeudamiento de cada uno? Todos estos son elementos de una lógica claramente federal, se la quiera llamar así o no. Estamos asistiendo, en el escenario de la política, al difícil parto de un cierto «federalismo fiscal», bastante más complicado que el «federalismo monetario» del euro. Y las resis-

101

tencias políticas a dar estos pasos por parte de algunos Estados tienen su explicación. La «mutualización» o cierta «europeización» de la deuda y el establecimiento de un gobierno económico con todas las consecuencias presuponen un previo saneamiento de las cuentas públicas y una armonización de aspectos importantes de la política económica. Pero, para que no acabe con el enfermo, este saneamiento necesita que la europeización de la deuda se dé primero en los Estados más débiles, un expediente que de alguna manera ya se está desarrollando a través de la compra de bonos por parte del Banco Central Europeo, ante la protesta de algunos sectores que no entienden bien lo que está pasando. Esta es la dialéctica política del proceso y la dificultad en la que estamos inmersos.

Lo mismo que en las finanzas y la economía todo cambia muy deprisa, y se puede decir que «los acontecimientos se han precipitado», así ocurre en la esfera de la política. La diferencia radica en que mientras que en los procesos económicos los actores directamente implicados han evolucionado, para bien o para mal, con rapidez, en la política los actores –gobiernos y partidos– han reaccionado con mayor lentitud. Y, sin embargo, por paradójico que parezca, todo ha cambiado más rápido desde el final de la guerra fría, cuando podría esperarse que la situación internacional se estabilizaría. Algunos llegaron a pensar que la desaparición de la URSS y el final del «bipolarismo imperfecto», pues nunca fueron equiparables Estados Unidos y la URSS, salvo quizá en lo nuclear, suponían también el fin de la historia, sin darse cuenta de que ese mundo bipolar estaba embalsando y ocultando una serie de contradicciones que acabarían aflorando en los años sucesivos. La aparente superhegemonía de Occidente, encabezada por Estados Unidos, no era desde luego el final de la historia, sino el inicio de otra nueva, más abierta, incierta y quién sabe si más convulsa que la anterior. En cierta manera una época de desestabilización permanente. Surgen en ella nuevos actores económicos y políticos. Los poderes financieros, tecnológicos y multinacionales del más variado pelaje campan por el ancho mundo como actores globales, y grandes Estados, hasta entonces agostados ante el imperio de las dos superpotencias, reclaman un puesto al sol y lo conquistan en no pocos aspectos.

Hoy en día países como China, la India, Brasil, Rusia o Sudáfrica (conocidos como BRICS) son actores imprescindibles que han transformado los datos de la geopolítica mundial, incluyendo la económica. Un nuevo reparto del poder económico y político se está produciendo ante los ojos de los europeos, en detrimento de Occidente y en beneficio de los países emergentes. Este fenómeno se ha dado, curiosamente, en paralelo a la expansión global del capital y sus instrumentos en detrimento de la política. Al capital le ocurre lo mismo que al universo, que se expande sin límite y va ocupando el vacío, a diferencia de la política, que tiende a recluirse dentro de límites territoriales determinados, en los cuales se pretende ejercer el poder.

Este poder, democrático en el caso de los países de la UE, fue declinando desde los años noventa del siglo pasado al socaire de las políticas que se abrieron camino a partir del llamado Consenso de Washington. Estas se basaban en las privatizaciones en masa; la desregulación o falta de control de los flujos financieros; la anorexia fiscal, en especial sobre los impuestos al capital. En realidad, se cimentaban en una intervención cada vez menor del Estado sobre la economía y una cada vez mayor actuación de los mercados en la dirección de esta, sin la intermediación del poder político. Este proceso, más acentuado en Estados Unidos que en Europa, está en la base de las crisis, por cuanto la falta de vigilancia y acción de los poderes públicos en los graves desajustes –burbujas financieras, inmobiliarias, tecnológicas– que se estaban incubando acabaron estallando en el centro del sistema y se extendieron, con desigual intensidad, al conjunto del planeta.

Es cierto que esta liberalización a ultranza de la economía, ligada al proceso de globalización, ha producido un aumento de la riqueza, con desigual fortuna según continentes, países y sectores sociales, pero no es menos cierto que los «despadres» que se han cometido durante estos años han conducido, a la postre, al estallido de la crisis. Crisis que tuvo su cuna en Occidente como consecuencia de la pérdida de posiciones en la producción de bienes industriales en favor de los emergentes –China en particular– y el crecimiento elefantiásico de los productos financieros, quizá con la pretensión de seguir manteniendo la dirección del proceso de globalización en su conjunto. Crisis que, como ya se ha explicado en reiteradas ocasiones, tuvo su origen en el sistema financiero, contagió a la economía real, degradó las condiciones sociales, se extendió a los cinco continentes y supuso un duro reto para los sistemas políticos. Las políticas de los gobiernos, incluidas las europeas, no fueron ajenas al desencadenante del terremoto, ya sea por dejar hacer a «los mercados» más allá de lo prudente, ya sea por incurrir en deudas insoportables. En efecto, cuando los países se endeudan en exceso las consecuencias no pueden ser más perniciosas. Una parte importante de la riqueza se desvanece en el pago de los intereses de la deuda, las posibilidades de crecimiento disminuyen, el poder de los acreedores aumenta y los ajustes son más duros. Es el precio que se paga por la anorexia fiscal de los años anteriores a la crisis, de las alegrías en el gasto y en la asunción de créditos, pues siempre es más amable para los gobiernos endeudarse que aumentar los impuestos a los ciudadanos.

En el caso de la UE este paso atrás de la política ha tenido consecuencias más perniciosas que en Estados Unidos. En este último, al tratarse de un Estado federal, la recuperación del espacio perdido ha sido más rápida y contundente, a pesar de las dificultades que tuvo el presidente Obama para sacar adelante su política. En la UE, los mecanismos para tomar las decisiones necesarias son más complejos y lentos, no obstante lo cual la Unión ha ido tomando medidas,

105

algunas de las cuales han sido realmente notables, que de momento han eludido lo peor, pero sin conseguir, todavía, retomar la senda de la virtud. Recordemos los planes de rescate de Irlanda, Portugal o Grecia, la compra de bonos españoles o italianos y el fondo de estabilidad financiero, entre otras. Y al igual que a Estados Unidos le está costando salir de la crisis y superar el lastre de las enormes deudas contraídas por la Administración anterior, el coste de las guerras y la depresión de la demanda interna, a la UE también le está suponiendo un gran esfuerzo esa misma crisis, no solo por el peso de la deuda sino por la dificultad de crecer como antaño. El binomio de consolidación fiscal y crecimiento no es fácil de alcanzar. Quizá una solución sería recortar los gastos más lentamente y aumentar los ingresos fiscales para permitir así inversiones dedicadas a la recuperación de la economía. En esa dirección parece ir el establecimiento del impuesto sobre las transacciones financieras internacionales, aunque quizá no sea suficiente.

En todo caso, la complejidad del crecimiento se acentúa porque ya no estamos solos en el mundo. De momento, la época en que las crisis se las endosábamos a otros o las superábamos a través de las guerras ha sido, por fortuna, superada. El escenario político ha cambiado radicalmente. Los países emergentes siguen acortando distancias y su peso político es cada vez más determinante. Mientras nosotros crecemos, en el mejor de los casos, a una media del 2 %, ellos lo vienen haciendo al 8 o al 9 %. La reunión que tuvo lugar, en su día, de los llamados BRICS (Brasil, Rusia, la India, China y Sudáfrica) con el fin de instrumentar medidas en ayuda de la UE o las llamadas de atención de China a Estados Unidos para que pusiese en orden su casa, son claros síntomas de los nuevos tiempos. La América Latina actual es muy diferente a la de hace solo veinte años. En lo esencial se han terminado las dictaduras, aunque quedan algunas, los países han girado hacia un cierto control de sus riquezas y la necesidad de superar la pobreza, han aumentado algo las clases medias y la posición que ocupa en ellas Estados Unidos ya no es la misma de antes. El continente latinoamericano está creando su propio liderazgo en torno a Brasil y quizá, en el futuro, México, si este país es capaz de superar sus problemas con el narcotráfico. Incluso en el mundo árabe los cambios son rápidos y profundos. Las malogradas revoluciones del norte de África, la caída de Gadafi, las guerras de Yemen −con el violento intento de bloqueo del estrecho de Bab el-Mandeb por parte de los hutíes− y Siria, la evolución de Marruecos, la revolución de las mujeres iraníes o el giro de Israel hacia la extrema derecha son fenómenos que nos afectan directamente. La decisión del presidente de la Autoridad Nacional Palestina, Mahmud Abás, de exigir en la Asamblea de las Naciones Unidas el reconocimiento de Palestina como Estado de pleno derecho o el nuevo papel de Turquía en Oriente Próximo, postulándose como modelo para toda el área, son signos evidentes de estos cambios, que no dejarán de influir en la política europea. Son nuestros vecinos, y cuando los vecinos

107

cambian, nosotros no podemos permanecer impasibles. En este caso, la transformación debe conducirnos a revisar nuestra política en el Mediterráneo y Oriente Próximo, al igual que la desintegración de la URSS nos hizo cambiar toda nuestra política hacia los países de Europa oriental.

El escenario político que se vislumbró tras la crisis financiera y en el que la UE está actuando depende de variables que están en pleno desarrollo y cuyo resultado es incierto. Lo previsible es que nos encontremos con unos Estados Unidos menos determinantes, aunque imprescindibles, más cooperativos ante la evidencia de que no puede hacer frente en solitario a los grandes retos que tenemos por delante y, sobre todo, porque es difícil ser el gran *hegemón* y el gran deudor al mismo tiempo. También se observan en este país tendencias ultraconservadoras que podrían dificultar una salida cooperativa, en el supuesto de que en el futuro llegaran a la presidencia norteamericana personajes de la escuela de Trump, o el mismo Trump de nuevo. Una razón de más para que la UE acelere su integración económica y política, pues lo más probable es que Estados Unidos ya no mantenga en el futuro la misma posición que ha sostenido en el pasado. La UE deberá plantear con determinación su autonomía política en todos los terrenos y caminar hacia una relación estrecha entre socios y aliados en plano de igualdad.

Lo más probable es que los BRICS tengan cada vez más una posición protagonista no solo en términos económicos sino, también, políticos y de seguridad.

Ello dependerá de en qué medida sean conscientes de que sus futuros desarrollo y bienestar están ligados a lo que suceda en Estados Unidos y la UE. Por los últimos movimientos comentados parece que han entendido esta ecuación, pero en cualquier caso son sociedades con enormes retos medioambientales, de reparto equitativo de la riqueza, de alcanzar un cierto Estado del bienestar y, en algunos casos, de establecer instituciones democráticas. A la UE le interesa mantener en el futuro una asociación estratégica con estos países, para su estabilidad política, el crecimiento económico y la solución de los problemas globales. Hay otros países que, aunque no son calificados de «emergentes», serán relevantes en el futuro. Nos referimos a Turquía o a Egipto. El primero es un país que camina hacia una especie de democracia de mayoría islámica que podría llegar a ser con el tiempo un cierto modelo para las naciones árabes que se han sacudido sus respectivas dictaduras, y que se postula para ser miembro de la UE; la Unión cometería un error si rechazase sin más esa pretensión y no buscase formas más estrechas de cooperar, en el caso de que Turquía acabase reuniendo las condiciones democráticas requeridas. Egipto, por su parte, es una gran nación árabe que por múltiples motivos, entre ellos demográficos, culturales, económicos y políticos, ocupará un lugar de liderazgo cuando culmine, si es que culmina, su proceso de transición a la democracia. De momento ha sucedido todo lo contrario, pues después de un golpe militar ha devenido de nuevo una dictadura.

Para la UE la disyuntiva está clara: o avanza hacia una mayor integración en todos los campos o el riesgo de quiebras, enfrentamiento o decadencia estará a la vuelta de la esquina. La actual situación de inestabilidad e inseguridad permanentes no es sostenible por mucho tiempo. O se avanza o se retrocede. La apuesta es claramente hacia el avance, hacia una mayor integración. Una mayor integración económica y fiscal, un gobierno económico de la zona euro, que conduciría, a la postre, a una mayor integración política. Esto supondría, en una primera fase, el desarrollo hasta sus últimas consecuencias del Tratado de Lisboa, ya que se pueden resolver muchas cuestiones sin necesidad de modificar los tratados. Pero no nos engañemos: si queremos introducir en nuestro funcionamiento elementos de federalismo fiscal o de gobierno económico, tendremos que plantearnos ir más allá de las disposiciones de Lisboa. La hipótesis de un fracaso del euro me resulta inimaginable. Supondría la ruina de cincuenta años de construcción europea y el resurgimiento de lo peor de las tendencias nacionalistas más peligrosas, que condujeron a Europa al desastre en los años treinta. Y aunque la historia no se repite nunca de la misma forma, no está garantizado en ningún sitio que los procesos sean lineales o que las conquistas sean irreversibles. Sin ir más lejos, en el escenario político actual vemos como crecen los partidos de ultraderecha, xenófobos y antieuropeos en una serie de países de la Unión de consistente tradición democrática, al calor del rechazo de la inmigración y de las consecuencias de la crisis. Partidos que si bien, hoy por hoy, son minoritarios, a pesar de que en algunos casos ya han participado en los gobiernos, en un clima de descalabro general y de radicalización social podrían transformarse en mayoritarios. Así pues, no juguemos con fuego.

Vivimos en un mundo cada vez más interdependiente, porque en eso consiste, también, la globalización, y en ese mundo solo los grandes actores serán decisorios. De las crisis saldremos mejor si lo hacemos todos juntos, ya que es cada vez más inviable la salvación individual. Del mundo que quede después de la crisis seremos todos responsables y si deseamos una aldea común democrática, sostenible y con prosperidad global deberíamos sumar esfuerzos, estrategias y decisiones. La Unión Europea tiene ante sí la gran oportunidad de contribuir a ello desde una mayor integración, convirtiéndose en un actor político relevante. Para conseguirlo tiene que salir de la crisis fortalecida y más unida. Lo contrario sería la decadencia.

Una reacción esperanzadora

Después de la crisis de 2008, la UE y el mundo en general han encadenado nuevas convulsiones que no han dado respiro a la zarandeada humanidad. Primero, la terrible epidemia del covid-19, luego la peligrosísima guerra de Ucrania, enseguida la guerra entre Hamás e Israel y siempre el deterioro de nuestro eco-

111

sistema, además de múltiples focos de conflicto. Sin embargo, ante estas situaciones la reacción de la UE ha sido muy diferente a la de la crisis de 2008. La política de austeridad, en lo fundamental, se ha superado, y se han abierto camino medidas mancomunadas y solidarias, tanto para hacer frente a la pandemia como ante sus efectos económicos y sociales. Tanto la adquisición común y masiva de vacunas como la puesta en marcha de los fondos europeos Next Generation han significado auténticos hitos en la construcción europea, impensables pocos meses antes de que estallara la pandemia. Para España y otros países del Sur pueden ser decisivos para modernizar sus economías y profundizar en la digitalización. Una ocasión histórica que no se puede desaprovechar, pues es el momento de superar los atrasos del pasado en el sistema productivo y converger con los países más avanzados del continente. Pero como dice el refrán, la alegría dura poco en la casa del pobre, y en estos momentos se está librando una dura batalla política entre los países que quieren regresar a la austeridad y los que proponen una mayor flexibilidad en la reducción del déficit y la deuda. Del resultado de esta discordia dependerá el futuro de la Unión. Porque un regreso a formas de austeridad que afecte a la intensidad de la protección social solo beneficiará a los partidos de ultraderecha.

No obstante, cuando ya se había enfocado acertadamente la dura crisis epidemiológica, estalló otra nueva convulsión, de naturaleza diferente pero no menos mortífera. Me refiero a la guerra de Ucrania, con la injustificada invasión de este país por la Rusia de Putin. Un auténtico cataclismo geopolítico cuyo desenlace es difícil de prever, pero cuyas consecuencias ya las estamos padeciendo, y de qué manera. Muerte y destrucción en Ucrania, muerte de soldados rusos, además de los destrozos económicos debido a las sanciones; nueva crisis de energía y de precios en Europa, con repercusión global; acelerado rearme en múltiples potencias y la amenaza de que una escalada sin control pueda conducir a una hecatombe general. No me cabe duda de que era necesario que la UE y la OTAN proporcionaran ayuda militar a Ucrania para que pudiera defenderse de la embestida rusa. Una actitud de apaciguamiento o de pacifismo abstracto habría sido letal ante el ansia expansionista del nacionalismo de Putin y su sistema. Ahora bien, una cosa es proporcionar a Ucrania instrumentos eficaces de defensa, como se ha hecho hasta ahora, y otra diferente entregar a Zelenski todo tipo de armas ofensivas con las que poder atacar territorio ruso.

En mi modesta opinión, la historia nos enseña que las guerras solo acaban de dos maneras: la primera, porque una de las partes derrota totalmente a la otra y, en este supuesto, no hay que negociar nada. Por ejemplo, eso sucedió en la IIª Guerra Mundial con la derrota de la Alemania nazi. La segunda, cuando ninguno de los contendientes puede destruir al otro y, en este caso, en algún momento hay que sentarse a negociar. Mi impresión es que en la guerra de Ucrania ninguno de los dos enemigos, y sus corres-

113

pondientes aliados, están en condiciones de vencer al otro, y hay un riesgo cierto de una cronificación de la guerra. Lógicamente ese momento de negociación llegará cuando los contendientes comprendan que no pueden ganar en el terreno militar y que el desgaste que están sufriendo es superior al beneficio de una paz digna. Parece evidente que ese momento tienen que decidirlo las partes enfrentadas y sus aliados. Pero, mientras tanto, hay que seguir haciendo tres cosas: ayudar a Ucrania para que no la avasallen; evitar que esta guerra se convierta en una conflagración general e ir tomando iniciativas diplomáticas, preferentemente discretas, que creen las condiciones para un alto el fuego y el inicio de conversaciones de paz. No son contradictorias las ayudas militares a Ucrania y las iniciativas diplomáticas con el fin de acabar con esta terrible guerra, que si nos distraemos puede terminar horriblemente mal. Creo que la Unión Europea debería intentar las tres cosas a la vez.

Ya he hablado antes sobre el conflicto palestino-israelí. Creo que lo más urgente es evitar que se consume un genocidio y que los rehenes sean liberados de inmediato. A más largo plazo solo concluirá si la comunidad internacional impone la solución de dos Estados siguiendo las resoluciones de Naciones Unidas.

4. ¿QUÉ LE PASA A LA IZQUIERDA?

Desde una perspectiva histórica la izquierda moderna se ha dividido en dos grandes corrientes, la llamada comunista y la socialdemócrata, ambas con sus diferentes versiones según lugares y épocas. Es una impresión general que las dos pasan por un momento de dificultad en distinto grado de intensidad, cuya manifestación más clara es su incapacidad para dirigir e incluso influir con eficacia en los procesos socioeconómicos en curso y la pérdida de cierta hegemonía teoricocultural que pudieron disfrutar antaño. Su expresión más evidente sería la constatación de que no hay alternativa real al actual sistema capitalista ni tampoco a la política económica, con sus consecuencias sociales, que actualmente se practica en el marco de la globalización neoliberal. Incluso se pone en cuestión la propia existencia de categorías como izquierda y derecha para mantenerse, por el contrario, que serían otras las oposiciones actuales, como la generacional, la de género, la tecnológica, la geográfica o la ecológica, como si fueran excluyentes y no complementarias y surgidas de la misma fuente. En cualquier caso, conviene aclarar desde el principio que si bien esas izquierdas pueden encontrarse en dificultades, el Estado social más avanzado del mundo, el conocido como modelo social europeo, inexistente en cualquier otro continente, se debe a sus luchas en sus vertientes políticas y sindicales.

Así pues, se puede sostener que el origen principal de la crisis se encuentra, en mi opinión, en que las izquierdas no han analizado ni sacado las pertinentes consecuencias del desarrollo del capitalismo en su fase actual. No hay un diagnóstico compartido sobre la naturaleza de la globalización y su significado. Las izquierdas siguen, en esencia, ancladas en la teoría y la práctica del paradigma nacional, cuando lo fundamental del sistema es cada vez más global, ya sea en su expresión financiera, tecnológica o comunicativa, por no mencionar la comercial o inversora, que vienen de más lejos. Hoy los sujetos globales son económicos y hay muy pocos políticos, si se me apura dos o tres, como Estados Unidos, China y a medias la UE. ¿Quiero decir con ello que los Estados nación ya no tienen margen de maniobra? Claro que no, pues donde hay un presupuesto hay espacio para decidir, escoger y mejorar o empeorar las cosas. Pero es evidente que el margen de los Estados se ha reducido.

En este sentido, observo, en sectores de la izquierda, una confusión ante la globalización y sus efectos;

es decir, entre la mundialización como proceso objetivo y el espacio global como terreno de pugna por la dirección de la misma. Esta confusión es negativa para el futuro de las izquierdas, porque no acaba de entenderse que la globalización es un fenómeno múltiple cuyo origen y fundamento se encuentra en la ciencia y la tecnología. Es, en esencia, un proceso objetivo e irreversible del desarrollo moderno de nuevas fuerzas productivas y, en mi opinión, positivo en términos generales. El problema es que la transformación en curso está hoy hegemonizada y dirigida, a nivel mundial, por los poderes financieros, tecnológicos y económicos multinacionales. Por eso, la cuestión no es oponerse a la globalización en sí, sino ir estableciendo las alianzas políticas necesarias para lograr su regulación y dirección en términos inclusivos y democráticos.

La actual dirección del fenómeno está produciendo efectos altamente nocivos: desigualdad social, insostenibilidad medioambiental y jibarización de la democracia. Pero también ha contribuido al rápido desarrollo de ciertos países como China, la India, Vietnam e Indonesia, y a un reparto diferente de la riqueza a escala planetaria. En comparación, en los años 1979 y 1980 el 70% de la riqueza mundial estaba en manos de Occidente –Estados Unidos y la UE– cuando hoy no alcanza el 50%. Esto explicaría la paradoja de que un comunista como Xi Jinping defienda el libre comercio y la propia globalización mientras un capitalista irrestricto como Trump predicaba el proteccionismo más ramplón y afirmaba que había que derrotar a los globalizadores. Junto con el resultado del Brexit son, en el fondo, manifestaciones del declive de la hegemonía anglosajona, vigente desde hace más de doscientos años.

La izquierda tiene, pues, que dar la batalla por una dirección diferente de la globalización y no contra ella, como predican algunos izquierdistas desde posiciones conservadoras, reaccionarias e inútiles. ¿Desde cuándo la izquierda está en contra del avance de la ciencia y la tecnología, o enfrentada a la internacionalización de los procesos? Pero si ambas ideas son parte de la esencia de nuestra mejor teoría.

En este trepidante devenir y creciente desconcierto, ¿qué ha pasado con la democracia realmente existente? Ha sucedido lo lógico. La democracia es un modelo político reciente y de ámbito nacional. El Estado democrático y social más avanzado, el que impera en la UE, es decir, en muy pocos países, se construyó a partir de la IIª Guerra Mundial por medio de sistemas fiscales potentes y mercados esencialmente nacionales, hasta el surgimiento de la Unión. Este modelo es el que está sufriendo los embates de la actual globalización. Los Estados nación, salvo dos o tres, no tienen fuerza para medirse con las grandes multinacionales que se mueven por el globo a la velocidad de la luz. La democracia nacional ha perdido margen de maniobra: es lo que llamo «proceso de jibarización». Esta situación solo encontrará remedio si somos capaces de crear sujetos políticos democráticos globales: lo que debería ser, por ejemplo, la Unión Europea. Esta es la razón de que defienda lo que he llamado «democracia expansiva» en otro capítulo de este ensayo. Si el capitalismo se ha expandido históricamente como dicen que lo hace el universo, la democracia tiene que hacer lo mismo o la dominarán y se marchitará. De ahí que sea necesario superar el espacio nacional de la democracia por medio de una suprarregionalización de proyectos de integración actualmente en marcha. Ello no conducirá, como algunos piensan, a una pérdida de soberanía, sino a todo lo contrario. Así lo está demostrando la experiencia de la UE: cuando compartimos soberanía, ganamos margen de acción. Es precisamente a partir de este proceso de cooperación supranacional que se podrían establecer amplias alianzas capaces de incidir en la globalización y sus retos. Y esta es una política de la que nunca debería haber desertado la izquierda desde aquel lejano «proletarios del mundo, uníos». Su abandono contribuyó a que no se pudieran entorpecer y obstaculizar dos devastadoras guerras mundiales y estuvo en la base de la nefasta pretensión estalinista del socialismo en un solo país, que terminó en un cataclismo, como explico en otra parte de este ensayo.

Hoy en día, ante la revolución digital, la mundialización del comercio y la inversión y la conectividad instantánea de personas y cosas, es ingenuo creer que se puede regresar al proteccionismo, a las fronteras de antaño, como sostienen los seguidores de Trump, Le Pen o Bolsonaro, o no se sabe a qué nuevas «soberanías», como pregonan algunas izquierdas. Por el contrario, o la izquierda es solidaria, internacional y cosmopolita o no es nada. Ya sabemos que un cierto capitalismo es depredador de las personas y de la naturaleza. Y a este no se le corrige o regula con los instrumentos de pequeños Estados nación impotentes. De ahí también lo absurdo de las pretensiones «autodeterministas» de los nacionalismos. Se necesitan más bien sujetos políticos globales, que deberían surgir de procesos de integración supranacionales. No está de moda citar a Marx, pero permítanme una excepción. En un texto poco conocido afirmó que la ciencia había pasado de saber social a ser una fuerza productiva directa a través de la técnica... y que esa fuerza era «esencialmente comunista», no en el sentido ideológico o de partido, sino en el expansivo, como debería ser la democracia, que, por cierto, es una fuerza productiva de las más potentes, aunque esto último se le escapara a Marx. Por eso insisto, siempre que la ocasión se presenta, en que el remedio a los males que nos afligen encontrará consuelo, si es que lo hallamos, en mucha ciencia y más democracia.

Ambas corrientes de pensamiento y acción, la socialista y la comunista, han inspirado diferentes movimientos sociales, en especial en el terreno sindical, de gran trascendencia en las transformaciones económicas, sociales y políticas del último siglo. Los partidos comunistas y socialdemócratas han conocido, durante su existencia, momentos de colaboración y de enfrentamiento, muchas veces en competencia por la hegemonía en el movimiento obrero. Sin embargo, lo anterior no fue siempre así. Hasta los años veinte del siglo pasado, el movimiento de los trabajadores y sus partidos formaban una sola Internacional, a la que pertenecían socialistas, laboristas y socialdemócratas, y cuya fundación se remonta a finales del siglo XIX. En realidad, eran partidos que cuajaron al calor de la Revolución Industrial y fueron adquiriendo cada vez más fuerza y presencia parlamentaria en Europa, pues en el resto de los continentes no alcanzaron relevancia significativa, salvo alguna excepción como la de Chile y Brasil en América Latina o Australia y Nueva Zelanda en Oceanía. Ni en Asia, ni en las Américas o África la socialdemocracia prendió con fuerza en los términos que lo hizo en Europa.

Este es un dato relevante para responder a la pregunta principal de este ensayo. La socialdemocracia ha sido, hasta ahora, un proyecto eminentemente europeo. Quizá se ha debido a diferentes razones en cada caso concreto, aunque es probable que podamos encontrar algún rasgo o característica común. De un lado la insuficiente o la tardía industrialización de los países de América Latina, Asia –con la excepción de Japón– y África, debido a la dominación colonial, con el consiguiente resultado de la inexistencia de una clase obrera proclive a asumir las ideas que el socialismo representa. De otra parte, corolario de lo anterior, la debilidad de un movimiento sindical que sirviera de soporte a los partidos socialistas. Y por último, la razón quizá más importante de todas, que consiste en que las formaciones socialdemócratas, en su inmensa mayoría, no practicaron en su momento una política anticolonialista ni antiimperialista consecuente. Por el contrario, esos continentes estuvieron sometidos o mediatizados durante siglos por el colonialismo y el imperialismo de las potencias europeas. Lo cierto es que ni siquiera el laborismo británico, salvo excepciones, hizo causa común con la lucha de las colonias por su independencia del Imperio británico –no hay más que ver los ejemplos de la India, Birmania y demás territorios de los vastos dominios de la corona–. Lo mismo podría decirse del socialismo francés. La Sección Francesa de la Internacional Obrera (SFIO) no se caracterizó, precisamente, por la lucha anticolonial, ya fuese en Indochina o en el norte de África, con la guerra de Argelia entre otras. Con los ejemplos anteriores nos referimos solamente a las dos grandes potencias coloniales de la época, pero podríamos hacerlos extensibles a otras menores, como pudieron ser los casos de Holanda en Indonesia o Bélgica en el Congo. Quizá las excepciones fueron España y Portugal, por su particular historia política. El socialismo español, por boca de su líder Pablo Iglesias, siempre adoptó una actitud anticolonial, en especial contra las guerras en Marruecos y, ya antes, contra las de Cuba y Filipinas. En el caso portugués, los socialistas fueron ilegales a partir de 1926 y durante la Revolución de los Claveles de 1974 defendieron la necesidad de acabar con la dominación colonial en Angola, Mozambique, Guinea-Bisáu o Timor.

Como reacción al colonialismo, en todos esos territorios surgieron movimientos de liberación nacional, casi siempre interclasistas, que no tenían ningún motivo para abrazar una ideología socialdemócrata que veían como un producto de la dominante metrópoli. Solamente en Asia, como luego veremos, fueron los partidos comunistas los que lideraron las luchas por la liberación nacional y social, cuyo ejemplo más emblemático, pero no único, fue el del Partido Comunista de Indochina (Vietnam) de Ho Chi Minh. Lo anterior no se contrapone al hecho de que algunos partidos que encabezaron movimientos de liberación nacional pudieran, en un momento u otro, pedir su ingreso en la Internacional Socialista, como fue el caso de los baasistas de Irak y Siria, aunque no se pueda sostener con rigor que fueran formaciones de naturaleza socialdemócrata.

La maldición del nombre

La evolución de los partidos comunistas fue diferente. Todos ellos surgieron alrededor de los años veinte del siglo pasado, al calor de la Revolución bolchevique en Rusia y de las famosas 21 condiciones que Lenin estableció en su día y que fueron la base de la creación de la IIIª Internacional Comunista. Apoyándose en el Estado soviético, los partidos comunistas se extendieron por todo el mundo con desigual fortuna. Creo que quizá fue un error poner el adjetivo de «comunista» a todos los partidos que se crearon a partir de entonces. El comunismo, así como el capitalismo o

123

el feudalismo, son, o pueden llegar a ser, estadios del desarrollo humano, y calificar con su nombre a una formación política, siempre contingente, puede convertirse en una cierta maldición. Si el partido fracasa o comete graves errores, el concepto queda dañado, cuando en realidad sigue designando lo que quizá puede llegar a ser con el tiempo largo una sociedad superior. Las experiencias que hemos conocido como «comunistas» no han tenido nada que ver con un posible estadio de la sociedad que los clásicos denominaron «comunismo». En esto las formaciones políticas de la burguesía fueron más inteligentes y prudentes, pues nunca se llamaron «Partido Capitalista». Este es el sentido del enigmático título.

Mientras en Rusia y algunas repúblicas asiáticas cercanas triunfaba la Revolución y los comunistas se hacían con el poder, en Europa occidental, después de los fracasos de las revoluciones alemana y húngara, los partidos comunistas quedaron reducidos a minorías hasta la IIª Guerra Mundial. En este punto hay que señalar que el fracaso (o la represión) de la Revolución alemana, liderada por los espartaquistas de Rosa Luxemburgo y Karl Liebknecht, tuvo consecuencias determinantes para el futuro del socialismo. En primer lugar, porque la Revolución naufragaba en un país industrialmente avanzado, que es en el que Marx había pensado, y no en la atrasada Rusia, y luego porque impulsó la tesis de Stalin del socialismo en un solo país, que, como ya hemos visto que se demostró con el tiempo, fue un completo desastre. Sin embar-

124

go, durante la IIª Guerra Mundial y en el marco de la lucha antifascista contra la Alemania nazi y la Italia mussoliniana, los partidos comunistas adquirieron un notable protagonismo, sobre todo en Francia e Italia. En este último caso alcanzaron la hegemonía en el campo de la izquierda debido no solo al liderazgo en la lucha partisana, sino también por la capacidad teórica del grupo dirigente del PCI, inspirado en las ideas de Antonio Gramsci, cuyas elaboraciones se alejaban de la ortodoxia soviética y se compadecían mejor con las condiciones de Europa occidental. Tras la ocupación soviética de la Europa del Este, partidos comunistas con escasa relevancia, salvo el de Checoslovaquia, anterior a la guerra, ocuparon el poder y se mantuvieron en él hasta la caída del Muro de Berlín y el hundimiento de la URSS entre 1990 y 1991. La única excepción fue la Yugoslavia de Tito; el PCY, al liderar con éxito la lucha partisana contra la ocupación alemana, alcanzó una fuerza hegemónica y se lanzó a una experiencia particular de socialismo autogestionario, con episodios de enfrentamiento con los soviéticos. Este régimen duraría hasta las primeras guerras civiles balcánicas, cuando el país se desintegró como consecuencia de los infinitos conflictos de la región.

Por otra parte, bajo las respectivas dictaduras, los partidos comunistas de España y Portugal adquirieron igualmente envergadura, pero sin lograr la mayoría en la izquierda. Lo que sí consiguieron fue inspirar fuerzas sindicales que se convirtieron en mayoritarias, como han sido los casos de las CGT portuguesa y la francesa, la CS de CC. OO. en España o la CGIL en Italia. No obstante, y a pesar de que desde 1945 hasta 1989 el «comunismo» ha sido una fuerza presente y considerable, a la que luego me referiré, en la historia europea y mundial, lo cierto es que en Europa occidental no ha sido mayoritaria en la izquierda. Salvo alguna excepción, como justo después de la guerra en Francia e Italia, nunca fue fuerza de gobierno y hoy en día en la práctica está casi desaparecida, por lo menos en su forma originaria.

En las Américas, los partidos comunistas no cuajaron en casi ningún país. En la del Norte el comunismo fue siempre insignificante y, además, perseguido durante la guerra fría; y en la del Sur la izquierda adoptó diferentes formas no equiparables a las europeas, salvo el caso de Chile y el específico de Cuba, después de la Revolución de los Castro. Ni el peronismo argentino, ni el chavismo venezolano, el APRA peruano o el PDR mexicano, o incluso el PT brasileño, pueden ser encasillados en las categorías de la socialdemocracia o de los partidos comunistas clásicos, lo que no es óbice para que socialistas o comunistas de esos países participasen en diferentes formaciones más o menos revolucionarias, y en amplias coaliciones en América Central y en otras regiones. Así aconteció en el Frente Sandinista en Nicaragua, el Farabundo Martí en El Salvador o el Frente Amplio uruguayo, en los que participaban partidos comunistas. En el primer caso con resultado desventurado al terminar en un régimen nepotista carente de democracia.

El caso de África es parecido, pero por motivos muy diferentes. Se trataba de sociedades preindustriales, en no pocos casos con divisiones aún tribales, sometidas al colonialismo hasta fechas recientes. Allí los partidos comunistas no fueron capaces de liderar la lucha anticolonial, salvo quizá por el caso excepcional de la República Sudafricana, donde existía un notable partido comunista integrado en el Congreso Nacional Africano que lideraba Nelson Mandela. De igual suerte, en el Magreb o en Oriente Medio fueron otras fuerzas las que encabezaron los movimientos hacia la independencia, como el FLN argelino, el Neo-Destur de Túnez, de tendencia socializante, el Istiglal en Marruecos, los baasistas en Oriente Medio o militares nacionalistas en Egipto y Libia.

La experiencia asiática ha sido muy diferente. Allí, los partidos comunistas, desde sus orígenes, tuvieron tres características destacables: fueron más independientes de la URSS que los europeos; encabezaron las luchas anticoloniales y antiimperialistas y fueron capaces de organizar y movilizar a los campesinos, enormemente mayoritarios en sus sociedades. Los casos más notables fueron los del Partido Comunista de China, liderado por Mao Zedong y Zhou Enlai, y el de Vietnam de Ho Chi Minh, ambas formaciones todavía en el poder. La primera se erigió en líder de los campesinos, encabezó la guerra contra la ocupación japonesa y, una vez liberada de los nipones, derrotó a las fuerzas nacionalistas del Kuomintang de Chiang Kai-shek en una guerra civil posterior. Logró difundir una teoría, a partir del marxismo, diferente a la tradicional soviética y acorde con las características chinas, e incluso se enfrentó a las pretensiones de Moscú, hasta llegar a choques armados. (En otro capítulo de este ensayo dedico una reflexión a la experiencia del comunismo chino.)

En la experiencia vietnamita, los comunistas se plantearon, desde los años treinta, la liberación de toda la península de Indochina primero de la dominación francesa, y después norteamericana; consiguieron derrotar a ambas potencias y unificar el país. Actualmente, tanto en Laos como en Camboya gobiernan partidos de orientación comunista, aunque con economías de libre mercado similares a la de Vietnam. Pero estos no fueron los únicos casos. En Indonesia existía un potente partido comunista, forjado en la lucha contra el dominio colonial holandés y que fue masacrado en los años sesenta del siglo pasado por medio de un golpe militar encabezado por el general Sukarno y la posterior represión, en que perecieron entre medio y un millón de militantes comunistas. En la India también germinó un partido comunista fuerte, no hegemónico, pero que gobernó en grandes estados, como Kerala, uno de los más ricos y organizados del país. En ese sentido no convendría olvidar que en este mundo globalizado existe un partido comunista, el chino, con más de 90 millones de afiliados, que gobierna un país de 1.400 millones de habitantes que es la segunda potencia del mundo, con una creciente hegemonía en el conjunto de Asia.

Ahora bien, creo que cabe matizar cuando se habla, con cierta ligereza, de la crisis de las izquierdas. Porque en la realidad de los procesos históricos no todas las fuerzas que se reclaman de la izquierda se encuentran en la misma situación. El gran cataclismo del hundimiento de la URSS y el fracaso de la primera experiencia de la historia que intentó implantar un sistema socioeconómico diferente al capitalismo supusieron un golpe demoledor para los partidos comunistas en general y para los europeos en particular. Todos los que gobernaban en las llamadas «repúblicas populares» del este de Europa, así como en las repúblicas asiáticas que formaban parte de la Unión Soviética, no solo perdieron el poder, sino que vieron reducida su presencia en dichos países, se disolvieron o se transformaron en otras formaciones de tendencia socialdemócrata.

Por otra parte, aquel terremoto político afectó a los comunistas de Europa occidental de Italia, Francia o España, que ya habían iniciado con anterioridad un proceso de distanciamiento de la URSS, sobre todo a partir de la invasión de Checoslovaquia en 1968 por parte de las tropas del Pacto de Varsovia. La intervención militar truncó el intento de llevar adelante una experiencia que hiciese compatibles el socialismo real y la democracia, lo que más tarde se conocería con el nombre de «eurocomunismo». Es decir, una nueva teoría que se compadeciera con las circunstancias y tradiciones de una Europa occidental económica, social y políticamente más avanzada que Rusia y los países de su

129

órbita. Fue una experiencia de evidente trascendencia, a pesar de que al final sucumbió en las condiciones de la guerra fría y en el torbellino de la caída del Muro de Berlín y la posterior desintegración de la URSS.

Las razones por las cuales ese intento fue fallido son, en mi opinión, tres. En primer lugar, fue tardío, pues cuando salió a la vida política la marca «comunista», en versión soviética, ya estaba muy deteriorada y era muy difícil deshacerse de ella. En segundo lugar, fue lento en elaborar una teoría y una práctica políticas acordes con las condiciones europeas, iniciadas por Gramsci, Rosa Luxemburgo y otros teóricos marxistas y que quedaron truncadas por los imperativos del leninismo, más tarde del estalinismo y, por último, de la guerra fría, con el dilema binario de o con la URSS o con el imperialismo norteamericano. En realidad, como ha quedado dicho, el comunismo más occidental ya había sufrido un golpe demoledor con el fracaso de la revolución espartaquista alemana en los años veinte del pasado siglo. Y, en tercer lugar, porque las direcciones de entonces de esos partidos no pudieron o no supieron hacer a tiempo, y sin desgarros internos, el tránsito a otras formaciones programática y orgánicamente acordes con las condiciones de los países europeos en el proceso de integración de la UE. Al final, por ejemplo, en el caso de España, el PCE, después de diversas divisiones internas e incapaz de normalizar las discrepancias políticas, contribuyó a dar a luz a Izquierda Unida, al calor del referendo sobre la OTAN, una experiencia de inicios prometedores, pero que en la actualidad ha quedado integrada, al igual que el propio PCE, en la formación Sumar. En Francia, el PCF ha ido reduciendo su presencia social y electoral para terminar confluyendo en una especie de coalición bajo el liderazgo de la Francia Insumisa de Jean-Luc Mélenchon, de dudosas credenciales europeístas. Por último, en Italia, el que fuera el partido comunista más poderoso de Europa occidental, después de diferentes procesos y cambios de nombre, ha terminado creando el Partido Democrático, con sectores procedentes de la democracia cristiana y del socialismo, por lo que el PCI ha desaparecido como tal de la escena política.

En América tenemos el ejemplo de Cuba, dirigida desde hace sesenta años por el PC cubano. Se trata de una experiencia única de resistencia, probablemente irrepetible, muy ligada a la historia del país. Digo «de resistencia» al embargo norteamericano porque considero que en Cuba no se está construyendo una sociedad socialista que suponga una superación del capitalismo. En el futuro deberá decidir si se abre al desarrollo de fuerzas productivas modernas, al igual que han hecho Vietnam o China, o se mantiene en un permanente «socialismo» de la escasez, lo que implicaría una contradicción en sus términos. Conviene entender que el socialismo de verdad presupone un desarrollo de las fuerzas productivas muy superior al del capitalismo, cosa que es evidente que no se da en la isla del Caribe. El gran reto de futuro será cómo abrirse económica, social y políticamente, con un vecino tan cercano y poderoso como Estados Unidos. Algunas experiencias, ya señaladas, no son ni comunistas ni socialistas, ni tan siquiera de izquierda, como el peronismo argentino, y otras están siendo un fracaso, como el socialismo bolivariano de Venezuela, que, en puridad, ni es socialista ni tampoco bolivariano. Convendría despejar las confusiones que se producen ante estos fenómenos. El socialismo no consiste solamente en defender a los pobres o crear sociedades asistenciales en la escasez o la pobreza para todos –en realidad siempre hay quien se enriquece–, sino, repito, en desarrollar y liberar fuerzas productivas más modernas que el capitalismo y, en consecuencia, más avanzadas en ciencia y tecnología, más igualitarias y democráticas. No obstante, en América Latina sí que se manifiestan experiencias no equivalentes a las europeas, de una izquierda autóctona que está contribuyendo a transformar algunos países en un sentido de progreso social, entre los que caben destacar el Partido de los Trabajadores de Brasil, el Frente Amplio uruguayo y las alianzas chilena o colombiana.

En el contexto de la socialdemocracia europea, la crisis se ha desarrollado de maneras muy diversas. Desde partidos que han quedado reducidos a la mínima expresión, como los casos del Pasok griego, el PS francés o el desaparecido Partido Socialista Italiano, pasando por los que han visto disminuida su fuerza electoral a pesar de gobernar como el PSOE, el SPD en Alemania o los partidos socialistas danés y holandés, hasta los que mantienen su fuerza como los nórdicos o el renacido laborismo británico, con perspectivas de poder ganar las próximas elecciones generales. Un caso aparte es el del Partido Socialista portugués, que gobierna con éxito y mayoría absoluta el país vecino, después de la experiencia de colaboración con el Bloco de Esquerda y el Partido Comunista Portugués. Como ya he señalado, ahora se abre un incierto futuro como consecuencia de la dimisión de su líder António Costa y la perspectiva de las próximas elecciones generales.

Se trata de situaciones cambiantes que no se pueden dar por concluidas, pero con un rasgo común, que consiste en que la socialdemocracia europea no parece capaz de ofrecer una alternativa real a lo existente e incluso tiene serias dificultades para mantener las posiciones sociales conquistadas en el pasado. Salvo que se decidiese a dar una batalla conjunta por pasar a una Unión Europea social, capaz de elevar el Estado del bienestar al ámbito de la unión.

Viento del este, viento del oeste

Es pues en Asia, de nuevo, donde encontramos una situación que se aparta de la regla general. Ante la impresión eurocéntrica de que los partidos comunistas son cosas del pasado, tenemos dos grandes países gobernados, desde hace años, por comunistas. Nos referimos a China, con 1.400 millones de habitantes y que ha vivido en los últimos treinta años las transformaciones económicas, sociales y tecnológicas más profundas que se hayan conocido en la historia de la humanidad. Es decir, ha pasado de ser un país pobre, atrasado y dominado a convertirse en la segunda potencia del mundo y, en no pocos aspectos, en la primera. Esta transformación por sí sola ha modificado, a nivel global, todos los datos del crecimiento, el comercio, la inversión, la producción de bienes y el mercado laboral, aparte de la geopolítica mundial. Eso sí, con el trascendente riesgo sistémico de una carencia de libertades a la que, en algún momento, tendrá que hacer frente si no quiere quedar estancada o incluso fracasar. Sería negativo que la dirección china no comprendiera que la democracia es una «fuerza productiva», mucho más cuando se ha alcanzado determinado grado de desarrollo. No tener en cuenta esta enseñanza puede conducir a grandes fracasos y calamidades.

El otro país es Vietnam, con cerca de cien millones de habitantes y una población muy joven que, al igual que su vecino del norte, crece a un ritmo del 7 u 8 % anual, y que en un tiempo breve ha superado, en lo fundamental, las secuelas de las largas y destructivas guerras contra Francia y Estados Unidos, además de algún conflicto con China y de la invasión de Camboya para liberarla de los Jemeres Rojos. Ambas experiencias tienen un rasgo común que las diferencia de la soviética y la cubana, y, a mi modo de ver, es precisamente ahí donde radica el éxito actual de su trayectoria. No han pretendido establecer «el socialismo» como si este se pudiese implantar por decreto. Por el contrario, se han dedicado a liberar fuerzas productivas, a crear riqueza y a desarrollar el capital, tanto el propio como el ajeno, que es lo que enseñan los clásicos del socialismo, evitando caer en la posición reaccionaria de pretender superar al capitalismo desde el atraso y la pobreza. Es difícil saber si con el tiempo estas experiencias acabarán o no alumbrando sociedades más avanzadas y si serán capaces de resolver sus problemas con la democracia, pero lo que es seguro es que no se crean sociedades más justas y libres desde el atraso científico y tecnológico, el aislamiento o el reparto de la miseria. El devenir de los acontecimientos dirá si estamos ante un proceso que acabará dando a luz algo nuevo, ante una experiencia de globalización diferente o si, por el contrario, solamente será un ejemplo más de desarrollismo y capitalismo de Estado, controlado de manera autoritaria y, por lo tanto, sin futuro.

El reto de la socialdemocracia

Regresando al problema de la socialdemocracia, se puede constatar que, al margen de los avatares electorales de un partido u otro, en un país o en otro, la cuestión de fondo radica, en mi opinión, en la dificultad en incidir en la regulación y dirección de la mundialización y sus efectos. Esos conflictos conllevan una serie de consecuencias relevantes: el aumento de la desigualdad interna, en algún caso hasta de la pobreza, en la mayoría de los países donde la socialdemocracia tiene presencia significativa; la erosión del Estado del bienestar y lo que vengo llamando «jibarización de la democracia». Es conocido que, después de la IIª Guerra Mundial, las fuerzas reformistas o reformadoras –partidos socialistas, algunos comunistas, de la democracia cristiana y el movimiento sindical–, con la «ayuda» de la amenaza soviética y el Plan Marshall, fueron capaces de impulsar un fuerte crecimiento económico, reducir las desigualdades, crear un Estado social único en el mundo y estabilizar las democracias representativas. El basamento económico de este auténtico salto civilizatorio se sustentó en dos pilares fundamentales: el primero, el aumento sostenido de la riqueza durante treinta años (los treinta años gloriosos), con un crecimiento real de los salarios y del empleo.

Todo ello fue acompañado, en segundo lugar, de unos potentes sistemas tributarios que elevaron las presiones fiscales por encima del 35-40 % del PIB, única manera de crear y sostener un Estado del Bienestar sólido, que permitiera la universalización y gratuidad de la sanidad, la educación, las pensiones y otras prestaciones sociales. Una auténtica revolución que, obviamente, no cayó del cielo, sino que fue producto del resultado de la IIª Guerra Mundial, con la derrota de los regímenes nazi y fascista; de la potencia y capacidad movilizadora de los sindicatos, y de la fuerza parlamentaria de los partidos socialdemócratas y comunistas, en especial en Francia e Italia. También supuso un acicate la existencia del campo socialista, que, en el ambiente de confrontación de la guerra fría, presionaba en pro de reformas favorables a los trabajadores. De un lado, para frenar el posible avance de los partidos comunistas en la desolada situación socioeconómica de la posguerra europea y, de otro, porque la liberación de las colonias hacía necesaria una política de reformas que supliera las utilidades baratas que, hasta ese momento, procedían en abundancia de esos dominios. Son precisamente estas grandes conquistas de partidos y sindicatos reformistas o reformadores las que están hoy en peligro ante el embate de una globalización que, por una parte, ha quebrado las costuras de los Estados nación en las que crecieron y, por otra, está dirigida por fuerzas económicas cuyos intereses chocan con esos avances.

El caso de la desigualdad es paradójico a este respecto, porque, si de un lado, ha aumentado a nivel interno en la mayoría de los países occidentales, no se puede decir lo mismo de lo sucedido en el ámbito global. En el reparto de la riqueza entre países se ha producido una redistribución a favor de las economías emergentes, en especial de China, la India y otras naciones asiáticas. Como he señalado con anterioridad, la tendencia es que esas distancias se vayan reduciendo, por la simple razón de que esos países asiáticos crecen en tasas muy superiores a las de los países occidentales. Y es probable que, como consecuencia de la pandemia del coronavirus y sus efectos económicos, este proceso se acelere. En números absolutos, incluso cuando China crece al 3 o al 5 % lo hace el doble que Occidente.

No obstante, la erosión del Estado del bienestar en Europa, único espacio en el que realmente existe, se debe a otras razones. La globalización, en su fase actual, presupone la existencia de un mercado a escala mundial de bienes, servicios e información, y no de personas, lo que ha propiciado que se cumpla una de las leyes del desarrollo capitalista, que es la concentración creciente del capital y, con ella, el surgimiento de empresas globales que controlan los sectores económicos estratégicos: finanzas, energía, tecnología digital y comunicaciones, entre otros. Estas compañías operan en todo el mundo a través de sucursales y redes, y cuentan con numerosos mecanismos para eludir el pago de los impuestos establecidos a nivel nacional y llevarse sus beneficios a sociedades radicadas en los paraísos fiscales, originando así un daño notable a los ingresos de los Estados. Además, la posibilidad que tiene el capital de circular por cualquier parte del planeta de forma instantánea provoca una tendencia irrefrenable al *dumping* fiscal, a una competencia desleal entre países, incluso dentro de la propia UE. Esta escandalosa disfunción crea el caldo de cultivo para que surja una corriente a favor de bajar el impuesto de sociedades, con lo que se va erosionando la recaudación también por esta vía. Por último, al delimitar la democracia, allí donde existe, al espacio tradicional del Estado nación, esta queda jibarizada, reducida, por cuanto el país, por sí solo, es incapaz de regular y, menos aún, controlar o dirigir los procesos económicos que se desarrollan en espacios globales. Esos Estados no tienen capacidad regulatoria ni jurídica ni política para constreñir los sujetos económicos globales y forzarlos a cumplir las reglas que harían más inclusivo, justo y democrático el proceso objetivo de mundialización.

Por este motivo vengo insistiendo en que la manera de hacer frente a los nuevos retos que plantean la globalización y la revolución digital es mediante la expansión de la democracia. Se podrá argüir que es una obviedad ensalzar la bondad de esta idea, pero el concepto de «democracia expansiva», que luego se precisa más, no se refiere solamente a su generalización en el marco de los Estados nación, sino a la necesidad de construir nuevos sujetos políticos globales de naturaleza democrática. Es decir, la única manera de evitar su paulatina jibarización es a través de poderes democráticos supranacionales, capaces de medirse y regular la actividad de las fuerzas económicas que hoy hegemonizan dicha mundialización. Un caso paradigmático es el de la Unión Europea. Qué duda cabe de que si la actual UE se transformase en una unión económica y política real, la posibilidad de hacer frente a los problemas globales sería mucho mayor. Pensemos en el medioambiente o las pandemias; en la seguridad y la defensa en general; la lucha contra el terrorismo o las grandes catástrofes, las migraciones masivas, la eliminación de los paraísos fiscales o simplemente los choques asimétricos que provocan las crisis económicas con sus consecuencias sociales. Para alcanzar este objetivo tendríamos que plantearnos una nueva política de alianzas, a la que me referiré más adelante.

Una de las deficiencias, tanto de la socialdemocracia como de la corriente comunista o de otras izquierdas, es que todas ellas han abandonado en lo esencial, por lo menos a efectos operativos, toda teoría y práctica mundialista e internacionalista. La IIIª Internacional Comunista la liquidó Stalin en 1943 como instrumento de la política exterior soviética, cuando se convirtió en un obstáculo para su relación con los aliados occidentales durante la IIª Guerra Mundial. Su sucesora, la Kominform, no sirvió para nada y feneció poco después de la contienda sin pena ni gloria. La IIª Internacional Socialista ha permanecido en el tiempo, pero su influencia en los acontecimientos mundiales ha sido y es escasa. ¿Alguien sabe cuál es su actividad e incidencia reales? ¿Alguna vez un medio de comunicación relevante se ha hecho eco de sus decisiones y actuaciones? Me da la impresión de que no. No sé si la elección del presidente del Gobierno español, el socialista Pedro Sánchez, para liderarla podrá revitalizarla. Sería buena cosa que lo lograra, pero me parece una tarea ímproba. Tampoco existe una coordinación operativa de la izquierda en el área de la UE. Está bastante dividida e incluso dentro de los partidos socialdemócratas hay diferencias notables, sobre todo entre los que ocupan de vez en cuando el poder y los que están en la oposición, o los del Norte y los del Sur. Sus políticas se rigen, en esencia, por intereses nacionales, cuando no están influidas por los criterios geopolíticos de las grandes potencias. Por el contrario, los poderes económicos globales poseen sus instrumentos de coordinación, sus acuerdos, sus potentes grupos de presión y sus foros de influencia, con capacidad para incidir en las decisiones políticas.

Esta falta de coordinación operativa en los partidos de la izquierda puede hacerse extensiva a los sindicatos de clase, sea cual fuere su orientación ideológica. Existe la Confederación Sindical Internacional (CSI), al igual que también existe la Confederación Europea de Sindicatos (CES), cuya capacidad de acción y de incidencia real en los acontecimientos es mejorable. También, en este caso, los sindicatos operan, en esencia, con criterios nacionales. Cuando la crisis ha golpeado brutalmente los salarios y el empleo no se ha producido una reacción coordinada de relieve, no ya a nivel mundial sino tampoco en el espacio europeo. No aparece de momento una interlocución sólida por parte sindical, salvo contadas excepciones, en relación con las grandes multinacionales, ni tampoco con respecto a las instituciones europeas. Un ejemplo bastante clamoroso de lo que venimos diciendo aconteció con ocasión de la crisis del coronavirus. Ante la dura batalla que se libró en la Unión Europea sobre cómo hacer frente a sus consecuencias económicas y sociales, la CES estuvo prácticamente ausente, o por lo menos no se conoce ninguna iniciativa ni toma de posición relevantes sobre la imprescindible solidaridad que exigía el momento. Los sindicatos de cada país han librado la batalla en un orden disperso, sin asomo de una visión de conjunto operativa y eficaz, salvo mediante resoluciones sin efectos prácticos.

Otro ejemplo de lo que exponemos se da en los foros e instituciones en los que se reúnen gobiernos de diferentes colores políticos. Ya sea en el G20 o en los consejos europeos, de naturalezas muy distintas, no aparece una visión progresista, ni sobre otra posible globalización ni sobre la propia construcción europea.

Una conclusión que se podría sacar de todo ello es que las fuerzas progresistas de izquierda deberían propiciar nuevas alianzas a nivel internacional capaces de llevar adelante un proyecto de mundialización políticamente democrático, socialmente inclusivo y económicamente sostenible. Quizá podría comenzarse por establecer un programa mínimo que ofreciese una nueva orientación y unos renovados objetivos a la actual globalización, que encarase los grandes retos que tiene hoy planteados la humanidad y que ya no se pueden abordar solamente desde los Estados nación. A título enunciativo podríamos mencionar, entre ellos, la regulación de las multinacionales de los sectores estratégicos –armamento, energía, transporte, finanzas, tecnología, sanidad–; la creación de un impuesto sobre las transacciones financieras internacionales; la supresión de los paraísos fiscales; la formación de un gran fondo mundial para el desarrollo; la armonización del impuesto de sociedades; la inclusión de cláusulas de cohesión y derechos sociales en los tratados de libre comercio; unas normas mínimas en el comercio de productos estratégicos; unos acuerdos vinculantes sobre

142

medioambiente con sanciones previstas; cooperaciones reforzadas para la regulación de las migraciones; una colaboración más estrecha a nivel mundial en la lucha antiterrorista y contra el crimen organizado...

Este programa mínimo lo podrían suscribir todas aquellas fuerzas políticas y sociales que estuvieran de acuerdo con la necesidad de dar un giro a la actual dirección de la globalización en el sentido apuntado más arriba. Fuerzas de todos los continentes que coincidan en esa necesidad imperiosa de una mundialización basada en la democracia, la cohesión social y la sostenibilidad. Como toda alianza, debería basarse en unos intereses compartidos y también en unos instrumentos de acción capaces de influir en la política práctica. Podría iniciarse mediante una propuesta de las fuerzas progresistas europeas a las de los otros continentes, en una especie de G20 o G50 por otra globalización diferente. En esta plataforma o red abierta y flexible podrían participar todas aquellas organizaciones que manifestaran su acuerdo con ese programa mínimo de objetivos concretos. Debería funcionar como un instrumento de debate, de iniciativas y de movilización, capaz de ejercer presión sobre los gobiernos de los principales países y regiones con la finalidad de que vayan adoptando decisiones que se compadezcan con las necesidades de la humanidad en su conjunto. No es nada utópico pensar en este tipo de redes, al amparo de la utilización de las nuevas tecnologías. Las grandes fuerzas económicas y estatales las tienen, de variada factura. Las más conocidas son la Organización Mundial del Comercio, la cumbre anual de Davos, la OCDE y, en otro orden de cosas, el FMI o el Banco Mundial. Los chinos han comprendido que la actual globalización, en su dirección principal, es un asunto de los países occidentales y, en especial, funciona bajo la hegemonía de las empresas y el Gobierno de Estados Unidos. Con la finalidad de proponer otro tipo de globalización, han lanzado un ambicioso proyecto denominado Iniciativa de la Franja y la Ruta, también conocido como la Nueva Ruta de la Seda, al que hacemos referencia en otra sección de este ensayo. Por su parte, los gobiernos cuentan con diferentes cumbres, más o menos informales, como el G7, el G20 y muchos otros foros de carácter suprarregional, de los que surgen quizá no acuerdos vinculantes, pero sí por lo menos líneas de actuación de carácter general, que acaban incidiendo en las políticas de los gobiernos y, en consecuencia, en nuestras humildes vidas.

Nos tendríamos que preguntar, llegados a este punto, qué tenemos en común las fuerzas progresistas. ¿Cuántas reuniones, foros o encuentros se han celebrado en los últimos cincuenta o cien años que hayan tenido un impacto en la opinión pública o de los que haya salido alguna iniciativa de alcance mundial? Me temo que ninguno. Este es el punto más débil de las fuerzas progresistas o de izquierda, ya sea en su expresión política o en la sindical. En este último terreno quizá no sería una idea descabellada plantearse un «Sx» informal, formado por los sindicatos más importantes de la UE, que pudiera servir de espacio de debate sobre los retos y objetivos del movimiento sindical. Estas organizaciones, hoy por hoy, no son jugadores globales –ni tan siquiera supranacionales de manera efectiva–. Creo que deberíamos ser conscientes de que sin ese paso no influiremos en el imparable proceso de mundialización, no podremos disputar la hegemonía a las fuerzas económicas de la derecha conservadora y neoliberal, y estaremos castigados a ser una fuerza dispersa, con estrecho margen de maniobra y, en última instancia, subalterna. Empezamos siendo los más internacionalistas, incluido el himno, y hemos terminado siendo, en la práctica, bastante localistas.

5. SOBRE LA IZQUIERDA Y EL NACIONALISMO

De nuevo un fantasma recorre Europa, pero esta vez no se trata del espectro del comunismo del que hablaba el *Manifiesto comunista* de Marx y Engels, sino de su opuesto, el nacionalismo. Desde el momento en que un presidente estadounidense lanzó el «América primero» y los británicos, engañados o no, abandonaron la Unión Europea en nombre de la «independencia» del Reino Unido, una ola de nacionalismo se ha extendido por diferentes países, con variada intensidad: el Frente Nacional francés, la Lega o los Fratelli d'Italia transalpinos, la Alternativa por Alemania, VOX en España y otros partidos parecidos en Holanda, Bélgica, Suecia, Austria, Polonia y Hungría, por no hablar del ultranacionalismo de Putin en Rusia. Y como no podíamos ser menos, en nuestros lares también ha resurgido un nacionalismo radical en la Cataluña del *seny*. Todos ellos son expresiones de un nacionalismo mezclado con populismos de diferentes colores que de momento va ganando adeptos en sucesivas elecciones, con alguna excepción. No obstante, conviene aclarar desde el principio que el hecho objetivo de la existencia de las naciones o del ser nacional de un país no presupone la realidad o efectividad del nacionalismo, pues, como con razón dejara escrito Antonio Gramsci, los conceptos de «nación» y «nacional» son distintos al de «nacionalista». Y ponía el ejemplo de Goethe y Stendhal; el primero nacional alemán, el segundo nacional francés y, sin embargo, ninguno de los dos nacionalistas. Porque el nacionalismo no es un hecho objetivo que nazca de la nada, sino una ideología que, basándose en una supuesta identidad propia y exclusiva –la raza, la lengua o cualquier otra circunstancia–, diferencia a los habitantes de un territorio, y en esa singularidad se fundan aspiraciones políticas diversas, por encima de cualquier otra identidad o distinción.

Esta ideología nace a finales del siglo XIX, sustentada en partidos o movimientos de las burguesías «nacionales» que se radicalizan alrededor de la Gran Guerra europea y dan origen a partidos de extrema derecha. Es conocido que la nación, por lo menos en Europa, es una creación de la burguesía, del llamado Tercer Estado sobre el que teorizara Adolphe Thiers, en su enfrentamiento con la nobleza, la corona, la Iglesia y los privilegios y jerarquías del Antiguo Régimen absolutista. Su expresión más acabada la encontramos en la labor de la Revolución francesa, cuando la soberanía pasa del monarca –Luis XIV, el tatarabuelo de Luis XVI, se permitía decir «el Estado soy yo»– a la nación como conjunto orgánico de los ciudadanos de un país. Es a partir de entonces cuando las instituciones y poderes básicos toman el nombre de «nacionales». Aparecen la asamblea nacional, el ejército nacional, la moneda nacional, así como la escuela y la lengua, y muy especialmente, el control sobre un mercado nacional, con fronteras bien delimitadas y protegidas, sobre el que poder sustentar la primera Revolución Industrial. Se puede decir, siguiendo a Hobsbawm, que el término «nacionalismo» se utilizó por primera vez en las postrimerías del siglo XIX para definir a grupos de ideólogos de la derecha en Francia y en Italia. Antes, las luchas nacionales se habían inspirado en los principios de la Revolución francesa y habían contado con el apoyo de los sectores populares. En este sentido, el nacionalismo no tiene nada que ver con fundar Estados nación.

Han existido varias definiciones sobre qué es una nación. Desde la clásica de Ernest Renan, que la concebía como una «gran solidaridad» cuya existencia supone «un plebiscito cotidiano», pasando por la abstracta y ambigua de Ortega y Gasset, «una unidad de destino», que acabó de redondear la Falange al añadir aquello de «una unidad de destino en lo universal», y que nunca he sabido qué quiere decir. Pero, al margen de definiciones metafísicas, la realidad es que las naciones son construcciones políticas e históricas, obra de burguesías revolucionarias que deseaban romper con el atraso del absolutismo y de las rémoras feudales. Era la única manera de hacer posible un fuerte desarrollo de fuerzas productivas que, a la postre, encontraron una formidable expansión en la Revolución Industrial, esencialmente sobre una base nacional.

En el siglo XIX, pues, se produjo una primera gran oleada de revoluciones nacionales –en ningún momento sus líderes se autocalificaron de nacionalistas– que se extendieron por Europa, con avances y retrocesos, alrededor de la eclosión de las revoluciones de 1848, la llamada Primavera de los Pueblos, en la que participaron fuerzas laborales, todavía débilmente organizadas. Estas revoluciones fueron derrotadas por la reacción, pero su semilla daría más tarde, y como trascendental fruto tardío, la unidad de Alemania e Italia. Los españoles, en este aspecto, fuimos madrugadores. Al socaire de la invasión napoleónica, la burguesía española, más bien débil, aprovechó la ocasión para desembarazarse del poder absoluto de unos reyes felones –Carlos IV y Fernando VII– que habían traicionado los principios más elementales, incluyendo los relacionados con la vergüenza y el mínimo decoro personal. Su error fue no culminar la faena como hicieron los revolucionarios franceses. En todo caso, con la Constitución de Cádiz de 1812, los españoles empezamos a tener patria, como en memorable ocasión dijera el diputado Agustín Argüelles desde la tribuna del Congreso y, por primera vez, un cuerpo legislativo, en concreto su artículo 3, incardinó la soberanía en la nación española. Una Constitución de Cádiz en la que, por cierto, tuvieron un destacado papel los diputados procedentes de Cataluña, como fue el caso de

Vicente Lázaro Bou, uno de sus presidentes. Prácticamente todo el siglo XIX fue una lucha de la burguesía española, y de la europea, con mejor fortuna, por afianzar la soberanía de la nación frente a las fuerzas —entre nosotros, los carlistas— que seguían defendiendo los privilegios del Antiguo Régimen. Luego, bastante más tarde, llegaría la segunda ola de liberaciones nacionales, con el hundimiento de los imperios centrales después de la Gran Guerra y, con el tiempo, las luchas de liberación nacional de las colonias, a las que luego me referiré.

Por eso no es de extrañar que cuando a finales del siglo XIX, al calor de la Revolución Industrial, se crearon las primeras organizaciones obreras, políticas o sindicales, lo hicieran con un marcado carácter internacional, contrario a cualquier tipo de nacionalismo. Esta oposición no era obstáculo para que apoyaran movimientos de liberación nacional —como en los casos de Irlanda o Polonia— cuando esto suponía debilitar o derrotar a fuerzas reaccionarias, ya fuesen británicas o rusas. Por eso mismo, la Iª Internacional (la Asociación Internacional de Trabajadores), fundada por Marx, Engels y Bakunin, entre otros, es de fecha tan temprana como 1864, porque desde el principio el movimiento de los trabajadores tuvo una inspiración internacional alejada de cualquier nacionalismo. Es conveniente recordar que, si bien Marx apoyó en un determinado momento la causa nacional de irlandeses y polacos, nunca se apartó de la idea de que el nacionalismo era un arma ideológica de la burguesía para, entre otras cosas, vincular a los trabajadores a sus objetivos y, en caso de que las hubiera, a sus guerras.

No obstante, cuando estalló la Iª Guerra Mundial en 1914, a pesar de las proclamas pacifistas de la IIª Internacional (1889) de los años anteriores y después de múltiples vacilaciones de la socialdemocracia, se quebró completamente el internacionalismo. Los partidos socialistas y las organizaciones obreras, salvo raras excepciones, se alinearon con las posturas nacionalistas y patrioteras de las burguesías respectivas, votaron a favor de los créditos de guerra y condujeron a los trabajadores a la matanza en que se convirtió aquella deleznable guerra imperialista. Una masacre en la que, para mayor vergüenza, tres de los emperadores involucrados eran primos hermanos entre sí y nietos de la reina Victoria de Inglaterra: el káiser Guillermo, el zar Nicolás y el rey Jorge. Los que se opusieron a la carnicería sufrieron trágicos destinos: Jean Jaurès en Francia acabó asesinado, y Karl Liebknecht y Rosa Luxemburgo en Alemania pasaron toda la contienda en prisión y, más tarde, también fueron liquidados y sus cadáveres arrojados a un canal. La realidad es que el nacionalismo se impuso al internacionalismo, se quebró la unidad de los trabajadores y, después del triunfo de la Revolución rusa, en 1919 los bolcheviques, que se habían opuesto a la guerra, crearon la IIIª Internacional. Las 21 condiciones que Lenin exigió para el ingreso en la misma fueron la base de los partidos comunistas y, como consecuencia de lo anterior, el movimiento sindical también se dividió en dos: el de inspiración socialdemócrata y el de orientación comunista. Como era de esperar, se crearon organizaciones internacionales separadas que perduraron, con diferentes nombres, hasta bien entrado el siglo XX. Entre las condiciones que impuso Lenin se encontraba, aparte de la obligación de fundar partidos comunistas en todos los países, la de apoyar la lucha por la emancipación de las colonias y combatir a la internacional sindical con sede en Ámsterdam, que, en un alarde de «espíritu unitario», calificó de «amarilla». El resultado de todo ello condujo a enfrentamientos en el seno de la izquierda con consecuencias tan trágicas como las que se dieron durante el ascenso del fascismo en Alemania.

Esta división perduró durante la guerra fría. Por un lado, los partidos y sindicatos socialdemócratas, salvo excepciones, no practicaron un internacionalismo solidario con la lucha de las colonias y, por otro, el movimiento comunista, aunque sí apoyó esa lucha anticolonial, acabó primando, por encima de todo, la defensa de la URSS y sus intereses como Estado. En realidad, el nacionalismo se impuso ante la cuestión de las colonias. La mayoría de la socialdemocracia apoyó a sus gobiernos y solo introdujo matices en el *modus operandi*. Un caso emblemático fue el de la SFIO francesa durante la guerra de Argelia, cuando el Gobierno socialista de Guy Mollet escaló la guerra contra el movimiento de liberación argelino. En parecidos términos se comportaron los partidos homólogos de Gran Bretaña, Holanda o Bélgica, con el matiz de defender lo que se llamó «colonialismo ético» o liberal.

Con la gran crisis del capitalismo en los años treinta, el nacionalismo, que ya había apuntado maneras de extrema derecha con el fascismo de Mussolini, se transformó en una ideología radical y avanzó imparable por toda Europa bajo diferentes formas. Ante la catástrofe que supuso aquel hundimiento en términos económicos y sociales, no había más que dos salidas: o implementar políticas sociales que suavizaran los peores efectos de la crisis o lanzarse por la senda de un nacionalismo radical desarrollista y belicista. La primera opción fue la que se adoptó en Estados Unidos con la política de Roosevelt del New Deal y algunas experiencias socialdemócratas en el norte de Europa; la segunda fue la escogida por el fascismo italiano y el nazismo alemán, que se expandieron por Europa y, a la postre, condujeron a la guerra más devastadora jamás conocida. Eso demuestra que, a partir de la Iª Guerra Mundial, de 1914 a 1918, el nacionalismo, como ideología de la nación excluyente sustentada en elementos irracionales, era no solamente fautor de guerras sino, y especialmente, el enemigo más peligroso de las organizaciones de trabajadores. Porque si la solidaridad, la fuerza colectiva y una concepción sobre los intereses internacionales de los trabajadores son la esencia del sindicalismo de clase, el nacionalismo era y es su negación.

Así, a finales de los años treinta del siglo pasado, ante el peligro que suponía el avance del fascismo, la política de frentes populares adoptada por la IIIª Internacional volvió a recomponer, por un tiempo, una cierta unidad de acción de las izquierdas, como se vio en las efímeras experiencias de Francia y España, aunque en el caso español ni el PSOE ni el PCE formaron parte del primer Gobierno del Frente Popular. Esa política de unidad se mantuvo, a trancas y barrancas, durante la IIª Guerra Mundial, al socaire de la alianza de la URSS y las potencias occidentales (Estados Unidos y Gran Bretaña). Al terminar la contienda, todavía se dieron algunos años de colaboración que acabaron por resquebrajar las diferentes posturas ante el Plan Marshall, pero, luego, esta cooperación terminó por quebrarse definitivamente con el inicio de la guerra fría. Mientras los partidos y sindicatos socialdemócratas se alinearon, salvo excepciones, con Estados Unidos y sus aliados, los comunistas lo hicieron con la URSS y el campo socialista.

Durante ese largo periodo, el internacionalismo sufrió las consecuencias del enfrentamiento Este-Oeste. Hay que reconocer, en honor a la verdad, que del hundimiento posterior de la URSS y del mal llamado «socialismo real» se ha salvado, en el haber de esa experiencia, la solidaridad, interesada pero real, que mantuvo el Estado soviético, junto con los partidos comunistas, con las luchas por la liberación nacional de las colonias. Las guerras de Vietnam, Argelia, Angola o del Congo, y tantas otras, son una muestra de lo que decimos. En el campo de la socialdemocracia no puede afirmarse lo mismo, como ya hemos mencionado. En sentido contrario, el socialismo español fue una excepción y un precursor. El PSOE de Pablo Iglesias se opuso y se movilizó contra las guerras de Marruecos, desencadenadas por los gobiernos españoles, e hizo honor a su carácter internacional, que se difuminaría más adelante, ya en la clandestinidad, durante la guerra fría.

Al final, incluso en la implosión de la URSS desempeñaron un papel destacado los variados nacionalismos que fueron surgiendo, mezclados con diferentes movimientos religiosos, cristianos e islámicos, tanto en los países del Este –la Polonia católica– como en las repúblicas asiáticas. Esta es una tendencia que se está imponiendo tanto en la Rusia postsoviética de Putin como en los países del antiguo campo socialista, en algunos casos con tendencias incluso semifascistas. Si observamos atentamente lo sucedido en esos países, veremos que, entre otras cosas, ha desaparecido prácticamente el movimiento sindical de clase o se ha alineado con las tesis nacionalistas dominantes.

Ahora bien, el desarrollo del capitalismo, impulsando e impulsado por las nuevas tecnologías de la globalización y la revolución digital, ha modificado completamente los rasgos del problema nacional. El capitalismo, como el universo, tiende a expandirse en el espacio y a concentrar la riqueza. Ha surgido así una nueva forma de mundialización, en la que los elementos claves del sistema –finanzas, energía, comunicaciones, nuevas tecnologías, etc.– han devenido globales y, como es normal, han roto con la lógica económica y política de los Estados nacionales. Una respuesta a este fenómeno, aunque en su origen obedeciera a otras motivaciones, fue el proceso de construcción de la Unión Europea. A lo largo de más de cincuenta años se ha ido implantando un mercado común, una moneda única, un Parlamento, una Comisión, tribunales de justicia, políticas agrarias y comerciales comunes, un inicio de políticas de seguridad y defensa europeas, etc. Pero, curiosamente, lo que indicaría cuál ha sido la relación de fuerzas, las políticas fiscal y social han quedado fuera de las competencias de la Unión, pues son de responsabilidad nacional. Así, cuando estalla, por razones conocidas, la nueva gran crisis del capitalismo en 2008, como consecuencia de las desastrosas políticas neoliberales practicadas a partir de los años ochenta –Reagan, Thatcher, Consenso de Washington–, sus efectos en forma de paro, reducción de salarios, recortes sociales... caen de nuevo, como las siete plagas de Egipto, sobre las espaldas de los sectores populares más vulnerables. Un resultado que no debería haber extrañado a nadie, teniendo en cuenta la arquitectura de la Unión, el dominio de las Terceras Vías en una parte de la izquierda y la debilidad general de las fuerzas progresistas, incluidos los sindicatos.

Aquella crisis habría sido una buena ocasión para haber puesto contra la pared ese indiscutible fracaso del neoliberalismo. Sin embargo, ni la izquierda política ni la sindical fueron capaces de hacerlo, pues habían naufragado previamente, tanto en la teoría como en la práctica. La de orientación comunista estaba en franca bancarrota y había casi desaparecido, por lo menos en Occidente, como corolario del hundimiento de la URSS. Y una parte de la socialdemocracia había adoptado, en cuestiones básicas, las orientaciones del neoliberalismo, con las experiencias de la Tercera Vía de Schröder en Alemania, Blair en Gran Bretaña y, más tarde, Hollande en Francia o Renzi en Italia. Unido a todo ello está el hecho de que, durante el predominio de la socialdemocracia en la UE, tampoco se pudo o se supo superar la hipótesis nacional ni se avanzó con decisión hacia una Europa social más integrada. A la postre, la imposibilidad de dar un giro social a la situación en Europa creó, en amplios sectores de la población –sobre todo de trabajadores, capas medias, parados, precarios, jóvenes, mujeres, etc.–, una sensación de desamparo, de perdedores de la globalización y de víctimas de una europeización sin contenido social. En una frase, una especie de sálvese quien pueda. Y como ocurrió en los años treinta del siglo pasado, con otras características, condiciones y resultados, el vacío que fue dejando la izquierda lo llenaron el nacionalismo y los populismos, o todos mezclados. Un nacionalismo defensivo, insolidario, reaccionario y, como siempre, muy de derechas, frente a una globalización objetiva, de fuerzas económicas y tecnológicas que ni los partidos ni los sindicatos de izquierda han sabido asumir o teorizar, y a los que no han sabido dar una solución práctica positiva. Veamos algunos ejemplos. En Francia, al Frente Nacional lo votan obreros que antes apoyaban al PCF; en Alemania crece Alternativa por Alemania, en los mismos o parecidos sectores; en Italia, la izquierda está debilitada y la partida se juega, a veces, entre Fratelli d'Italia, la Liga y el partido del ya desaparecido Berlusconi, todos ellos populistas, nacionalistas y euroescépticos. En los antiguos países del Este, la situación es todavía peor. En Polonia ha gobernado la ultraderecha nacionalista, una especie de nacionalcatolicismo a la polaca, y en Hungría está en el poder otro tanto de lo mismo. Y lo más preocupante es que estas tendencias disolventes se extienden por sociedades de contrastada raigambre democrática y social como Holanda –hoy una suerte de paraíso fiscal–, Austria, Bélgica o Gran Bretaña. Demostración, una vez más, de que el nacionalismo radical es el adversario a batir si pretendemos que avancen las políticas sociales. Tenemos que darnos cuenta de que o estas prosperan apoyadas y sustentadas en la Unión Europea o no progresarán. La posibilidad de un avance social consistente en un solo país ha pasado a la historia, y el ejemplo de lo sucedido en Grecia es ilustrativo. Un gobierno claramente de izquierda tuvo que claudicar y dejar a un lado elementos avanzados de su programa, ante la imposición de la austeridad por parte de la troika enviada por los gobiernos conservadores europeos. Ningún país ha conocido tantas huelgas generales en tan poco espacio de tiempo, y con tan magros resultados. Tengo la impresión de que la solidaridad práctica del movimiento sindical europeo –la CES– ha brillado por su ausencia. Eso prueba que, en las condiciones actuales, hay que plantear las conquistas sociales y/o su defensa, como mínimo, a nivel europeo. No ha existido ninguna reacción conjunta ante las políticas antisociales de la mayoría de los gobiernos. Por el contrario, cada cual ha tenido que resistir como ha podido con movilizaciones dispersas.

El caso catalán es igualmente paradigmático. Ante la crisis económica, la frustración creada por el resultado de la reforma del Estatut, la corrupción en los ámbitos nacionalistas y el inmovilismo del Gobierno central de la derecha en España y la ola general europea, los partidos nacionalistas de la burguesía catalana, antaño practicantes de la autonomía, se lanzaron a la aventura del secesionismo. En un salto mortal en el vacío intentaron proclamar la república catalana, pasando por alto toda legalidad establecida, tanto constitucional como estatutaria o europea. Uno de los aspectos más negativos del llamado *procés* fue que en esa deriva insolidaria se intentó arrastrar al movimiento sindical, que decidió participar, en ocasiones, en diversas plataformas, lideradas por fuerzas nacionalistas de la derecha. Objetivo independentista que a la postre fracasó, y que, de lograrse, habría supuesto el rompimiento de los sindicatos y el final de cualquier elemento de solidaridad –como la caja única de la seguridad social– con los trabajadores del resto de España. Así, habría podido suceder lo que más han temido siempre los teóricos del socialismo y es que los trabajadores se dividan, abandonen su solidaridad de clase y se sumen a las aventuras de las burguesías nacionalistas identitarias, en sus proyectos rompedores o, en casos extremos, belicistas. Esta situación ha mejorado sustancialmente después de las medidas tomadas por el gobierno progresista y el resultado de las últimas elecciones generales del 23 de julio, con el triunfo de la izquierda en Cataluña.

El giro, en este y en otros casos, ha supuesto un retroceso en la concepción del fenómeno nacional. Porque lo que un día fue la unión de regiones y territorios para formar una nación, expresión de la lucha contra los Estados absolutos y el feudalismo, ahora se ha transformado en su contrario, pues lo que se pretende es desgajar, desunir, dividir, debilitar lo que estaba unido. Estas operaciones secesionistas, en las condiciones de la globalización y en países de la UE, es lo más reaccionario que uno pueda imaginar. Aparte de su dificultad extrema y los desgarros personales y colectivos que provoca, como estamos viendo, impide avances sociales compartidos, única manera de progresar hoy en día. La demostración de lo que, en síntesis, sostenemos es que el resultado del llamado *procés* no pudo ser más negativo para la izquierda y los sindicatos, especialmente para los catalanes. En ese territorio, los dos primeros partidos en votos llegaron a ser nacionalistas o soberanistas y solo en tercer lugar aparecía uno de izquierda. Al mismo tiempo, en no pocos lugares en que antaño se votaba a partidos de izquierda –PSUC o PSC– hubo un trasvase de electores a partidos nacionalistas o de centro derecha. Una situación que se ha corregido, en gran parte, gracias a un gobierno progresista en el conjunto de España, a la división del campo separatista, a la desaparición de

Ciudadanos y al gran avance de los socialistas catalanes. En el conjunto de España ha surgido con fuerza VOX, un partido de ultraderecha y populista que ocupa la tercera posición en el Congreso de los Diputados. Los nacionalismos, como siempre, se alimentan mutuamente, acrecientan los apoyos a las derechas y rompen a las izquierdas. En el terreno sindical hubo el temor de que las centrales –CC. OO. y UGT– sufrieran las consecuencias de estos embates de la ola identitaria y corrieran el riesgo de perder posiciones en favor de sindicatos «corporativos». En Cataluña surgieron, aunque con muy poco éxito, sindicatos nacionalistas, y en el País Vasco las dos primeras centrales siguen siendo nacionalistas.

Mencionaba al principio de este capítulo al gran pensador crítico Antonio Gramsci cuando sostenía, con razón, que «nación» y «nacional» no son lo mismo que «nacionalismo». El nacionalismo –incluido el español– es la necrosis ideológica de un concepto de nación absoluto, insolidario y excluyente. En la época del ilustre maestro sardo, el capitalismo no había alcanzado la expansión global actual, con sus peculiares características. Por eso mismo, el nacionalismo de hoy no solo es diferente a la idea de nación o de nacional, sino que, en determinadas circunstancias, es contrario a la nación y al interés nacional. La causa de ello radica en que, en la mundialización, la forma eficiente de defender el interés nacional no es, desde luego, la secesión, que debilita al conjunto, sino la federación, que une y fortalece. Los procesos de federalización permiten medirse y controlar a los poderes fácticos globales que hoy dirigen, en su propio beneficio, esa globalización. El nacionalismo, por el contrario, conduce a la disgregación, al cuestionamiento, en nuestro caso concreto, de los avances de la unión de los europeos y, en su forma más radical, empuja hacia las confrontaciones comerciales, que pueden convertirse en bélicas. Por eso la reaparición de los nacionalismos extremos supone una amenaza muy seria para el progreso de la humanidad en su conjunto y de los trabajadores en particular. En el fondo es un síntoma patológico de la crisis del capitalismo, del fracaso de las políticas neoliberales en la conducción de la globalización, de la debilidad teórica y práctica de las izquierdas y del movimiento sindical. O estos últimos lo derrotan con medidas de protección y argumentos sólidos y son capaces de construir federaciones cada vez más amplias, aptas para dirigir las grandes transformaciones actuales, o el nacionalismo, una vez más, derrotará a las fuerzas progresistas... y ya veremos adónde nos puede conducir.

El resurgir del monstruo

Como señalamos al inicio del capítulo, una ola de nacionalismos y de nacionalpopulismos recorre Europa y otras regiones del mundo. En Estados Unidos Trump y los republicanos lanzaron el eslogan «América primero» bajo el falso argumento de que todos los demás –China, la UE– llevaban años explotando a los generosos norteamericanos. En Gran Bretaña triunfó el Brexit con el mismo razonamiento, siendo esta vez Bruselas el sujeto esquilmador. En Italia el tándem que formaron la Liga y 5 Stelle adoptó posiciones xenófobas, al igual que el Frente Nacional en Francia, Alternativa por Alemania, los gobiernos húngaro, polaco y esloveno o los partidos de extrema derecha en Holanda, Suecia, Austria o Finlandia. En todos los casos se basaba en la manipulación de que alguien extraño al cuerpo de la nación, casi siempre los emigrantes, abusaba de los ciudadanos autóctonos. Un argumento, por cierto, que ya se utilizó en la Alemania nazi para deshacerse de los judíos y otras razas «inferiores». También en otras partes del mundo gobiernan partidos con un fuerte contenido nacionalpopulista, como en la Rusia de Putin, la Turquía de Erdogan o, hasta hace poco, el Brasil de Bolsonaro. En el caso de España diversos nacionalismos se alimentan mutuamente, como he sostenido desde hace muchos años y, así, el separatismo de algunos partidos catalanes, bajo el falso eslogan «España nos roba», ha facilitado el resurgimiento de un nacionalismo español en decadencia desde el final de la dictadura, con el partido VOX como expresión más acabada del mismo, al asumir rasgos de la derecha extrema.

Pero ¿a qué obedece este inquietante resurgir de los nacionalismos y populismos que habían sido vencidos tras el resultado de la IIª Guerra Mundial y el posterior proceso de construcción europea? Porque en

1945 lo que fue derrotado es el nacionalismo extremo –en forma de fascismos y nazismos– que había surgido con poderosa fuerza como consecuencia de los estragos de la Gran Guerra, de la posterior gran crisis del capitalismo y del pánico que suscitó, en sectores de la burguesía, el triunfo de la Revolución rusa y su posible extensión al conjunto de Europa. Esta es la razón por la que, al terminar la segunda catástrofe bélica del siglo, y con el fin de salvar el sistema de sus tendencias autodestructivas, se impusieron en lo económico las teorías keynesianas, con avances sociales, y en lo político el proyecto de unificación de Europa occidental. Hay que recordar que ya antes la izquierda, política o sindical, fue incapaz de evitar la masacre que supuso la guerra entre 1914 y 1918. A la postre se impuso la «unión sagrada» por encima de las solidaridades de clase o del puro sentido moral, y prevaleció un supuesto «interés nacional» que no era otra cosa que la ambición desatada de las potencias imperialistas que pugnaban por repartirse el ancho mundo, lideradas por una sarta de emperadores, reyes, zares, káiseres o sultanes sin escrúpulos.

De aquella experiencia tan trágica de la historia europea surgió la necesidad de superar de una vez los nacionalismos belicistas y caminar hacia una reconciliación de las naciones de Europa. Y de ahí emanó la fallida experiencia de la Sociedad de Naciones, de la que Estados Unidos se ausentó y que fue incapaz de frenar a los nuevos nacionalismos agresivos que surgieron en los años veinte y treinta del siglo pasado. La invasión de Abisinia por parte de la Italia fascista o la intervención descarada de la Alemania nazi y la Italia de Mussolini en la guerra de España fueron dos claros ejemplos del fracaso de aquel intento de resolver los contenciosos europeos por medios pacíficos. Una lección que pareció haberse aprendido cuando en 1957, después de diferentes ensayos y tanteos, un grupo de países, liderados por Francia y Alemania, firmaron el Tratado de Roma, iniciador del proceso de construcción europea. Una Unión Europea que, en el transcurso de estos últimos sesenta años, ha conseguido grandes avances en términos de integración monetaria –el euro y el Banco Central Europeo–, mercado interior, política agraria, comercial y en otros campos, pero que no es todavía una unión política, ni tan siquiera una unión económica y social.

Este proceso no solo estaba encaminado a cerrar el círculo infernal de las guerras civiles europeas –1870, 1914, 1939–, sino también a la recuperación de la economía capitalista, que exigía mercados más amplios y evitar las guerras comerciales que habían alimentado antaño los conflictos bélicos. Sin olvidar que una parte de Europa, la oriental, había quedado atrapada, como resultado de la IIª Guerra Mundial, en el mal llamado campo socialista, lo que se consideraba una amenaza para el conjunto del sistema de economía de mercado. Un proceso, en fin, de confluencia de la Europa occidental que se compadecía con las necesidades de nuevas fuerzas productivas y que, sin embargo, por paradójico que parezca, no encontró en todos los partidos de la izquierda el liderazgo y el impulso que habrían sido necesarios para acelerar el proceso en una dirección más social.

Es oportuno recordar las vacilaciones de la mayoría de los partidos comunistas respecto al proceso integrador, e incluso su oposición a él siguiendo el peregrino argumento de que la Comunidad Económica Europea (CEE) era un invento controlado por los «mercaderes» y el capital, como si en cada uno de los países que formaban dicho «invento» no dominaran los mismos poderes con los que había que lidiar en un caso y en el otro. Recuerdo que a principios de los años setenta escribí un artículo en la revista *Cuadernos para el Diálogo* señalando que el futuro de España estaba en la integración europea y que la izquierda debería apoyar dicho proceso, cuando todavía el PCE no había tomado posición al respecto, algo que haría a los pocos años en un sentido positivo. No obstante, en fechas más recientes todavía sectores de IU y de los comunistas españoles se opusieron al euro y, en general, los partidos a la «izquierda» del PSOE sostienen posturas a veces confusas respecto a la imprescindible integración europea. Posiciones equivalentes a las que han mantenido, durante años, el laborismo británico o sectores del socialismo francés, cuando este último hizo naufragar la nonata Constitución europea en el desgraciado referendo del 29 de mayo de 2005. Un proceso, pues, excesivamente lento en comparación con los cambios tecnológicos y los retos globales, en el que los partidos de la derecha, en especial los conservadores británicos, han puesto todo tipo de frenos y excepciones, mientras otras formaciones de la derecha se negaban a contemplar avances en las políticas sociales o fiscales.

Así pues, cuando en 2008 estalla la Gran Recesión en Estados Unidos, con el hundimiento de Lehman Brothers, que luego se extiende a la economía real y a los países europeos, la Unión no cuenta con los instrumentos adecuados para hacerle frente. Mientras que los norteamericanos reaccionaron con bastante rapidez y, al igual que en los años treinta del siglo pasado, inyectaron billones de dólares en el sistema con el fin de superar cuanto antes la recesión, en Europa las derechas alemana, holandesa y de otros países impusieron una política de austeridad, más allá de toda prudencia, que dañó a amplísimos sectores de la población, en especial a los de los países del sur de Europa. Esta es una de las razones de ese inquietante resurgir de los nacionalpopulismos, junto a un fenómeno migratorio al que después nos referiremos.

Como es obvio, esa tremenda crisis no cayó del cielo cual repentina tormenta de granizo: se empezó a gestar, en términos teóricos, con las elaboraciones de economistas neoliberales como Friedrich Hayek, Ludwig von Mises y Milton Friedman, de poderosos *think tanks*, universidades y medios de comunicación, sobre todo anglosajones, que lanzaron una fuerte ofensiva contra las ideas dominantes hasta ese momento, simbolizadas en el keynesianismo de la posguerra. La subida de Margaret Thatcher al poder en 1979, el Gobierno de Ronald Reagan entre 1981 y 1989 y el hundimiento de la URSS, a partir de la caída del Muro de Berlín en este último año, fueron momentos decisivos en el proceso que ha conducido a la situación actual. El largo periodo de dominio conservador en Gran Bretaña marcó el declive del laborismo y, sobre todo, de las *trade unions*, tras la derrota de la enconada huelga de los mineros británicos. No es casualidad que, coincidiendo con ese conjunto de acontecimientos, el economista norteamericano John Williamson, miembro del Instituto Peterson para Economía Internacional, lanzara el concepto del Consenso de Washington, que no era otra cosa que las políticas combinadas del Fondo Monetario Internacional, el Banco Mundial y el Tesoro de Estados Unidos con el fin de imponer el sistema neoliberal y darle la vuelta al resultado, mucho más social, surgido de la IIª Guerra Mundial. Una política que suponía la liberalización completa de los mercados, la privatización de empresas públicas, la desregulación financiera, la «disciplina fiscal», la reducción del gasto público, la rebaja de impuestos a los más pudientes y los recortes sociales, lo que conducía a achicar el sector público; es decir, una auténtica contrarreforma adversa a los intereses de los trabajadores y de las amplias mayorías. Una política que se impuso favorecida por el hundimiento del «comunismo», la hegemonía solitaria de Estados Unidos, el debilitamiento de los sindicatos, la desaparición de las experiencias «eurocomunistas» en algunos países de Europa occidental y el giro social-liberal de la socialdemocracia.

El resultado fue que, desde mediados de los años ochenta del siglo XX hasta finales de la primera década del siglo XXI (2008), la hegemonía de las ideas y de las políticas neoliberales fue completa. No solo en el terreno de la economía y de la política, sino también en el de la cultura, y en el de las concepciones sobre las personas, la sociedad y el Estado, incluidos los valores. Pues bien, de ese predominio absoluto y del subsiguiente debilitamiento de las políticas públicas y las solidaridades colectivas se nutrió la gran crisis, cuyos efectos todavía estamos padeciendo. Entre sus múltiples destrozos hay dos de relevancia y persistencia globales. De un lado, el crecimiento exponencial de la desigualdad en el reparto de la renta y de la riqueza en el interior de los respectivos países, y de otro, el continuo deterioro del medioambiente.

Este proceso, que desvela la naturaleza del capitalismo contemporáneo, se ha explayado en paralelo a un segundo drenaje o vaciamiento del Estado democrático, por medio de la crisis fiscal de este último, sobre todo en el caso de los países más vulnerables. Ha sido muy complicado ofrecer a este desarrollo del capitalismo una resistencia, a la postre, débil. Por una parte, el hundimiento del «socialismo real» eliminaba un obstáculo supuesto o real –el temor al «comunismo»– de los planes de desregulación, privatización, etc. No hay que olvidar que si bien los partidos comunistas ya eran débiles en Occidente a finales de los años ochenta, seguían manteniendo posiciones sólidas en algunos sindicatos. De otra parte, la socialdemocracia —en especial en Gran Bretaña, Alemania y Francia— fue incapaz de hacer frente a este tsunami neoliberal y, en algunos casos, adoptó o asimiló aspectos relevantes de las políticas económicas neoliberales, como en los casos de Schröder en Alemania o Blair en Inglaterra. Es cierto que fue la época en que se introdujo el euro, pero sin el necesario acompañamiento de políticas fiscales y sociales que previeran las consecuencias de una futura crisis económica. Por su parte, los sindicatos llegaron debilitados y en orden disperso a la crisis.

Ante esta calamitosa situación de desprotección y marginación en que se vio sumida una buena parte de la ciudadanía por los destrozos de las crisis del capitalismo, se han producido dos tipos de reacciones bastante clásicas. De un lado, el resurgir de un nacionalismo radical y, de otro, diversos tipos de populismos e incluso de ambos fenómenos mezclados. Un nacionalpopulismo de naturaleza defensiva, conservadora, reaccionaria, antiilustrada que, en algunos supuestos, adopta rasgos xenófobos de raigambre neofascista y supremacista. A partir del «America First» de Trump y del Brexit británico se han expandido como la lepra por el conjunto del viejo continente, impulsados por una viral manipulación del lenguaje y de la información en general. En este sentido se están lanzando falsedades de gran impacto, a través de medios y redes sociales, sobre los efectos perniciosos de la emigración sobre nuestras sociedades. En realidad, aunque se sostenga verbalmente lo contrario, estas corrientes de pensamiento son incompatibles con el europeísmo. Nacionalismo y europeísmo suponen una contradicción en sus términos, cuya razón es bastante clara.

Las grandes cuestiones que determinan todas las demás –es decir, la sostenibilidad del planeta, la revolución digital y sus efectos, las emigraciones, el control de las armas, el crimen organizado, la evasión fiscal, el mantenimiento del Estado social y el propio crecimiento económico– ya no pueden abordarse y encontrar una solución adecuada en el universo del Estado nación. Necesitan una proyección global y un espacio de resolución, como mínimo, a escala europea. Por eso es clave para el futuro de la democracia el que la UE se transforme en un sujeto político global, pues de lo contrario corremos el riesgo de retroceder en la integración económica y poner en riesgo todo lo avanzado hasta ahora. Por la misma razón, la gran adversaria del proceso hacia una federación europea, capaz de hacer frente a los retos actuales, son las posiciones de Trump y sus aliados en Estados Unidos, de Putin en Rusia y más cerca de nosotros la de todos los nacionalismos y populismos, de diverso pelaje, que pululan por Europa. Se puede afirmar, en este sentido, que hoy en día el nacionalismo es el opio del pueblo, en ocasiones entremezclado con diversas formas de religión, como ha demostrado la intervención de las Iglesias evangélicas en Estados Unidos y Brasil. La conclusión de todo ello es que el nacional-populismo se ha convertido en el enemigo principal para una unión política de Europa, que es la única forma de mantener, a medio y largo plazo, nuestro Estado social y de impedir que los grandes poderes económicos o tecnológicos vacíen de contenido la democracia.

No me cansaré de afirmar que, ante la globalización, debe haber una federación en España y en Europa. Trascender el espacio nacional es, hoy en día, una necesidad de la democracia y del avance social. Karl Marx, en *Las luchas de clases en Francia de 1848 a 1850*, afirmó que «conquistar el terreno europeo es lo único que puede lograr la transformación social». Por eso son falsas las teorías que sostienen que para propiciar el cambio social es necesario recuperar «soberanía». Quienes las defienden, a derecha o a izquierda, no se han percatado de que, con la mundialización, los conceptos de soberanía y nación han mutado y de que la única manera de apoyar el interés «nacional» es compartiendo soberanía, que no es lo mismo que cederla sin más. Otra cuestión es si esa manera de compartir es suficientemente democrática o no, que es uno de los debates actuales sobre la situación de la UE.

La izquierda y el derecho de autodeterminación

Desde el principio se sabía que el famoso «derecho a decidir» era un hábil eufemismo con el fin de enmascarar el inexistente, en las condiciones de un país democrático, derecho de autodeterminación de «los pueblos». Este tiene una larga historia que merece algunas reflexiones.

Es conocido que la socialdemocracia internacional ya en 1896, en un congreso celebrado en Londres, consideró y reconoció el derecho político a la independencia o secesión frente a la nación o imperio opresores. Este criterio lo adoptaron todos los partidos pertenecientes a la IIª Internacional, incluido el Partido Obrero Socialdemócrata de Rusia, del que emanaría el Partido Bolchevique de Lenin en 1918. Con el triunfo de la Revolución de 1917, la libre autodeterminación y la posibilidad de formar un Estado separado se recogieron en la Declaración de Derechos de los Pueblos de Rusia y, después, en la Constitución de la URSS de 1924. No obstante, los debates en la época para alcanzar esta posición no fueron nada pacíficos. Mientras Lenin, Kautsky entre los socialdemócratas, Trotski y Stalin defendieron con ardor la consigna autodeterminista –que, por cierto, no se permitió nunca en la Unión Soviética hasta la desintegración de la misma–, otros como Rosa Luxemburgo, Bujarin y los llamados bolcheviques de izquierda se opusieron con igual empeño. Los primeros argumentaban que el nacionalismo era una fuerza revolucionaria en la época de las colonias y de los imperios, que eran «cárceles de pueblos», mientras que los segundos sostenían que, en la era de los imperialismos modernos, era una antigualla defender las fronteras nacionales y, sobre todo, que el nacionalismo había estado en el origen de la espantosa guerra del 14, cuando incluso una parte de la izquierda había votado los créditos de guerra. Prevalecieron entonces las tesis de Lenin y de otros dirigentes de la izquierda, pues era cierto que la libre determinación tenía sentido en el proceso de descolonización e, igualmente, se compadecía con la independencia de naciones sojuzgadas por los imperios que fueron derrotados en aquella carnicería: el austrohúngaro, el de los zares, el otomano y el del káiser Guillermo. Quedaron en pie el británico y el francés, que se repartieron el mundo y perdurarían hasta los años sesenta del siglo XX. En el fondo, las teorías de Luxemburgo y Bujarin se compadecían más con las de Marx, que en su análisis del desarrollo del capitalismo veía más conveniente para la causa de los trabajadores la federación de las naciones, con el fin de lograr entidades políticas más fuertes. Los que defendieron esta postura fueron, sin duda, adelantados a su tiempo. Algo que les supuso, en ocasiones, acabar en la horca o fusilados.

Cuando concluyó la Gran Guerra, llegó a París el presidente estadounidense Woodrow Wilson con sus no menos famosos catorce puntos, entre los que se incluía el derecho de autodeterminación, sobre todo de las naciones que conformaban el Imperio de los Habsburgo. Wilson procedía de la tradición anticolonial de Estados Unidos, no le gustaban los imperios europeos y tampoco quería dejar esa bandera en manos de un bolchevique como Lenin. A París fueron en peregrinación todos los nacionalismos irredentos de diferentes continentes, con la finalidad de que el presidente norteamericano les diera su bendición. Aun así, se cuenta que cuando se trató el caso de Cataluña el presidente francés Clemenceau se limitó a decir «Pas de bêtises» («Nada de tonterías») y ahí acabó la discusión. El resultado de todo ello fue que el mapa de Europa quedó cual manta escocesa o zamorana y surgieron múltiples pequeñas naciones, que, en especial, en los Balcanes, fueron, con posterioridad, origen de innumerables conflictos bélicos.

En la actualidad, las condiciones han cambiado radicalmente y sería trágico que la izquierda no se diera cuenta de lo que eso significa. Comprendo que, a veces, no es fácil entender los vericuetos de la dialéctica de los procesos, pero este es un ejemplo de cómo un derecho progresista o liberador en una determinada fase histórica se puede transformar en su contrario en otra etapa diferente. Esta es la razón por la cual las Naciones Unidas –en la que no sé si abundan los dialécticos– han concretado su doctrina sobre este tema para señalar que debe respetarse la libre determinación solo en los casos de dominio colonial o en supuestos de opresión, persecución o discriminación, pero en ningún caso para quebrantar la unidad nacional en países democráticos. Recientemente, una sentencia del Tribunal Supremo de Gran Bretaña ha zanjado esta cuestión respecto al caso de Escocia. En ella se ha concluido que los escoceses no gozan del derecho a realizar un referendo de autodeterminación sin el consentimiento del Parlamento británico, al tiempo que se recoge la doctrina de las Naciones Unidas ya mencionada. Tampoco la Constitución española reconoce este supuesto derecho, en ninguna de sus formas. La invocación que hacen algunos del artículo 92 de la Constitución no tiene fundamento para el supuesto de una opción de secesión, pues no se trataría «de una decisión política de especial trascendencia», sino de una modificación sustancial del artículo 2 de la Constitución, que tiene procesos de reforma específicos.

En las condiciones creadas por la mundialización, con mercados y multinacionales globales, inmersos en la revolución digital, cuando ya no existen situaciones coloniales clásicas generalizadas, ni imperios que son «cárceles de pueblos», el derecho de autodeterminación es una reivindicación reaccionaria, impropia de partidos o sindicatos de izquierda. Todavía más involucionista si cabe en el caso de los países pertenecientes a la Unión Europea, inmersos en un proceso de integración cada vez mayor, imprescindible para poder medirse, desde la democracia, con los grandes poderes económicos y tecnológicos. Una transformación de las actuales regiones o autonomías en Estados independientes haría inviable el futuro de una unión política de Europa.

Es verdad que durante el periodo de los movimientos anticoloniales –véase la posición contra la guerra de África del PSOE de Iglesias– o durante la última dictadura franquista, la reivindicación de la libre autodeterminación tenía un sentido y así se recogía en los programas de los partidos y sindicatos de izquierda españoles; eso sí, siempre en aquel contexto y supeditado a la unidad de los trabajadores. Pero en condiciones de democracia, en la mundialización y la construcción europea no hay nada más contrario a los intereses de los trabajadores que romper un país. Como ya hemos señalado, es un acto profundamente insolidario –en especial cuando los que quieren llevarlo adelante se encuentran entre los más ricos–, divide a los sindicatos, quiebra la caja única de la seguridad social, garantía de las pensiones, y fractura la unidad de los convenios colectivos y el sistema de relaciones laborales, en un espacio de mercado único que de quebrarse dejaría a la intemperie a trabajadores y empresas. En consecuencia, los partidos y sindicatos de izquierda deberían revisar esta cuestión, superar viejas inercias y concluir que, en las condiciones actuales, lo que antaño era progresista hogaño es retrógrado y antisocial, propio de fuerzas nacionalistas radicales y populistas que no tienen nada que ver con los intereses de las mayorías sociales.

Nota sobre Marx y los nacionalismos

Resumir en unas líneas el pensamiento de Karl Marx sobre la cuestión nacional no es tarea sencilla. Dejó escrito bastante sobre el tema, no siempre en la misma dirección, aunque manteniendo una coherencia interna derivada de su pensamiento siempre dialéctico. Para Marx –y no solo para él– la nación y el nacionalismo son una creación de la burguesía, en especial a partir de la Revolución francesa, durante su lucha por acabar con el Antiguo Régimen (que era un freno para el desarrollo de las fuerzas productivas) y, al tiempo, controlar un mercado. Por añadidura, el nacionalismo, como ideología de la burguesía, servía para alcanzar la hegemonía en la sociedad en su conjunto, incluidos los trabajadores. Poner la identidad nacional por encima de la identidad de clase permitía hacer frente al creciente internacionalismo proletario y arrastrar a este último, en su caso, a las guerras coloniales o de otra naturaleza, como sucedió más tarde. En este sentido, tanto Marx como Engels y otros teóricos del socialismo (Kautsky o Jaurès) eran claramente internacionalistas, como expresaron en la famosa divisa del *Manifiesto comunista*: «Proletarios del mundo, uníos». Consecuentes con este pensamiento, contribuyeron a crear y extender la Asociación Internacional de los Trabajadores como instrumento teórico y de lucha contra la burguesía capitalista.

Lo expresado con anterioridad no es óbice para afirmar que, según Marx, el nacionalismo podía ser, en ciertas circunstancias históricas, una fuerza revolucionaria útil para acabar con el sistema feudal y con el dominio de la aristocracia, que era un orden social caduco y que frenaba el progreso económico y social. No conviene olvidar que Marx siempre vio en el desarrollo económico capitalista un fenómeno positivo y necesario, sin el cual era inviable que se crearan las condiciones imprescindibles para transitar hacia un sistema superior —en este caso el socialismo— liderado por el proletariado. Creer que porque un país esté dirigido por un partido comunista o socialista durante años ya se puede considerar socialista no es solo una ingenuidad, sino también un serio error teórico y político. El error histórico en algunas experiencias europeas y latinoamericanas es la pretensión de pasar del subdesarrollo precapitalista –y en algún caso semifeudal– al «socialismo», sin previamente desarrollar fuerzas productivas basadas en el capital. Es decir, confundir un nuevo sistema social con el hecho de que el poder lo ejerza un determinado partido cuyo nombre coincide con ese sistema. Por eso Marx valoró mucho la labor de una burguesía revolucionaria en su tarea de acabar con las viejas formas de producción, las jerarquías y las costumbres del Antiguo Régimen. Y esa labor la desarrolló la burguesía a un nivel nacional.

Ahora bien, Marx no se equivocaba y pensaba que los trabajadores y sus partidos siempre tenían que abordar la cuestión nacional desde una óptica de clase. Ello quería decir que la clase obrera debía mantenerse en todo momento autónoma de la burguesía, sin dejarse arrastrar por sus postulados, y, en todo caso, liderar esa lucha por la independencia en aquellos supuestos de opresión nacional. Ejemplo máximo de lo que decimos, en la época contemporánea, es la lucha del Partido Comunista de Vietnam contra el dominio colonial francés y, después, frente al imperialismo norteamericano. De ahí que en el *Manifiesto comunista* se afirme que «por su forma, no por su contenido, la lucha del proletariado contra la burguesía empieza siendo nacional». Esta tesis tiene lógica por cuanto el marco de la lucha de clases de entonces era, en esencia, nacional. Subrayo lo de «entonces» porque hoy en día esto ha cambiado por completo y el espacio del capitalismo actual ha dejado de ser esencialmente nacional para transformarse en global o, como mínimo, europeo, lo que no quiere decir que no queden residuos nacionales. Estoy seguro de que si Marx viviera habría analizado la nueva situación y sacado las pertinentes conclusiones. Tanto es así que en un pasaje de su obra *La lucha de clases en Francia* escribe lo siguiente: «La Revolución francesa se verá obligada a abandonar inmediatamente el terreno nacional y a conquistar el terreno europeo, el único en que puede llevarse a cabo la revolución social del siglo XIX». Si esto era así ya en el siglo XIX, con mucha más razón lo será en el siglo XXI. Precisamente por no hacer caso a la sabia reflexión del pensador de Tréveris fracasaron las revoluciones europeas del siglo XX, hasta el punto de que se transformaron en su contrario, pues los países supuestamente «socialistas» de Europa eran los menos desarrollados de la Unión Europea. El mayor de todos los fracasos tuvo su origen en pensar que se podía hacer la revolución socialista «en un solo país» y, además, en uno de los más atrasados del continente, como era la Rusia de los zares.

Afirmo lo anterior porque Marx, teniendo claro que el nacionalismo es una ideología de la burguesía y que la clase trabajadora no debe dejarse arrastrar por ella, sino mantener su carácter internacionalista, analiza siempre cada situación concreta en función de los intereses de clase. Esto explica, por ejemplo, su apoyo a la lucha de los irlandeses contra la opresión británica, cuya burguesía era el enemigo principal de los trabajadores en aquel momento; defiende, igualmente, la lucha del pueblo polaco por su derecho a unirse en una nación frente al imperio de los zares, opresor de los pueblos. Con una visión certera, sostiene que Irlanda, una vez liberada, podría federarse voluntariamente con Inglaterra e insistía en la conveniencia de este tipo de relación en pie de igualdad, una situación que se podría haber producido en la Unión Europea si los conservadores británicos no hubieran cometido la estupidez de abandonarla. La razón por la cual Marx dio tanta importancia a la cuestión irlandesa radicaba en que entendía que su independencia sería un golpe al poder de las clases dominantes británicas e Inglaterra era el país más maduro para una revolución social, por su avanzada industrialización y por contar con una clase obrera abundante. Es evidente que el gran teórico pecaba de exceso de optimismo.

En conclusión, para Marx el nacionalismo, como ideología de la burguesía, es un instrumento de su dominio que diluye los intereses de clase de los trabajadores, los divide y enfrenta, y supone un obstáculo para un internacionalismo solidario efectivo. Hoy en día, en la era de la globalización y de la revolución digital, con el dominio del capital financiero mundial y de las multinacionales, esta visión internacionalista de Marx es francamente útil, obviamente puesta al día desde las actuales circunstancias. Pero si en todas las épocas el nacionalismo, con alguna excepción, ha sido un adversario de los trabajadores, hoy, que vemos cómo en nuestro país y en el conjunto de Europa hay fuerzas que se dejan arrastrar por el mismo, lo es más que nunca. Convendría que se volviera a leer a Marx, aunque solo fuera de vez en cuando.

¿Por qué un federalismo social?

Siempre que la democracia se ha abierto camino en España ha tendido a fórmulas federativas de organización del Estado, mientras que con las dictaduras se ha impuesto el centralismo más estrecho. Aparte de la malograda Iª República Federal, desquiciada por propios y extraños, la Constitución de la IIª República, a pesar de su definición como «Estado integral» –no iba a decir Estado «desintegrado»–, estableció la autonomía de municipios y regiones. Autonomía que se plasmó en los Estatutos de Cataluña y el País Vasco, y en los nonatos de Galicia y Andalucía, debido al inicio de la Guerra Civil. Es probable que hubieran surgido otros –por ejemplo, hubo un proyecto para el de Extremadura– si la República hubiera sobrevivido. En el fondo, el federalismo es la forma más natural de nuestro Estado, pues somos un país plural en su unidad, con lenguas, culturas, derechos e instituciones diversos dentro de una historia común. Tan común que cuando en España hay democracia o dictadura, monarquía o república, la hay en todos los territorios, por mucho que se empeñen algunos en verlo diferente en sus fantasías secesionistas. Incluso cuando se ha pretendido una vida aparte aprovechando el final de las guerras europeas, tanto en la Iª como en la IIª, el envite no encontró el más mínimo eco en las potencias decisoras. Por cierto, tampoco consiguió el famoso «procés» el más mínimo apoyo en ninguno de los países de la Unión Europea... ni del ancho mundo, aunque ahora se hable de Rusia.

En la Constitución de 1978, con la forma estatal de monarquía parlamentaria, acordamos lo que se ha llamado el Estado de las autonomías, con nacionalidades –«condición y carácter peculiar de los pueblos e individuos de una nación», según definición de la RAE– y regiones, y los estatutos se extendieron a todas ellas. Supuso un avance histórico de descentralización del poder político, que la doctrina ha llegado a calificar de «cuasi federal». Pero en la política, como en la vida, no se puede ser siempre «cuasi algo» sin pagar por ello un precio. Se les ha dicho a los ciudadanos que no hay diferencia entre la autonomía y la federación, y esto no es verdad. ¿Cómo podría serlo con el Senado que tenemos, muy lejos de la cámara territorial que ordena el artículo 69.1 de la Constitución? ¿Cómo va a ser cierto con el barullo competencial que arrastramos y el descontento general sobre el sistema de financiación? No tenemos, para determinados temas territoriales importantes, instituciones que permitan la deliberación, la coordinación y la decisión comunes, lo que produce un efecto perverso agravado con el paso del tiempo. Esa perversidad consiste en que, ante la carencia de instituciones efectivas de composición de la voluntad colectiva entre el Gobierno de la Nación y las diferentes comunidades políticas, estas últimas tienden, inexorablemente, a establecer una relación «bilateral» con el Gobierno central, con el fin de sacar adelante sus pretensiones: es decir, el «¿qué hay de lo mío?» –ya sea en lo referente a un AVE, una mejor financiación, una «deuda histórica» o el traspaso de competencias–. La posibilidad de éxito de esas demandas depende muchas veces de la necesidad que tenga el gobierno de turno de los votos de los diputados de dicha comunidad autónoma. De esta suerte, aparte de los partidos nacionalistas tradicionales, han surgido como setas formaciones políticas, más o menos nacionalistas o regionalistas, que en determinadas ocasiones son imprescindibles para la necesaria gobernación del país y que, como es lógico, solicitan un particular peaje por sus votos. Es decir, hay quien se opone a culminar el Estado autonómico en un modelo federal y no se da cuenta de que estamos cayendo en una especie de «bilateralismo confederal», que genera desigualdades y no pocos desbarajustes. Sería conveniente que las fuerzas de centroderecha se convencieran de que la mejor forma de mantener la cohesión territorial y evitar desviaciones «confederales» es profundizar en formas federales de funcionamiento y acabar convirtiendo el Senado en una auténtica cámara territorial federal.

Han transcurrido cuarenta y cinco años desde que se aprobó la Constitución de 1978 y demasiadas cosas han cambiado: pertenecemos a la UE, algo que ni tan siquiera se menciona en la Constitución; hemos construido el Estado del bienestar, cuyas principales competencias corresponden a las comunidades autónomas; la revolución femenina es un hecho transformador; la globalización se ha acelerado y no tener en cuenta sus efectos es no saber en qué mundo se vive; la revolución digital lo cambia todo en todos los aspectos, incluido el de los derechos; han surgido de la crisis económica y la desigualdad amenazas en forma de nacionalismos, populismos y antieuropeísmos que se extienden como la lepra por todo el continente. ¿Cómo podemos quedarnos estáticos? La Constitución del 78 es lo mejor que hemos hecho en nuestra historia y sigue siendo válida en lo fundamental, pero conviene ponerla al día si no queremos colocarla en estado de riesgo.

La fortaleza del Estado depende, en esencia, de la cohesión social y territorial, que son, en mi opinión, inseparables. Ambas son las que hacen fuertes a las instituciones al lograr una sólida adhesión de la ciudadanía a las mismas. Reconozcamos que, hoy por hoy, no pasan por su mejor momento. Abordar una reforma parcial de nuestra Constitución –y no un proceso constituyente inconveniente e inviable– en esos dos asuntos tan determinantes sería lo más necesario y prudente. Culminar nuestras autonomías en un federalismo basado en los principios de cooperación, lealtad institucional, solidaridad, unidad y pluralismo fortalecería nuestra democracia. Un federalismo social que debería otorgar a ciertos bienes públicos como la sanidad, las pensiones o la vivienda en determinadas circunstancias las mismas garantías de las que gozan hoy los derechos fundamentales. Un federalismo insertado en una UE abocada a federarse si quiere afrontar con éxito las actuales amenazas disolventes. Un peligro, por cierto, que, o abordamos con una mayor unión política, o se pondrán en cuestión, como ya está sucediendo, los avances logrados en la integración económica.

Resulta un argumento estulto afirmar que para esta operación política se necesita un consenso que hoy no existe y que, además, los partidos secesionistas no se conformarían con una reforma de este tenor. Se olvida que el consenso no es el punto de partida sino el producto del diálogo y la negociación, de la relación de fuerzas y de la necesidad, cuando las demás opciones son peores. ¿Alguien cree que la Constitución del 78 fue producto de un consenso previo? Además, la reforma que se propone no obedece a la presión del fenómeno secesionista, sino a una necesidad nacional. Sin embargo, es más que probable que una parte de los que hoy pregonan la independencia apoyarían un proyecto en común más social y más federal, sobre todo si se crean espacios más eficaces de participación de las comunidades autónomas en los asuntos europeos. También se argumenta que, con el ambiente actual de enfrentamiento entre los partidos e incluso con fuerzas que de un lado y de otro –nacionalismos de diverso pelaje– plantean la ruptura constitucional, no parece lo más realista pretender avanzar en un sentido federal. La tentación sería ampararse en el popular «Virgencita, que me quede como estoy». Craso error, pues precisamente por esas tensiones y amenazas es más necesario que nunca abordar las reformas que corrijan las disfunciones actuales y así fortalecer nuestro Estado. Ello contribuiría también a renovar el pacto constitucional con la participación de las jóvenes generaciones que no tuvieron ocasión de votar la Constitución de 1978.

Quizá lo más arduo de la tarea sea crear un estado de opinión favorable a los cambios que acabe transformándose en un movimiento ciudadano facilitador del necesario consenso. Hay que ser siempre consciente de que una reforma de la Constitución debe de ser obra de amplios acuerdos entre diferentes fuerzas políticas y con la ciudadanía. Pienso que vale la pena intentarlo.

El Estado hispanoeuropeo o eurohispano

Creo que es opinión compartida que nuestras instituciones no pasan por su mejor momento. Y el prestigio de estas, junto con la cohesión social y la territorial, forman la trinidad de la fortaleza del Estado democrático. Los ciudadanos se identifican con él cuando esas fortalezas se hacen presentes, y no como antes, en que se sentían, en demasiadas ocasiones, abandonados a su suerte. Prestigiar las instituciones no es cosa sencilla o tarea de un solo partido, ni algo que se logre de un día para otro. Significa abordar reformas de calado que afectan a los diferentes poderes del Estado: Parlamento, Gobierno, autonomías, ayuntamientos, judicatura y órganos de control, al funcionamiento de los partidos políticos en su relación con los ciudadanos, a la separación entre el interés público y el privado, a las medidas eficaces contra la corrupción, a la propia ley electoral o a una de las más relevantes, la equidad en el reparto de las cargas fiscales. Todas o parte de estas cuestiones exigían grandes acuerdos entre los partidos políticos y las fuerzas sociales, pues inciden en cuestiones que necesitan consensos, como sucede con todo aquello que afecta al funcionamiento de la democracia.

Como ya mencionamos, los problemas de la articulación de nuestro Estado autonómico se complicaron hasta extremos desconocidos en el pasado. Tampoco la conformación del Estado español fue tarea fácil, algo que puede entenderse con un conocimiento adecuado de nuestra historia: tras cuatro guerras civiles y dos dictaduras en el espacio de un siglo, lo cierto es que con el éxito de la Transición y la aprobación de la Constitución del 78 parecía que era una cuestión satisfactoriamente resuelta. Por desgracia no ha sido así. El que en dos territorios tan importantes como Cataluña y Euskadi, y en menor medida en Galicia, hubiera entre un 30 y un 45 % de ciudadanos que deseaban separarse de España y que una mayoría equivalente desease ejercer el llamado derecho de autodeterminación indicaba, sin lugar a dudas, que teníamos, y quizá sigamos teniendo, menos agudizado, un problema político muy serio. Y como tal problema político tenemos que abordarlo desde la racionalidad y la sensatez, con diálogo, argumentos y soluciones claras. Entre estas iluminaciones conviene tener en cuenta, como vengo diciendo desde hace tiempo, que el Estado nación llamado España ya no es el mismo que conocimos antaño. Hoy en día, con el proceso de integración europea, compartimos aspectos sustanciales y crecientes de soberanía con otros países, lo que significa que nuestro Estado ha sufrido una cierta mutación hasta el punto de que podría calificarse de Estado «hispanoeuropeo» o «eurohispano». Conviene tener en cuenta este aspecto al abordar las reformas necesarias y tomar decisiones, pues no vivimos aislados sino dentro de la UE y sometidos a sus leyes.

Una de las consecuencias que puede acarrear ignorarlo es que la cuestión que afecta a la unidad de cualquier país de la Unión incide en todo el conjunto. Así, «desconectar» de España, por ejemplo, implica desconectar de la Unión Europea. Que esta evidencia sea comprendida o no por los independentistas, de uno u otro lugar, por interés o por ignorancia, es su problema, pero lo cierto es que, al margen de lo anterior, sería conveniente reformar el Título VIII de nuestra Constitución, pues no se puede ocultar que existe un «malestar territorial». Estos asuntos afectan a la distribución de las competencias entre la Administración central y las comunidades autónomas; al tratamiento de la fiscalidad, a la solidaridad interterritorial, a la inaplazable reforma del Senado, a la participación de las comunidades políticas en asuntos del Gobierno central, en especial en los temas europeos, que deben ser dialogados, consensuados y reformados si no queremos acabar como don Tancredo, esperando que los problemas se pudran sin ponerles remedio. No es sensato pensar que estas cuestiones tan principales, que inciden en nuestra Constitución, puedan resolverse al margen de grandes consensos parecidos a los de 1978. En este sentido conviene tener en cuenta que la Constitución de 1978 tuvo una aprobación muy amplia en el conjunto de España y en cada uno de sus territorios, con excepción de alguna provincia del País Vasco. En consecuencia, sería conveniente que cualquier reforma futura de la Constitución fuese aprobada por una mayoría similar en el conjunto de España y en cada uno de sus territorios.

6. LA FUNCIÓN ESENCIAL DE LOS SINDICATOS

Si tuviera que resumir en pocas palabras lo que necesitarían los sindicatos en la época de la globalización digital, lo haría así: internacionalizar, europeizar, digitalizar, democratizar, rejuvenecer, formar, sociopolitizar, organizar y movilizar.

En mi opinión, cualquier reflexión sobre nuevas estrategias sindicales, en línea con una profunda reforma de los mismos, debería partir de un análisis riguroso de la naturaleza actual del capitalismo, de lo que se ha venido a llamar «globalización» o «mundialización», y a lo que hemos dedicado abundante atención en este ensayo. El capitalismo, especialmente el financiero, se expande como el universo, mientras que el sindicalismo, salvo excepciones, se localiza y nacionaliza, en una típica posición defensiva ante las grandes transformaciones en curso. La globalización es un fenómeno objetivo cuya causa está en las revoluciones tecnológicas y en la tendencia natural del capital a concentrarse y abarcar nuevos mercados. Por eso, cuando en los oscuros momentos de la epidemia de covid-19 algunos intelectuales anunciaron, con precipitación, el final de la globalización y el regreso a lo «local», se equivocaban. Aparte de que lo local y lo global no son antitéticos, pues cada uno tiene su espacio adecuado, si algo ha demostrado esta terrible pandemia es que no hay soluciones nacionales o locales a problemas globales. Otra cuestión diferente es que ante una amenaza mortal se desaten los pánicos, los egoísmos insolidarios y tendamos a encerrarnos en el «letal» sálvese quien pueda. Pero esa reacción negativa no evita que el problema siga siendo global, sino que, por el contrario, lo agrava.

No me cansaré de repetir que una cosa es la mundialización en sí misma y otra, bien diferente, el sentido que ha tomado la actual globalización neoliberal. Combatir esta segunda tendencia no significa negar o liquidar la primera, sino todo lo contrario. Sería realmente nefasto que el movimiento sindical no entendiese esta diferencia. No consiste, por lo tanto, en luchar *contra* la globalización, algo que es esfuerzo inútil, sino en organizarse y luchar *en* ella para cambiar la dirección de la misma. Se trata de un nuevo, relativamente hablando, espacio de la lucha de clases y, o se juega en él, o se tiene poco que hacer para cambiar de verdad la realidad que nos aplasta. Esto ha sido así siempre, pero ahora más que nunca y, además, a un nuevo nivel. Por eso, lo primero que convendría hacer es elaborar una nueva concepción del internacionalismo, acorde con los tiempos actuales. Habría que empezar por «regionalizar» el concepto, lo que nos conduciría, como luego veremos, a la cuestión europea.

Hay que ser conscientes, en los tiempos que corren, de que no es fácil poner en pie un movimiento sindical mundial operativo, es decir, capaz de incidir realmente en los acontecimientos que afectan al mundo del trabajo. El desigual desarrollo del capitalismo siempre ha complicado este loable empeño. Establecer objetivos comunes, aunque sean mínimos, entre los trabajadores de China, la India, Nigeria, Brasil o Europa no es tarea sencilla, pero sí muy necesaria. Aunque en teoría parezca que sus intereses sean los mismos, en la práctica las contradicciones afloran a poco que se ahonde en la realidad de cada uno. Por ejemplo, los salarios más bajos y la carencia de derechos sociales que existen en muchos países subdesarrollados han contribuido a trasladar multitud de manufacturas a esas naciones –especialmente China– hasta convertirlos en la gran fábrica del mundo. Para los trabajadores de esos países este proceso ha sido esencial para ir saliendo de la pobreza extrema, un fenómeno positivo desde el punto de vista de la humanidad en su conjunto, pero que obviamente ha creado dificultades en otras áreas del mundo.

De otra parte, uno de los principales obstáculos para alcanzar una coordinación operativa global del movimiento sindical es que no en todas las naciones existen sindicatos libres e independientes de los poderes políticos o empresariales. En unos casos debido al atraso económico –carencia del tejido empresarial necesario– y, en otros, porque al no existir instituciones democráticas tampoco se reconoce plenamente la libertad sindical. En un informe de 2008 de la Organización Internacional del Trabajo (OIT) se puede comprobar que por aquellos años todavía había más de treinta países que no habían ratificado los Convenios 87 y 98 de dicho organismo, referidos a la libertad sindical y al derecho a la negociación colectiva. Lo preocupante es que entre los que no los habían ratificado se encontraban Estados Unidos, China, la India, Brasil e Irán. Con buen criterio este organismo de las Naciones Unidas advertía, en su informe, que una cosa era reconocer la libertad sindical o el derecho a la negociación colectiva y otra, bastante diferente, respetarlos en la práctica. En el año de referencia se habían abierto expedientes por infracción de derechos a 82 países, el 61 % en las Américas y el 15 % en Asia. Las causas pueden ustedes imaginarlas: discriminación sindical, negación de derechos civiles, violación del derecho de huelga, prohibición de la negociación colectiva, etc.

Otra cuestión que se puede constatar en el informe es que el nivel de afiliación a los sindicatos es muy desigual según los países. De los 92 países estudiados, 48 estaban por debajo del 20 % de la fuerza laboral. En un reciente informe de la OCDE se afirma que la tasa de afiliación media entre los años 1985 y 2018 ha pasado del 30 % al 16 %. En el caso de España debemos estar, en estos momentos, algo por encima del 20 %.

En un informe de la OIT de 2019, la tasa de afiliación en el mundo había descendido aún más. De 138 países analizados, 82 apenas alcanzaban el 20 % y solo 12 superaban el 40 %. En un estudio de la Fundación 1.º de mayo de CC. OO. de 2019 cuyo significativo título era «Un futuro sombrío», sobre la afiliación sindical en Europa, se constataba que esta seguía descendiendo, salvo algunas excepciones. Se había reducido en todos los países excepto en España, Francia, Bélgica, Noruega e Italia. Los Estados nórdicos son los que cuentan con tasas más altas de afiliados: Dinamarca y Suecia, el 67 %; Finlandia, el 64 %. Luego ya vienen Italia con el 34 %; Alemania con el 17 %; Reino Unido con el 23 %; España con el 14 %, y Francia con el 8 %, según las cifras de OIT.

En las naciones que pertenecieron al fenecido campo socialista el descenso ha sido brutal, y la tasa se sitúa siempre por debajo del 20 %. Sin embargo, en el significativo dato sobre la tasa de cobertura de la negociación colectiva, el resultado es el siguiente: países nórdicos, del 75 al 95 %; Países Bajos, 84 %; España, 87 %; Francia, 98 %; Italia, 80 %; Alemania, 58 %; países de Europa oriental, menos del 40 %. En el caso de España es digna de destacar la posición de los sindicatos en la Constitución. No solo ocupan un lugar preferente, en el artículo 7, dentro del título preliminar, sino que, además, el artículo 37 establece la «fuerza vinculante de los convenios», lo que otorga a los actores sociales una suerte de «poder legislativo» sobre las condiciones de trabajo. Esto explica que, pese a ser la afiliación baja, la representatividad y la capacidad de negociación son muy altas. En todos los casos se advierte un envejecimiento de la población sindicada y una escasez de personal joven.

Con el fin de avanzar en el reconocimiento de los derechos sindicales se debería batallar para que en los tratados comerciales y acuerdos de cooperación se incluyeran cláusulas específicas sobre el respeto de los derechos humanos en general y los sindicales en particular. Además, una forma concreta de ir progresando en la deseada colaboración de las organizaciones obreras sería extender, como ya se hace en parte, la internacionalización del movimiento sindical. La Confederación Europea de Sindicatos, a la que ya hemos hecho referencia en este ensayo, es un ejemplo de esta cooperación. No obstante, por la forma en cómo actúan los Estados nacionales y las grandes corporaciones no estaría de más intentar crear plataformas flexibles formadas por los sindicatos más importantes, por ejemplo, de los países del G20, o entre las grandes naciones de la UE. Unas centrales sindicales que podrían reunirse periódicamente, coincidiendo o no con los encuentros de los Estados, con la finalidad de debatir y tomar acuerdos sobre las cuestiones relevantes que afectan al conjunto de los trabajadores a nivel europeo o mundial. Desde luego, una manera de contribuir a la necesaria unidad de acción sindical sería extender la creación de comités o consejos sindicales mundiales, que ya funcionan en algunas empresas multinacionales, a todas aquellas que superen un determinado tamaño.

Hoy en día, el movimiento sindical se divide en dos grandes centrales mundiales: la Confederación Sindical Internacional (CSI) y la Federación Sindical Mundial (FSM). La primera cuenta con unos 190 millones de afiliados y presencia en 167 países. La segunda declara unos 92 millones de adherentes en 126 países. La CSI es el resultado de la fusión en 2006 de la antigua CIOSL, de inspiración socialdemócrata, y la CMT, de origen cristiano, mientras en la FSM han continuado los sindicatos de los países «comunistas», entre ellos China, Vietnam, Cuba o algunos de la India. En ambos casos son organizaciones con millones de afiliados, cuyas asociaciones nacionales realizan una labor insustituible y meritoria en sus países respectivos, pero en el ámbito internacional su eficacia a la hora de la movilización es bien escasa, por no decir nula. Celebran grandes congresos, publican interesantes informes y toman posiciones de denuncia ante las violaciones de los derechos sindicales, pero no acaban de ser capaces de realizar campañas de movilización mundiales que incidan en la actual globalización neoliberal. Pensando en términos generales, no deberíamos olvidar que si la población laboral del mundo es de unos 2.500 millones de trabajadores, 750 millones son chinos y 500 millones indios, es decir el 50% del total. Me da la impresión de que una parte relevante del futuro dependerá de lo que ocurra en esas dos naciones.

La segunda gran transformación ha sido el nacimiento y desarrollo de la Unión Europea, el verdadero nuevo marco concreto de la acción sindical. No se puede establecer una renovada estrategia sindical sin tener en cuenta lo que significa e influye la existencia de la Unión Europea en las decisiones económicas y sociales de cada país miembro. Es el segundo espacio, inseparable del nacional, donde se dirimen los intereses de los trabajadores. Solo hay que pensar en que alrededor del 60% de las cuestiones que nos afectan se deciden en las instituciones europeas. En otra parte de este ensayo he defendido que, en las actuales circunstancias, el mantenimiento y la mejora del Estado del bienestar solamente se pueden conseguir en el espacio de la Unión Europa. Esto vamos a comprobarlo, por desgracia, cuando se tengan que afrontar los destrozos económicos y sociales que dejó la crisis del coronavirus. Y esta batalla únicamente tendrá posibilidades de éxito si se construye un auténtico sindicalismo europeo operativo, no solo hecho de comunicados, reuniones o congresos.

Son conocidos los obstáculos y las dificultades para alcanzar este objetivo. En mi opinión, la razón del impedimento obedece a ese carácter excesivamente «nacional» que ha tomado el sindicalismo europeo, y me temo que buena parte de la mentalidad de los trabajadores. El hecho de que, en la crisis de 2008, el 90% de los alemanes no deseasen seguir solidarizándose con los griegos o la incapacidad por parte de la CES de levantar una acción eficaz de solidaridad con los trabajadores de los países más golpeados por la crisis dice mucho de los obstáculos que hay que vencer. A veces tengo dudas de que sea posible crear un sindicalismo europeo realmente operativo sobre la actual dinámica de la CES sin abordar, previamente, algunas reformas que la pongan al día. Quizá sería interesante que los sindicatos más importantes se pusiesen de acuerdo y tomasen iniciativas concretas que luego se pudiesen trasladar al conjunto del movimiento. Es lo que hacen, sin ir más lejos, los estados a nivel político, y es lo que funciona. Creo que este es el punto más débil del sindicalismo en estos momentos. Ya no se trata, exactamente, de un «internacionalismo» a la antigua usanza. El hecho real es que se ha producido una auténtica mutación en las esferas de la economía y de la política, así que o el movimiento sindical crea instrumentos de organización, acción y negociación en esa nueva esfera de confrontación o composición de intereses, o queda fuera de juego. La mayoría de las cuestiones que conforman el contenido de lo que hemos llamado «lo sociopolítico» en la acción sindical no tienen vía de realización si no se imbrican también en una acción a nivel europeo. El que las cuestiones fiscales y sociales queden fuera de las competencias de la Unión siega la hierba debajo de los pies de los trabajadores y les obstaculiza en extremo una acción eficaz también en el espacio nacional. Resulta muy complicado, por no decir inviable, conseguir una orientación inclusiva y justa de la actual mundialización si no empezamos por una actuación eficiente en Europa.

No sé si todo el movimiento sindical ha analizado las consecuencias de lo que está significando la revolución que supone pasar del paradigma analógico al digital. Esto conlleva transformaciones muy serias en las formas de educarse, trabajar, producir, consumir, distribuir, pensar y comunicarse. Hay estudios que señalan que el 47 % de los actuales puestos de trabajo en Estados Unidos están en riesgo de desaparecer a causa de las revoluciones tecnológicas. Me consta que, en sindicatos de algunos países como España e Italia, se está estudiando, en su terreno, cómo afecta todo esto a la composición de la clase obrera, a sus formas de trabajar, organizarse y enfrentarse al conflicto social. En este sentido se plantea la necesidad de digitalizar los sindicatos, hacia el interior y hacia el exterior. Hoy no tiene sentido que los dirigentes sindicales no estén conectados permanentemente con los cuadros y delegados a través de los artefactos modernos, cuestión que no es contradictoria con seguir manteniendo la relación personal por medio de las reuniones y las asambleas.

Es un tema pacífico que la revolución digital está transformando el trabajo en sí y la forma de trabajar, como también lo cambió, en su día, la Revolución Industrial. La manera de formarnos, de producir o consumir, y de relacionarnos está sufriendo metamorfosis aceleradas de gran alcance. Lógicamente, y por el principio del «desarrollo desigual», con esta digitalización coexisten –y lo harán durante mucho tiempo– sectores productivos que siguen pautas tradicionales o analógicas. El sindicalismo, como es natural, tiene que atender ambas realidades, pues en las dos están en juego los intereses de los trabajadores. Pero no cabe duda de que si el sistema productivo, y la sociedad en su conjunto, están sumergidos en un proceso de profundas transformaciones, los sindicatos deberían, igualmente, afrontar serias y urgentes mudanzas: cambios en los contenidos reivindicativos en la negociación de los convenios; en las formas de organizar a los trabajadores y en los mecanismos de la acción sindical.

En la fase actual del capitalismo de la revolución digital, como ya hemos señalado, los elementos que llamamos sociopolíticos –empleo, fiscalidad, educación, sanidad, medioambiente, igualdad de sexos, productividad o representación en la gestión y propiedad de las grandes empresas– deben ocupar un lugar destacado, sin abandonar, por supuesto, las reivindicaciones clásicas del salario, la jornada o la edad de jubilación. En las formas de organización conviene reflexionar lo que supone el que millones de trabajadores –en España cientos de miles– realicen sus tareas desde sus casas mediante el teletrabajo, fenómeno que, probablemente, vaya en aumento en los próximos tiempos, después de la experiencia traumática de la epidemia del coronavirus. ¿Cómo organizar y movilizar a millones de personas que trabajan en pequeñas empresas, a los *riders* o falsos autónomos, o a los teletrabajadores? ¿Cómo lograr que tomen conciencia de sus intereses comunes? Sin duda, es una tarea ingente pero ineludible. En primer lugar, como ya he dicho, sería imprescindible digitalizar mucho más los propios sindicatos. En segundo lugar, habría que reforzar más la territorialización y «cuadriculación» de las organizaciones, dando mayor formación y protagonismo a los y las delegadas de extensión territorial o de «cuadrícula» (barrios, polígonos industriales, grandes centros comerciales, etc.).

Por último, hay que comprender que en las condiciones actuales lo que puede unir más a los trabajadores son los elementos sociopolíticos de la acción sindical y, en especial, lo que hace referencia al salario indirecto. También en las formas de movilización habría que innovar y no conformarse con las expresiones clásicas, que, por razones bastante obvias, van perdiendo garra. La huelga sigue siendo una herramienta válida de la acción sindical si se utiliza con prudencia, pero hay otras maneras de presionar: la manifestación, las campañas de información, las redes sociales o los boicots, entre otras. Las grandes movilizaciones en favor de la sanidad pública, la educación o el medioambiente, típicamente sociopolíticas, son una buena prueba de lo que decimos.

Quiero pensar que cuando se habla de la necesidad de rejuvenecer al sindicato no solo nos estamos refiriendo a la edad de sus afiliados o delegados, sino también a las ideas, a los planteamientos, a las formas de hacer sindicalismo. Si los jóvenes no se sienten atraídos, en abundancia, por los sindicatos es porque estos no les resultan seductores, porque no abordan, de manera prioritaria, sus problemas o, en fin, porque los ven un tanto conservadores. Es interesante constatar que en las manifestaciones de las «mareas» por la sanidad y la educación públicas, por la igualdad de sexos o la defensa del medioambiente, y en toda la movida social de estos años, hemos visto, sobre todo, a gente joven y, cuando se habla con ellos, manifiestan que no se sienten atraídos por los sindicatos, pues los ven un tanto «anquilosados». El que, en el mejor de los casos, la edad media de los afiliados sea de 46,5 años y que los menores de 30 años solo sean el 5,7% y la franja de entre 30 a 40 años solo representen el 25,7% dice mucho sobre el alcance menguante del Estado del bienestar por la «huelga fiscal» de los pudientes y el dominio creciente del poder financiero: la inestabilidad en el empleo y los bajos salarios probablemente afectan negativamente, sobre todo, a los jóvenes. Ante esta ofensiva, el sindicalismo, salvo excepciones, respondió más con la concertación por arriba que con la confrontación por abajo, quizá porque no tuvo más remedio. Y cuando se ha dado esta última ha sido de forma aislada, de alcance «nacional», y se ha reaccionado un tanto con un «sálvese quien pueda». No deberíamos olvidar que entre la juventud es donde abunda más la precariedad, la flexibilidad y la incertidumbre laboral. Temas como la calidad del trabajo, el acceso a una vivienda asequible, el medioambiente, la igualdad de sexos, la compatibilidad entre trabajo y vida de pareja, el derecho a la desconexión y la formación son cuestiones sensibles para la juventud sobre las que el sindicalismo debería adoptar un perfil más acusado.

Considero que la democratización del sindicato debe tener un doble sentido. De un lado, se refiere a la mayor participación de los afiliados y los delegados en la toma de decisiones, con una mayor fluidez de la transmisión de información entre los órganos dirigentes y los trabajadores en las empresas. En este aspecto, es evidente que en la actualidad y sobre todo entre los jóvenes, la gente quiere mayor y mejor participación y no el falso «asambleísmo» que practican algunos. Las nuevas tecnologías pueden facilitar la comunicación y la participación en la toma de decisiones, como ha quedado expuesto con anterioridad. Una información bidireccional, que contribuye a enriquecer el contenido de las decisiones que se toman en un mundo tan cambiante. Del otro, el sindicato es un instrumento fundamental de la democracia y ningún problema de esta le debe resultar ajeno. Este es el significado profundo al que nos referimos cuando hablamos de «sociopolitizar» el sindicalismo. El sindicato no es solamente un instrumento de reivindicación para la mejora de las condiciones de trabajo, sino también un actor principal en el desarrollo de la democracia y de su expansión. Por ejemplo, la Confederación Sindical de CC. OO. se definió desde sus orígenes como un sindicato «sociopolítico» y este carácter debería ser una seña de identidad del sindicalismo de clase. Tan importante es el salario directo, con el que se establece la primera redistribución de la riqueza, como el indirecto, donde se realiza la segunda y que incide, esencialmente, en el sistema fiscal —en los impuestos—, fuente del Estado del bienestar, pues a través de ellos se hacen posibles la educación y la sanidad universales y gratuitas, el sistema de pensiones, el seguro de desempleo y otros derechos sociales.

Sin embargo, la cuestión de los impuestos es algo mucho más profundo que una justa distribución de la riqueza. Entra, si se quiere, dentro de lo «filosófico», pues supone la base material de la democracia y hace posible una cierta igualdad de los ciudadanos y su poder. El ciudadano, a través de los impuestos, se hace «acreedor» del Estado; es quien lo sostiene y, en consecuencia, los representantes elegidos tienen que responder ante él. Encarna realmente, en un sentido «material», la idea de que la soberanía reside en el pueblo. En la actualidad, mediante el paulatino vaciamiento de la suficiencia fiscal por medio de la elusión, la evasión, los paraísos y reducciones fiscales, los Estados se han ido endeudando cada vez más y, en consecuencia, han pasado a depender de prestamistas o acreedores, que en este caso ya no son los ciudadanos, sino los mercados, los grandes inversores o el sistema financiero. De ahí que cuando se toman medidas de política económica lo primero que tienen en cuenta los gobiernos no es solo qué pensarán los ciudadanos sino cómo reaccionarán los mercados, lo que origina, a la postre, una distorsión de la democracia. Por esta razón, el sindicalismo debería impulsar su acción sobre el tema de una fiscalidad justa y suficiente al mismo nivel que coloca el aumento de los salarios e incluso por encima de ellos.

No creo que esto haya sido así en el pasado y quizá sea una de las razones por las que los sindicatos no han gozado de suficiente prestigio. Para las familias trabajadoras, tan importante o más que aumentar un punto en el salario es que no se erosione la educación y la sanidad públicas, las pensiones, la vivienda social, la dependencia de la tercera edad o los enfermos y el cuidado de la infancia. Qué gana el trabajador acrecentando el salario el 1 o el 3 % si luego le cobran las medicinas cuando va a la farmacia, o los libros de texto de sus hijos en el colegio, o le suben el precio del alquiler o los alimentos en una proporción superior. Esta es la esencia del sindicalismo sociopolítico: la lucha por la igualdad, por una democracia cada vez más real, que no se quede, entre otras cosas, a las puertas de las empresas.

Más adelante abordaremos la trascendental cuestión de la participación de los trabajadores en la propiedad y la gestión de las empresas. De momento me limitaré a decir lo que hace tiempo que vengo defendiendo, y es que este asunto está ligado a la relación entre salario y productividad, a la conexión entre ambos. Los teóricos de la patronal sostienen que es necesario que los salarios se acompasen al aumento de la productividad. Esta tesis la siguen no pocos teóricos de la economía o responsables políticos que o no saben de lo que hablan o nos quieren tomar por lerdos. Sin embargo, se podría estar de acuerdo con ese planteamiento siempre que no se hagan trampas. Quiero decir con ello que si la productividad aumenta, pongamos por caso, un 3 % en términos reales –porque la productividad siempre aumenta en términos reales–, los salarios deberían subir lo que haya crecido la inflación más una parte de ese 3 %; es decir, un aumento real. Pero cuando he discutido este tema como representante sindical en otras épocas, la patronal no tiene esta concepción. Lo que ellos sostienen es que si la productividad ha aumentado el 2 %, los salarios deberían crecer el 2 %... en términos nominales, sean cuales sean la subida de los precios o la inflación. Es decir, ligan dos conceptos de naturaleza diferente –uno real y otro nominal– y eso no es intelectualmente honesto. Sin embargo, me parece muy importante negociar sobre la productividad, porque incide en las cuestiones claves del poder en el seno de la empresa: la organización del trabajo, los ritmos de producción, la introducción de las nuevas tecnologías, las inversiones, el aumento o no del personal; en pocas palabras, los temas que afectan o atañen a la plusvalía relativa, al poder en la empresa. A los sindicatos les interesa mucho negociar sobre todas estas cuestiones. En realidad, un sindicato moderno debería centrarse, sobre todo, en el salario, los impuestos y la productividad, en por lo menos tres niveles: el centro de trabajo, el país y la Unión Europea.

Si pasamos a las cuestiones organizativas, es evidente que ante todos estos cambios tan rápidos las centrales sindicales tienen que renovarse, hacerse más flexibles y pegadas al terreno, es decir, meterse allí donde están la gente y sus problemas. No creo que el debate más importante, hoy en día, sea el comité o la sección sindical. Ambos tienen su papel, y es un tema que afecta a una parte de los trabajadores, pues la mayoría de las empresas son pymes que no tienen ni lo uno ni la otra. El problema real radica en cómo organizar y movilizar a los millones de trabajadores –falsos autónomos, parados, temporales y parciales, empleados en empresas de nuevas tecnologías– que se encuentran desasistidos y hacen con ellos lo que quieren. En mi opinión hay que incidir más en el territorio, en la solidaridad entre lugares, en la creación de plataformas electrónicas y en experiencias exitosas que se están dando en otros países, donde se actúa en los polígonos, centros comerciales, barrios y pueblos. Los locales sindicales deberían estar al servicio de la gente, no solo para la importante labor de los servicios jurídicos, que ya cubren con notable mérito, sino en lo relativo a todos los problemas sociales que afectan a los trabajadores. Con ello no estoy planteando una especie de pansindicalismo, sino ligando las condiciones laborales con las vitales de los trabajadores, que son indisociables.

Con el fin de afrontar los retos actuales se hace imprescindible una sólida formación sindical en escuelas de cuadros, que deben surgir, obviamente, de la práctica en las empresas, acompañada de un consistente conocimiento de los problemas a los que se enfrentan los sindicatos, tanto en el ámbito global como en el europeo y el nacional. La flojera teórica, que otros llaman «ideológica», es palmaria en los sindicatos en general, salvo excepciones. Mi impresión es que se ha descuidado este aspecto en el pasado y llevará tiempo recomponerlo, a pesar de los indudables esfuerzos actuales. Los cuadros del capital se forman en los másteres de universidades nacionales y extranjeras. A las multinacionales les trae sin cuidado la nacionalidad del cuadro o dirigente, son empresas globales con dos idiomas comunes, que son internet y el inglés. Nada parecido existe en el campo sindical, que debería ser la fuerza más internacionalista de todas. Ante una fuerza global no te puedes quedar solo en lo local, y mucho menos serlo cada vez más. Un ejemplo dramático de esto es cómo ha entrado la ideología del nacionalismo en sectores importantes de la clase trabajadora, cuando deberíamos saber que este es contradictorio con la propia idea de la izquierda. Si se pretende, y así debe ser, ir conquistando una cierta hegemonía cultural o social se tendría que recuperar la formación, pues este predominio es una cuestión de capacidad de propuestas viables y visibles, y estas se logran cuando se es capaz de analizar mejor la realidad y hacer sugerencias avanzadas que muevan a cambiar aquello que no nos gusta y perjudica.

Una iniciativa podría ser la de crear un «Erasmus sindical» de cierto nivel. Un intercambio temporal de cuadros y dirigentes sindicales entre diferentes países europeos con el fin de conocer otras experiencias de organización y movilizaciones, para transmitir las que pudieran ser útiles e ir creando un *demos* sindical europeo.

El sindicalismo ante la integración europea. El caso
de la Confederación Sindical de Comisiones Obreras

Cuando el 25 de marzo de 1957 se firmó en Roma el Tratado Constitutivo de la Comunidad Económica Europea (CEE), el mundo se encontraba en plena guerra fría. La política de bloques dividía a la izquierda política e, igualmente, al movimiento sindical. De un lado, los partidos socialistas o socialdemócratas y los sindicatos afines, y, de otro, los partidos comunistas y las centrales obreras influidas por estos. Sin embargo, la división no era tan esquemática. Hubo formaciones socialdemócratas, como el laborismo británico, que estuvieron, en principio, en contra del ingreso de Gran Bretaña en el mercado común, mientras que un sindicato como la CGIL italiana, de mayoría comunista, enseguida adoptó una posición favorable a la integración europea. No obstante, hay que reconocer que en una primera fase la reacción del movimiento obrero de los seis países fundadores no fue precisamente de entusiasmo y, en ciertos casos, hubo un claro rechazo. Se contemplaba el mercado común como una operación de influencia norteamericana, derivada del Plan Marshall, puramente economicista, sin contenido social y, sobre todo, dominado por la ideología liberal de las grandes multinacionales y corporaciones empresariales.

Quizá fue Palmiro Togliatti el primero que se dio cuenta, en el campo de la izquierda comunista, de que esos análisis sobre la integración europea eran demasiado simplistas. Por ese motivo, en su famoso «memoriale di Yalta», de agosto de 1964, titulado «Promemoria sulle questioni del movimento operaio internazionale e delle sue unità», escribió: «En las actuales condiciones de Occidente, la lucha de los sindicatos ya no puede dirigirse, únicamente, país por país, aisladamente. Debe desarrollarse también a escala internacional, con reivindicaciones y acciones comunes. Aquí radica una de las más graves lagunas de nuestro movimiento». No era una idea nueva en el dirigente del PCI, pues ya en 1957, semanas después de la firma del Tratado de Roma, había señalado la necesidad de que la clase obrera coordinara sus ideas y sus programas con el fin de poder hacer frente al dominio de los monopolios. La posición del líder italiano tenía su causa en la postura más europeísta del sindicalismo italiano. Hay que recordar que fueron dos italianos –Altiero Spinelli, comunista, y Eugenio Colorni, socialista– los autores del famoso *El manifiesto de Ventotene*, documento fundacional del movimiento federalista europeo. Esta breve introducción es necesaria para comprender mejor la posición que más tarde adoptaría CC. OO. sobre la cuestión de la unidad europea.

En el caso español, en 1957 nuestro país se encontraba inmerso en una dictadura de naturaleza fascista, que había ejercido una represión sistemática y feroz contra el movimiento sindical democrático. Así, a partir de la guerra civil, los sindicatos UGT y CNT habían sido arrasados, con sus dirigentes y afiliados fusilados, encarcelados o exiliados. Por aquellas fechas, de otra parte, comenzaron a surgir las primeras «comisiones» de obreros, como fue el caso en la mina La Camocha, de Gijón, en Asturias, al calor de una huelga en enero de 1957, que se considera el origen de las CC. OO. Evidentemente, en aquella época era inviable cualquier planteamiento favorable al ingreso de España en la CEE, teniendo en cuenta la naturaleza dictatorial del régimen de Franco. Es importante recordar, con objeto de comprender los hechos posteriores, que para ingresar en la CEE y, más tarde, en la Unión Europea, era condición imprescindible ser un país democrático que reconociera todas las libertades, incluidos la libertad sindical y el derecho de huelga. En España, por el contrario, se había creado el tinglado corporativo del «sindicato vertical» y el derecho de huelga estaba considerado como un delito de sedición según el artículo 222 del Código Penal de entonces.

En esas condiciones de férrea dictadura era surrealista pensar que España podía ingresar en la CEE. Sin embargo, la posición de CC. OO., aun en las duras condiciones de la clandestinidad, siempre fue favorable, desde tiempos tempranos, a nuestra integración en Europa. Tanto es así que en un número de la revista *Cuadernos para el Diálogo* de abril de 1972, dedicado a «Los trabajadores españoles frente al mercado común», escribí un artículo, bajo la firma de Nicolás S. Álvarez, quizá el primero en el que se expresaba públicamente, por parte de un dirigente de CC. OO., cuál era nuestra posición al respecto. En dicho artículo manifesté que «este puro rechazo del MEC, de algunos partidos y sindicatos, este nivel de pura denuncia de su esencia monopolista y antiobrera ha significado, a la larga, un grave retraso en la lucha del movimiento obrero a nivel europeo». Señalé, igualmente, que un rechazo de la CEE «conduciría a un aislamiento del mundo del trabajo sobre posiciones nacionalistas... una postura poco realista, defensiva, ahistórica y que, en última instancia, vendría a coincidir con la de los sectores más ultras del país que tiemblan ante esa otra cara del MEC: la de las libertades "demoliberales"». En pocas palabras, que había que defender el ingreso de España en la CEE y, al mismo tiempo, exigir «el reconocimiento pleno de las libertades democráticas de las que ya gozan los obreros de Europa, como condición *sine qua non* del ingreso de España». Posición que, junto con los desarrollos acordes con los grandes cambios producidos en nuestro país, se ha mantenido a lo largo del tiempo, como iremos viendo.

Por ejemplo, cuando en febrero de 1973, todavía en dictadura, se crea la Confederación Europea de Sindicatos (CES), el representante de CC. OO. en el exterior (DECO), Carlos Elvira, envió una carta a su primer presidente, Victor Feather, solicitando una reunión «para familiarizarnos con las condiciones necesarias para la posible afiliación de CC. OO. a la CES». Esta iniciativa era coherente con la no integración de CC. OO. en la Federación Sindical Mundial (FSM), a la que pertenecían las centrales obreras de influencia comunista, pues siempre se fue consciente y coherente con la posición proeuropea, en el sentido de que nuestro sitio estaba en la CES y no en otra parte. Costó años conseguir el ingreso por la oposición que, durante un tiempo, mantuvieron los sindicatos alemanes y la propia UGT. Esas actitudes cambiaron en 1990, cuando el Comité Ejecutivo de la CES, reunido en Roma el 14 de diciembre, votó por unanimidad, con la abstención de la FO y la CFTC francesas, a favor del ingreso de CC. OO. en la organización sindical europea.

Ahora bien, ya unos años antes, en la asamblea de CC. OO. en Barcelona de junio de 1976 –antes de que fuera legalizada, y sin autorización por parte del Gobierno Arias/Fraga–, señalé, al presentar el informe sobre la situación sociopolítica en nombre de la dirección del sindicato, que «nosotros creemos que ha llegado el momento de reiterar, desde esta asamblea, la decisión tomada por la dirección de CC. OO. de pedir conversaciones con la CES a fin de llegar a un acuerdo de integración en esa Confederación en la que están, prácticamente, todas las fuerzas sindicales europeas, de todas las tendencias». Una toma de posición que era coherente con la idea que defendía el sindicato de que España debía ingresar en la entonces llamada CEE.

En esta misma línea, en el primer congreso de la Confederación Sindical de CC. OO., ya en la legalidad, celebrado en Madrid en junio de 1978, se afirma en el informe presentado por el secretario general,

Marcelino Camacho, y aprobado por abrumadora mayoría: «Igualmente, en el terreno economicopolítico, debemos apoyar el ingreso de España en el Mercado Común europeo». Esta posición se desarrolló más en el IIº Congreso, celebrado en Barcelona en junio de 1981, cuando en sus acuerdos se señala: «En este orden de ideas, el Segundo Congreso de CC. OO. reafirma el apoyo de nuestra Confederación a la entrada de España en la CEE... y entiende que las negociaciones a este efecto, con la participación activa de los sindicatos, debieran ser aceleradas, por considerar que la entrada de España en la CEE contribuiría, en particular en la situación actual, al proceso de democratización de nuestro país». Hay que recordar que el 23 de febrero de ese mismo año se produjo el intento de golpe de Estado por parte de un grupo de guardias civiles y militares, que asaltaron el Congreso y secuestraron, durante horas, a los diputados y al Gobierno. A pesar de las urgencias solicitadas por los sindicatos, el ingreso de España en la CEE no se firmó hasta el 12 de junio de 1985 y entró en vigor el 1 de enero de 1986, después de unas largas y difíciles negociaciones.

A partir del ingreso de España en la CEE, y luego en la Unión Europea, la posición de la Confederación Sindical de CC. OO. no ha variado. Como corresponde a un sindicato democrático, miembro destacado de la CES, su actitud ha sido siempre de apoyo crítico al proceso de integración, que se sustenta en la sencilla razón de que en el largo proceso de integración europea se fueron dejando de lado, invariablemente, las políticas sociales. Se comenzó por el mercado común, luego la política agraria –la PAC–, más tarde la política monetaria –el euro y el Banco Central–, pero siempre se obvió la política social, que sigue siendo, en esencia, una competencia nacional. No hay más que leer el Tratado de Lisboa, que entró en vigor el 1 de enero de 2009, para percatarse de que las cuestiones sociales no pasan de ser meras declaraciones bienintencionadas sin contenidos concretos y vinculantes. Solo recientemente se comienza a valorar la posibilidad de empezar a dar pasos en la dirección de una política social común en ciertos aspectos, como puede ser el salario mínimo interprofesional.

Por esta razón, en los sucesivos congresos de CC. OO., si bien se dejaba claro, en todo momento, el apoyo explícito a una integración cada vez más estrecha en términos políticos y económicos, el sindicato ha ido advirtiendo de las insuficiencias o déficits que han ido apareciendo en el proceso de unidad europea. Así, por ejemplo, durante la negociación del ingreso de España, se denunciaba la falta de información y de participación de los sindicatos, con el fin de evitar la marginación de los intereses de los trabajadores en múltiples sectores. En este sentido se manifestaba que no se podía asumir el mercado común a cualquier precio, en detrimento de los intereses del país (Tercer Congreso Confederal, junio de 1984). En la misma línea, en el Cuarto Congreso, ya integrada España en la CEE, se dedicó un largo capítulo a los «Riesgos de la integración de España en la CEE», en el que se criticaba, entre otras cuestiones, la vinculación que estableció el Gobierno socialista entre la pertenencia a la CEE y la integración en la OTAN. Más adelante, respecto a la famosa cumbre de Maastricht, se exigía que en ella «se defina sin ambigüedades el camino hacia la unión política, que tenga como eje la cohesión economicosocial, el equilibrio entre las regiones... y se aumenten las competencias del Parlamento Europeo». Y se advertía de que si esto no era así no debía ratificarse, sin más, el referido tratado. Más adelante, en el Sexto Congreso de 1996, el secretario general de entonces, Antonio Gutiérrez, señaló que «queremos que se vaya construyendo una soberanía colectiva»; para alcanzar dicho objetivo proponía la celebración de un referendo simultáneo entre toda la ciudadanía europea. En este orden de ideas, en el siguiente congreso del año 2000 la Confederación señalaba que «la construcción europea no puede limitarse a la unión monetaria. Esta debe ser un paso más hacia la unión económica y política... que nos permita construir la Europa de la cultura, de la formación, de la información, de la comunicación, de la ciudadanía europea». Cuatro años más tarde, CC. OO. volvía a la carga y señalaba con nitidez que «nuestra apuesta se centra en potenciar la unión política». Hasta tal punto se defendía esta posición europeísta que en el Noveno Congreso se sostenía que la UE «debe asumir el liderazgo de la economía y de la sociedad europeas. Debe evitar la renacionalización de las políticas y de las decisiones y reforzar su vertiente de política exterior común». En 2017, la CS de CC. OO. denunciaba el desequilibrio existente entre los poderes económicos multinacionales con capacidad de acción global y las estructuras nacionales, limitadas y debilitadas. Desvelaba, por otra parte, la pésima gestión de la crisis por parte de la UE y la política de «austericidio» impuesta a países como Grecia, Portugal y España, además de los déficits democráticos y humanitarios de la UE. A pesar de las anteriores críticas, la CS de CC. OO. sigue apostando con fuerza por el proyecto europeo y reivindica la idea de una UE de progreso social, de la solidaridad, garante de la paz y la convivencia. Señala que la Unión debe «recuperar la confianza que en ella ha perdido la ciudadanía». Por eso mismo, en los últimos Congresos (el undécimo y el duodécimo), con Unai Sordo de secretario general, la Confederación saluda el cambio positivo realizado por la UE, en el sentido de practicar una política económica bien diferente de la que aplicó durante la Gran Recesión. Ahora, desde el primer momento, se ha actuado combinando políticas monetarias y fiscales expansivas, que han atenuado los efectos de la pandemia y de la guerra de Ucrania. Saluda igualmente las dos decisiones más importantes adoptadas en este periodo, como son la cláusula de salvaguardia general del Pacto de Estabilidad y Crecimiento y la ayuda financiera a los Estados mediante el endeudamiento común europeo, a través de los fondos Next Generation.

El hecho de que la CS de CC. OO. adoptara, ya desde la época de la dictadura, una posición favorable a la integración de España en Europa, primero en la

CEE y, luego, en la UE, ha tenido una trascendencia indudable. Que la primera organización social y sindical de nuestro país se hubiese confrontado con el proceso de integración europea habría sido claramente pernicioso para nuestro papel en Europa, para el proceso de transición a la democracia y para el conjunto de la integración europea. No en todos los países el movimiento sindical vio, desde el principio, que el futuro de los trabajadores y de las naciones estaba en una unión cada vez más estrecha del continente. No hay más que pensar en las posiciones que adoptó, durante años, una parte sustancial del sindicalismo británico, francés o portugués para comprender el acierto que tuvo CC. OO. a la hora de asumir una postura claramente europeísta. Además, esta orientación influyó, al igual que sucedió en Italia, en que los partidos políticos de izquierda –en este caso el PCE– se alinearan nítidamente a favor de una integración europea cada vez más profunda. No es una casualidad que el PCE fuese uno de los abanderados de lo que se llamó «eurocomunismo». Por último, conviene recordar que, a partir del momento del ingreso de la CS de CC. OO. en la Confederación Europea de Sindicatos, la influencia del movimiento sindical español ha ido creciendo en todo el continente hasta tal punto que secretarios generales de CC. OO. como Ignacio Fernández Toxo han presidido la CES en diferentes periodos recientes. En la actualidad, con Unai Sordo como líder de CC. OO., se sigue defendiendo la necesidad de una mayor integración política, la armonización de los sistemas fiscales y la paulatina convergencia de los regímenes laborales de los países miembros; en pocas palabras, se busca situar el objetivo de la dimensión social de la UE en el centro de las políticas del sindicato.

El papel del sindicalismo en la transición política

Para comprender cabalmente la importancia que tuvo el movimiento sindical en la transición política española conviene tener en cuenta una serie de hechos que influyeron en el devenir de los acontecimientos posteriores. En primer lugar, la constatación de que la Guerra Civil española fue, entre otras cosas, una cruenta manifestación de la lucha de clases en la que las expresiones sindicales –UGT, CNT, etc.– y políticas de todo tipo de trabajadores fueron derrotadas y laminadas a través de una represión implacable que duró décadas. En segundo lugar, que el final de esa contienda conoció un dramático episodio de enfrentamiento en el campo republicano –el golpe del coronel Casado– que tuvo unas consecuencias divisivas que se prolongaron en el tiempo. En tercer lugar, el estallido de la guerra fría, con la escisión del mundo en dos bloques, salvó al régimen dictatorial y acentuó la división de las fuerzas democráticas hasta los postreros años de la dictadura. Y, por último, el surgimiento de una nueva clase obrera, producto del «desarrollismo» de los años sesenta del siglo XX y de la subsiguiente numerosa emigración desde las zonas rurales a las áreas industriales de las grandes ciudades. Una clase obrera joven, que no había conocido la Guerra Civil y no tenía en general como referente a las organizaciones sindicales históricas y, en consecuencia, ante la práctica desaparición de aquellas –en especial la CNT– creó sus propias formas de actuación por medio de las comisiones obreras. Es decir, las que con los años se transformarían en la Confederación Sindical de Comisiones Obreras, que, junto a la UGT, formarían el grueso del sindicalismo español. De esta suerte, cuando cae el Gobierno Arias/Fraga, en junio de 1976, como consecuencia de la movilización social, y comienza realmente la llamada transición a la democracia, el sindicalismo en el conjunto de España está representado por UGT y CC. OO. El que el sindicalismo español estuviese encarnado por estas dos centrales sindicales y no por la CNT y la UGT, como había sucedido hasta el final de la Guerra Civil, es un hecho muy relevante para comprender el papel del sindicalismo en la Transición.

Sin embargo, antes de llegar a esta situación hubo que recorrer un largo camino de luchas y represión. Estaba claro que, a partir sobre todo del inicio de la guerra fría, y de los acuerdos del franquismo con Estados Unidos y el Vaticano, las libertades en España no iban a llegar de la mano de intervenciones externas, como sucedió en la mayoría de Europa en la IIª Guerra Mundial, sino del esfuerzo y el sacrificio sostenidos de la parte más activa de la sociedad española. Y parecía evidente, de otra parte, que no se podía espe-

223

rar que fuesen las propias Fuerzas Armadas (como en el caso de Portugal) o el mundo económico empresarial los que protagonizasen la lucha contra la dictadura. Habían sido, por el contrario, sus sostenedores y beneficiarios, activos o pasivos, durante décadas.

Eran, por lo tanto, el movimiento obrero y las capas medias representadas por los estudiantes universitarios los que iban a ser la punta de lanza, los motores de las grandes movilizaciones sociales que hicieron inviable la continuación de la dictadura y abrieron el camino a la democracia. Es interesante observar a este respecto que, a diferencia de otros países europeos como Italia, Alemania o Francia, y a pesar de la dura represión, pocos años después de terminada la guerra ya se produjeron movilizaciones en el campo obrero y universitario en favor de las libertades. A finales de los años cuarenta y principios de los cincuenta del siglo pasado se declararon huelgas en Vizcaya, Guipúzcoa y Navarra, entre los viticultores en Andalucía, o el conocido boicot a los tranvías en Barcelona. También tuvo gran impacto y considerables consecuencias políticas la revuelta de los estudiantes en la Universidad de Madrid, en febrero de 1956, cuando se plasmó en la calle la reconciliación entre los españoles. Todos ellos sucesos que supusieron que la dictadura comenzase a perder el futuro, al enfrentarse y reprimir a los cuadros profesionales del porvenir, y conociese la primera crisis de gobierno.

Desde entonces, multitud de empresas, sectores económicos enteros y universidades fueron centros de innumerables luchas en favor de la mejora de las condiciones sociales, de las libertades, de la amnistía y, a partir de los años setenta, de los Estatutos de Autonomía. Sería interminable hacer, en esta ocasión, un relato de las huelgas, las manifestaciones, las asambleas o los encierros que se produjeron a lo largo y ancho de España durante los años sesenta y setenta del siglo pasado. Como hitos significativos de esta primera ola de movilizaciones de los trabajadores podemos señalar, a título de ejemplo, las «huelgonas» de la minería asturiana de 1962 y 1963; la huelga general de los viticultores del campo de Jerez de 1964; la dura y larga huelga de Laminación de Bandas en Frío de Etxebarri de 1966, y la solidaridad que desató; la masiva marcha de los obreros desde los polígonos industriales al centro de Madrid en enero de 1967; la huelga de la SEAT de Barcelona en 1971; la huelga general de Ferrol y Vigo de 1972, con tres trabajadores muertos por la policía; la huelga general de maestros de 1973; la de Pamplona de 1974 o la general de actores de los teatros de Madrid de 1975. Movilizaciones que dieron lugar a una fuerte represión por parte de la dictadura, mediante detenciones, torturas, despidos, estados de excepción y, en ocasiones, muertos por disparos de la policía. La actitud violenta del poder dictatorial se respondió con manifestaciones solidarias de crecientes sectores sociales –intelectuales, profesionales, sacerdotes, movimientos de mujeres– en pueblos y barrios. De otra parte, durante este periodo también se dieron episodios especialmente represivos, que desencadenaron movilizaciones en el mundo del trabajo, como fue el caso en el proceso de Burgos en 1970 contra militantes de ETA, a los que se les pedía penas de muerte, o en el Proceso 1001 contra dirigentes de CC. OO. en 1973, con altísimas condenas de cárcel por llevar a cabo actividades sindicales. Todos estos sucesos dieron lugar a fuertes campañas de protesta, dentro y fuera de España, y provocaron que sectores sociales que hasta entonces habían permanecido pasivos comenzaran a crear sus propias plataformas de oposición. En esta dirección fueron muy significativas, por afectar al núcleo más interno del poder político, la creación de Justicia Democrática en 1972 y, más tarde, en 1974, de Unión Militar Democrática (UMD).

Lo cierto es que, a pesar de lo que a veces se ha dicho, a la muerte del dictador, el 20 de noviembre de 1975, el futuro de España era incierto, en contra de lo expresado en esa frase, entre ingenua y senil, de que «todo estaba atado y bien atado», o de los que sostenían que todo estaba previamente «programado»: eso es lo que la movilización social hizo saltar por los aires. Sin embargo, es cierto que se corrió el grave riesgo de que el plan de una continuidad del régimen dictatorial bajo otras formas saliera adelante: lo que se llamó, por los servicios de inteligencia, «salida a la turca», una pseudodemocracia –ahora la llamaríamos «iliberal»–, con unos partidos y sindicatos legales y otros no, sin proceso constituyente, ni amnistía ni Estatutos de autonomía; en fin, una «dictablanda» o «franquismo sin Franco». No conviene olvidar que Arias

Navarro, ministro de Gobernación y notorio represor, fue designado por Franco presidente del Gobierno a la muerte de Carrero Blanco y, una vez muerto el dictador, fue confirmado en dos ocasiones por el nuevo jefe del Estado.

Fue entonces cuando las organizaciones sindicales lanzaron una ofensiva general contra ese gobierno, su política de cierre ante cualquier avance democrático y sus medidas económicas gravemente antisociales. En el centro de esas movilizaciones estaban también los objetivos de la libertad sindical, la amnistía y, junto con múltiples sectores sociales, sobre todo en Cataluña y el País Vaco, los Estatutos de Autonomía. Tanto fue así que solamente en los tres primeros meses de 1976, según el Ministerio de Gobernación, hubo en España 17.731 huelgas y 150 millones de horas «perdidas». Es lo que el entonces ministro de Asuntos Exteriores, José María de Areilza, calificó con toda la razón como una auténtica «galerna de huelgas», y cualquier persona que conozca el Cantábrico sabe lo que eso significa. En los primeros días de enero, solamente en Madrid, hubo 400.000 trabajadores en huelga y, por primera vez, hubo que militarizar el metro. En el mes de marzo tuvo lugar la huelga de Vitoria, con cinco obreros muertos por la policía, y el País Vasco se paralizó casi al completo; en abril se celebró la primera huelga general de la construcción, en la que participaron cerca de un millón de trabajadores y cuyas movilizaciones se extendieron por toda España, como la multitudinaria manifestación que tuvo lugar en la plaza de Cataluña el 11 de marzo de aquel año. Todo lo anterior, unido a que la universidad se encontraba, en palabras del propio Arias Navarro, «fuera de control», obligó a cerrar varias facultades en diferentes lugares de España.

Esta gran efervescencia social, con los sindicatos a la cabeza, es lo que impulsó que los diferentes partidos políticos de oposición empezaran a ponerse de acuerdo y colaborar por primera vez desde el final de la Guerra Civil. Se creó así la llamada Junta Democrática y, poco después, la Plataforma de Convergencia Democrática, y, como unión de ambas, la denominada Platajunta, en la que participaron tanto UGT como CC. OO. En junio de 1976, al calor de las luchas obreras, CC. OO., UGT y USO constituyeron la Coordinadora de Organizaciones Sindicales (COS). Y fue sin duda esta gran movilización, especialmente obrera y estudiantil, a la que se unieron otros sectores sociales —agrarios, profesionales, religiosos, de mujeres, de barrios...—, lo que creó las condiciones para que el jefe del Estado comprendiera que el Gobierno Arias/Fraga era «un desastre sin paliativos», como declaró el propio rey Juan Carlos a la revista *Newsweek* con ocasión de su viaje a Estados Unidos. En realidad, o Arias era defenestrado o peligraba la propia monarquía. Al final Arias tuvo que dimitir y fue nombrado presidente del Gobierno Adolfo Suárez.

Con su llegada al ejecutivo se abrió una nueva fase en las relaciones entre los sindicatos y el poder político. En realidad se puede decir que fue entonces, con la caída del Gobierno Arias, cuando comenzó lo que se ha llamado la transición a la democracia. Sin embargo, los cambios democráticos no fueron inmediatos. Durante todo 1976 se incoaron más procedimientos por los juzgados de orden público que en los años anteriores; el Tribunal de Orden Público, el TOP, no desapareció hasta enero de 1977 y la Brigada de Investigación Social existió hasta diciembre de 1978. Por otra parte, la situación económica era muy grave, con una inflación altísima, superior al 25 %, que erosionaba la capacidad adquisitiva de salarios y pensiones. Ante la fuerte presión social y con el fin de dividir al movimiento sindical, en sus últimos meses de gobierno el Ejecutivo Arias/Fraga autorizó el congreso de la UGT, pero no así el de CC. OO., que tuvo que celebrar una asamblea, no autorizada, en la iglesia de Sant Medir de Barcelona el 11 de junio de aquel mismo año. No obstante, ya con Suárez en el poder, las tres centrales sindicales de ámbito nacional –UGT, CC. OO. y USO– crearon a finales de junio la mencionada Coordinadora de Organizaciones Sindicales, que, en noviembre de 1976, convocó un paro general de veinticuatro horas contra las medidas económicas del Gobierno, como la congelación salarial y el despido libre, y por el reconocimiento de la libertad sindical, la amnistía y otros derechos sociales. La jornada de lucha no logró paralizar el país, si bien fue la acción más extensa que se había conocido desde la Guerra Civil, en la que participaron alrededor de dos millones de trabajadores. A pesar de su amplitud, la acción sindical mostró sus límites y no frenó los planes de «reforma» del Gobierno, pero como expresó un ministro de entonces, ante la alegría del presidente por no haberse paralizado el país, «esta vez no ha salido, pero en la próxima lo conseguirán si esto sigue así». En todo caso la COS no se mantuvo en el tiempo y, meses después, se disolvió ante la decisión de la UGT de abandonarla. En realidad, existían divergencias entre los sindicatos acerca del futuro del sindicalismo, que solo con el transcurso del tiempo y la propia dinámica de su acción se fueron superando. Mientras CC. OO. mantuvo durante una época la idea de un congreso sindical constituyente del que pudiera surgir una central unitaria de trabajadores, la UGT apostaba por la pluralidad sindical. Como es conocido, mientras que CC. OO. utilizó las posibilidades legales para elegir enlaces y jurados de empresa, la UGT se mostró contraria a dicha táctica.

No obstante, el Gobierno era consciente de que no había salida a la crisis económica, con una inflación desbocada, ni a la crisis política si no se contaba con los sindicatos más importantes. A esa conclusión habían llegado, con anterioridad, conspicuos representantes del mundo empresarial más poderoso. Así, los días 9 y 10 de mayo de 1976, un mes antes de la caída de Arias, la entidad denominada Euroforum organizó un encuentro entre dirigentes de los tres sindicatos con cincuenta directores y miembros de los consejos de administración de las empresas más importantes de España. En dicho cónclave, cuando todavía no estaban legalizados los sindicatos y no existía la CEOE, quedó claro para todos los participantes que el futuro pasaba por el restablecimiento de la democracia y que los sindicatos y la patronal eran imprescindibles para establecer unas relaciones laborales normales, en las que se respetara el contenido de los convenios colectivos firmados. De otra parte, el empresariado era consciente de que la pretensión de formar parte de la Comunidad Europea pasaba, inexorablemente, por el restablecimiento de las libertades públicas. Y tanto los sindicatos como la patronal más internacional eran partidarios de que España ingresase en lo que luego sería la Unión Europea. Permanecer fuera de Europa solo lo defendían sectores marginales que añoraban la autarquía económica, y fuerzas políticas minoritarias, de extrema izquierda, que soñaban con «revoluciones nacionales».

El significativo título del encuentro entre sindicalistas y empresarios en el Palacio de Exposiciones y Congresos de Madrid fue «¿Hacia el pacto social?». Y no fue una casualidad que dicho diálogo tuviera lugar, por primera vez en cuarenta años, en el mes de mayo de 1976, precisamente después de las movilizaciones obreras más intensas y extensas desde la Guerra Civil, y cuando el Gobierno Arias estaba a punto de desaparecer. Los líderes del capitalismo español, muchos de ellos representantes de las multinacionales extranjeras más importantes, estaban bien informados y eran conscientes de las nuevas realidades que se aproximaban.

A pesar de esa evidencia, el Gobierno Suárez tardó todavía diez meses en proceder a la legalización de los sindicatos, a finales de abril de 1977, no sin antes tantear la posibilidad de retrasar tal decisión, por lo menos en el caso de CC. OO. Unos meses antes de dicha legalización, el Gobierno planteó la posibilidad de que CC. OO. aceptase un «aplazamiento», dado el rechazo que, por lo visto, su autorización producía en las esferas ultras de los aparatos del Estado. Ante la rotunda negativa de la central sindical frente a tamaña pretensión y el argumento de que, en ese caso, quién iba a garantizar el cumplimiento de los convenios colectivos en el ambiente de una fuerte crisis económica, el Gobierno asumió la legalización simultánea de todos los sindicatos. Esto es lo que explica, en buena parte, que cuando el presidente del Gobierno recibió en la Moncloa a los sindicatos, en agosto de 1977, les plantease la necesidad de un pacto social, de un acuerdo de rentas, además de la elaboración de un futuro Estatuto de los Trabajadores. Dicho pacto de rentas tenía una cierta lógica económica: no olvidemos que la inflación estaba desbocada, lo que hacía peligrosísima, también, la situación política. Así pues, con el fin de articular el referido pacto, el Ejecutivo planteó a los sindicatos iniciar una serie de negociaciones, a partir del mes de septiembre, en el Ministerio de Economía, en las que no recuerdo que participase la CEOE, recién fundada en junio de aquel mismo año. Parece evidente que la posición de los sindicatos respecto a un acuerdo de esas características habría sido trascendente para el curso posterior del proceso de transición a la democracia. Porque si estos hubiesen firmado con el Gobierno un pacto de rentas limitado, que le garantizase a este último la estabilidad económica y social, probablemente no habría tenido necesidad de convocar a los partidos políticos con el fin de firmar un acuerdo más amplio de naturaleza política, como fueron los Pactos de la Moncloa. O, por lo menos, el Gobierno Suárez habría acudido a las negociaciones políticas con una baza en la mano muy importante, que habría debilitado a los partidos de la oposición democrática en un momento en que no estaba nada claro que se fuera a abrir un proceso constituyente. A partir de estas consideraciones los sindicatos rechazaron la posibilidad de suscribir un pacto meramente social y el Gobierno no tuvo más remedio que convocar a los partidos políticos a la Moncloa. Con esta decisión los sindicatos quizá sacrificaron el protagonismo que les habría otorgado un acuerdo bilateral con el Gobierno, pero en todo caso facilitaron los Pactos de la Moncloa, con un contenido político, social y económico.

Los anteriores acuerdos fueron decisivos para estabilizar la maltrecha economía del país y sentar las bases del proceso constituyente de 1978. Es conocido que desde diferentes sectores políticos y sindicales –por ejemplo, desde el sindicalismo nacionalista vasco– se criticaron los referidos pactos y, sin embargo, el conjunto de los trabajadores de España comprendió su importancia. Así, cuando algunos meses después se celebraron las primeras elecciones sindicales, CC. OO. y UGT obtuvieron casi el 70% de los votos y de los delegados de los comités de empresa (CC. OO. el 37,8% y UGT el 31%). Es cierto que en la mesa negociadora de la Moncloa no estuvieron presentes, de forma directa, las centrales sindicales, pero ello no fue óbice para que en el contenido de los acuerdos se plasmaran asuntos de evidente interés para el mundo laboral. Entre otras cuestiones, fuertes aportaciones presupuestarias al seguro de desempleo, a plazas y construcciones escolares; el establecimiento, por primera vez en España, del Impuesto de la Renta de las Personas Físicas (el IRPF) con carácter global, personal y progresivo, así como el Impuesto del Valor Añadido (el IVA), que venía funcionando en Europa; la participación de los representantes de los trabajadores en los órganos de gestión y vigilancia de la Seguridad Social; el aumento de las pensiones en un 30% para el año 1978. La contrapartida fue aceptar que los salarios no crecieran en función de la inflación pasada, como solía ser costumbre hasta entonces, sino según la pactada para el futuro, única manera de ir frenando el ciclo infernal del crecimiento imparable de los precios. Nunca he entendido la crítica que se hizo a esta medida, pues la inflación es el peor enemigo de los salarios y las pensiones, en especial para los millones de trabajadores que, ni entonces ni ahora, tienen la suficiente capacidad de negociación colectiva.

A partir de estos acuerdos y el inicio de las tareas del nuevo Parlamento democrático, la movilización de los sindicatos se atenuó relativamente, con el fin de facilitar la elaboración de una Constitución avanzada para España. Conviene recordar que las primeras elecciones del 15 de junio de 1977, convocadas por el Real Decreto 679/1977 de 15 de abril, no lo fueron a Cortes Constituyentes, pues su artículo 1 simplemente decía: «Se convocan elecciones generales para la constitución del Congreso de los Diputados y del Senado de estas Cortes Generales». Que la legislatura se transformase en Constituyente fue algo que se logró sobre la marcha, en lo que insistieron los partidos progresistas y que, al final, todos aceptaron.

No conviene olvidar, igualmente, que el resultado electoral otorgó la victoria a UCD, con el 34,44% de los votos y 165 escaños, seguida del PSOE, con el 29,32% de los votos y 118 escaños; el PCE obtuvo el 9,33% de votos y 20 escaños y Alianza Popular el 8,21% de votos y 16 escaños. Así, la suma de UCD y AP con 181 escaños formaba una mayoría absoluta que podría haber orientado el contenido de la Constitución en una dirección francamente conservadora. Sin embargo, la UCD de Suárez no cayó en esa tentación y comprendió que si se pretendía elaborar una Ley de Leyes que sirviera para el conjunto de las fuerzas políticas y sociales, tenía que contar con los partidos de la izquierda y los sindicatos que representaban a la inmensa mayoría de los trabajadores. De lo contrario, se habría caído en el viejo vicio del constitucionalismo español, que consistía en elaborar constituciones que valían solo para una parte del país frente a la otra. Es lo que explica, en mi opinión, el texto francamente avanzado de la Constitución de 1978.

Como puede comprenderse, las centrales sindicales siguieron con suma atención las labores y los debates del cuerpo constituyente. Aparte de los diputados de los partidos de izquierda que eran a su vez dirigentes de los sindicatos, como fue el caso de los secretarios generales de UGT y la Confederación Sindical de CC. OO., las direcciones sindicales estuvieron muy pendientes de los trabajos de la Constitución y participaron, desde su ámbito, en ellos. Precisamente, la fuerte movilización de los trabajadores durante el proceso de la Transición, su representatividad en las empresas y la potente minoría de la izquierda en el Parlamento explicarían el lugar que los sindicatos españoles acabaron ocupando en el texto resultante de 1978.

El Estado español, ya desde su artículo 1, se define como un «Estado social y democrático de derecho...». No dice en ningún sitio que sea un Estado «liberal», algo típico del siglo XIX y primera parte del XX, lo que no obsta para que a continuación afirme que «propugna como valores superiores de su ordenamiento jurídico la libertad, la justicia, la igualdad y el pluralismo político». Sin embargo, su definición como «Estado social» es de notable importancia, pues tal naturaleza entronca con la idea de Estado del bienestar o modelo social europeo que se construyó a partir de la IIª Guerra Mundial. Luego, en el Título Preliminar, que comprende los elementos constitutivos de nuestra democracia, se sitúa en su artículo 7 a «los sindicatos de trabajadores y las organizaciones de empresarios», junto a la forma del Estado y la soberanía; los partidos políticos; la unidad de la nación española; las lenguas; la capital o la bandera. Esta situación claramente preeminente se relaciona con el artículo 28 del Título Primero, que se refiere a los Derechos y Deberes Fundamentales, entre los que se incluye la libertad sindical y el derecho de huelga, especialmente protegidos por los tribunales de justicia. Todo ello sin olvidar lo establecido en el artículo 37: «La ley garantiza el derecho a la negociación colectiva laboral entre los representantes de los trabajadores y empresarios, así como la fuerza vinculante de los convenios». Lógicamente, los representantes de los trabajadores a este respecto son los sindicatos que sean más representativos: en el ámbito nacional CC. OO. y UGT. Y la última frase sobre «la fuerza vinculante de los convenios», es decir, su extensión *erga omnes* –se esté afiliado a no–, les otorga una validez decisiva, hasta el punto de que se puede afirmar que los sindicatos más representativos y las organizaciones empresariales obtienen así una «capacidad legislativa» en temas de evidente relevancia en el ámbito de las relaciones laborales en las empresas y los sectores de la producción.

Lo significativo de lo que venimos diciendo radica en el hecho, tantas veces olvidado, de que esta posición preeminente o singular de los sindicatos españoles en el texto de 1978 no aparece en ninguna de las Constituciones europeas que he tenido ocasión de examinar, como tampoco en la de la IIª República de 1931. En esta última, a pesar de que en el artículo 1 se define como «República democrática de trabajadores de toda clase», los sindicatos solo aparecen en el artículo 39, cuando se reconoce la libertad sindical. En cuanto a las constituciones europeas vigentes, algunas ni tan siquiera mencionan a los sindicatos en cuanto tales, como es el caso de las de Bélgica y Dinamarca. En la francesa, el Estado se declara «República democrática y social», y se reconocen la acción sindical y el derecho de huelga sin más. En la alemana el Estado también se define como social y se acepta el derecho general de asociación, pero no se menciona de manera específica a los sindicatos. La italiana, por su parte, define el Estado como «República democrática fundada en el trabajo», no menciona a los sindicatos en los principios fundamentales y solamente en el Título III, el que se refiere a las relaciones económicas, dice en los artículos 39 y 40 que la organización sindical es libre y que el derecho de huelga se ejerce en el ámbito de la ley. Como puede comprobarse, nada que ver con la posición sobresaliente de los sindicatos españoles en la Constitución de 1978. Cada vez estoy más convencido de que aquellos que, desde ámbitos supuestamente muy de izquierda, critican y hasta descalifican la Constitución de 1978 es porque no se la han leído.

7. DEMOCRACIA Y GLOBALIZACIÓN

Cuando en este libro hago referencia a la crisis de la democracia en el sentido contemporáneo del término —esto es, como autogobierno político de los ciudadanos según los principios de libertad e igualdad—, no estoy aludiendo a la crisis del concepto en sí mismo, sino a su realización en la práctica concreta de las sociedades en las que nos ha tocado vivir. Se ha convertido en un lugar común hablar y escribir sobre el agotamiento, el vaciamiento de las democracias representativas, que se manifiesta, como es lógico, a través de una gran variedad de formas, a pesar de tener alcance general y algunos rasgos comunes. La falta de confianza en los partidos políticos y en la mayoría de las instituciones y la dificultad de la política para resolver los problemas que acucian a los ciudadanos son algunos de ellos.

Los síntomas de esta crisis resultan bastante conocidos, aunque no son siempre los mismos en los diferentes países o regiones. La creciente abstención es el más claro, pero también se manifiesta a través de movimientos antisistema, populistas, iliberales e incluso antipolíticos y, sobre todo, en el malestar profundo, a veces difuso, de los ciudadanos, que se refleja en las encuestas cuando se les pregunta sobre la valoración de las instituciones. Los partidos, los sindicatos y los Parlamentos no suelen estar bien considerados. El caso de las elecciones al Parlamento Europeo es un buen ejemplo de lo que decimos. Una abstención del 57 %, que en algunos países llega hasta el 70 %; avances importantes de partidos de extrema derecha en España (VOX), Francia (FN), Gran Bretaña (UKIP) Italia (Fratelli d'Italia), Alemania (Alternativa por Alemania) y otras formaciones similares en Hungría, Holanda, Finlandia o Austria, y en otra dirección diferente, el italiano 5 Stelle o el español Podemos, con discursos muy críticos con las formas actuales de la democracia representativa. Otro signo de este mismo malestar lo encontramos en los movimientos sociales surgidos en los últimos años, como el 15M de la Puerta del Sol, que dio lugar a Podemos; Occupy Wall Street, y las protestas de los jóvenes en múltiples países, desde Brasil a Turquía pasando por Chile, por no hablar de las llamadas, quizá demasiado pronto, «primaveras árabes». Es decir, parece que asistiéramos a un masivo malestar conectado con causas diferentes, formas variadas y resultados distintos, pero que tienen un rasgo común que podría sintetizarse en un par de palabras: hartazgo e impotencia. Hartazgo de los de abajo, que siempre reciben todos los palos de las crisis o de las

guerras, e impotencia de los gobernantes y las instituciones, que no pueden abordar con eficacia los problemas que tenemos delante, porque son otros poderes,
que nadie ha elegido, los que deciden o condicionan
las decisiones que se toman siempre en beneficio de
unas minorías.

En realidad, esta dificultad de los poderes públicos no deja de ser paradójica, por cuanto, en principio, detentan el poder político, instrumento que les
facultaría para cambiar la situación en beneficio del
interés general; no obstante, no caminan en esa dirección, sino que se queman y suelen ser expulsados del
poder en los siguientes comicios, salvo raras excepciones, como si una maldición les impeliera a tomar las
decisiones más contrarias al interés de las grandes mayorías. Así sucedió en los últimos años en Grecia, Irlanda, Francia, Italia, Finlandia, Suecia y Holanda, con
las excepciones de Alemania, España y Portugal. ¿Qué
está pasando? La explicación de que todo se debe a los
efectos de la crisis económica no me convence, si bien
reconozco que tiene su influencia. Y no me convence
porque, de ser así, una vez superada la crisis –algún
día la superaremos–, todo volvería a ser como antes, y
esto no es verdad, nada volverá a ser como antes por
la sencilla razón de que la crisis de la democracia representativa tiene causas más profundas, que más tarde intentaré resumir.

Pero ahora déjenme referirme a una segunda
constatación que está en la base de mi reflexión: la democracia, a pesar de lo que algunos puedan pensar, es

una institución muy reciente, muy vulnerable y cuya fortaleza y consolidación radican, desde mi punto de vista, en su expansión. En este sentido, la conquista de la democracia ha sido una auténtica carrera de formidables obstáculos a lo largo de siglos de historia, que ha conocido múltiples fases.

Se ha hablado y se han escrito ríos de tinta sobre la democracia ateniense, la época de Pericles, la democracia de la República de Roma, y hay que reconocer que eran sistemas políticos avanzados para su época y que se oponían a la tiranía, pero que de democracia tenían bien poco al estar basados en la esclavitud de la mayoría, una institución que perduró hasta bien entrado el siglo XIX. En Gran Bretaña fue abolida en 1831, en las colonias francesas en 1848, en Cuba en 1880 y la Decimotercera Enmienda de Estados Unidos, que la prohíbe, es de 1865, después de la guerra de Secesión. Prohibición legal más bien teórica, pues especialmente en los estados del sur siguió vigente, en la práctica, durante muchos años más, y los derechos civiles de los negros no se reconocieron hasta bien entrada la década de los sesenta del siglo XX. ¿Se puede hablar de democracia si millones de personas no tienen los mismos derechos que los demás debido a su raza? Yo creo que no.

Pensemos luego en la condición y el sufragio de las mujeres. Dejando a un lado la carencia de otros derechos y limitando mi reflexión únicamente a la participación política, siempre me ha sorprendido e incluso escandalizado leer en libros de historia supuestamente solventes que en tal fecha se estableció el sufragio universal y luego comprobar que el autor se refería solo a los varones. Es decir, se consideraba «universal» dejar a la mitad de la humanidad fuera de la representación política. La realidad es que el derecho al voto femenino a partir de los 21 años no se estableció en Gran Bretaña hasta 1928; en los años veinte del siglo pasado se reconoció en Austria, Suecia, Países Bajos y Checoslovaquia; en Alemania durante la República de Weimar, de 1919 hasta 1933, cuando los nazis suben al poder y liquidan todo derecho de sufragio. En países como Francia, Italia y Bélgica no se reconoce este derecho a las mujeres hasta después de la IIª Guerra Mundial, es decir, en 1946. El caso de España es particularmente relevante. La IIª República reconoció el voto femenino, que se pudo ejercer por primera vez en las elecciones de 1933 y por última en 1936. Luego estalló la Guerra Civil, se implantó la dictadura y las mujeres no volvieron a votar, como los varones, hasta las elecciones de 1977. O, dicho de otra manera, hasta la Constitución de 1978 en España solo había habido cuatro años de democracia. Y estamos hablando de Europa occidental, donde se supone que la democracia echó antes sus raíces y se consolidó con mayor consistencia.

Luego podemos pensar en el periodo colonial, que se suele omitir u olvidar cuando se habla o escribe sobre las terribles dictaduras del siglo XIX y XX, pues parece que solo ha existido la de los fascismos y el estalinismo. Conviene no olvidar que prácticamente todos los países de Europa occidental tuvieron una o varias colonias en las que ejercieron férreas dictaduras, lo que nos permitiría afirmar que eran democracias hacia dentro y dictaduras hacia fuera; en fin, eso hace bastante discutible que fueran realmente democracias. La mayor parte de la humanidad estaba sometida a alguna de estas potencias europeas, y es bastante impresionante comprobar que, al inicio del siglo XX, en Asia y África solamente era independiente Japón. China se desembarazó de la opresión colonial en 1911 y, después, de manera definitiva, en 1949; la India y Pakistán en agosto de 1947; Indonesia rompe con Holanda en 1960; Marruecos, Túnez y Argelia entre 1950 y 1960; África se va liberando del colonialismo a partir de los años sesenta, pues antes de 1945 solo Etiopía y Liberia no estaban sometidas al sistema colonial. Lo mismo se puede decir de los países del mundo árabe, que alcanzaron la condición de naciones «independientes» después de la IIª Guerra Mundial; Angola, Mozambique y Guinea Bisáu lo hicieron en 1974, coincidiendo con la Revolución de los Claveles en Portugal. Por no hablar de la República Sudafricana, que, pese a ser independiente, tuvo en vigor el apartheid hasta los años noventa. Hablamos siempre de una independencia política, pues en muchas ocasiones estas naciones siguen dominadas en lo económico, como ha señalado recientemente, entre otros, el papa Francisco.

Un poco más tarde o coincidiendo en el tiempo llegó la era de las dictaduras, las del sur de Europa con España, Grecia y Portugal, y las del este del continente, las llamadas «repúblicas populares», bajo la órbita soviética. En América Latina, salvo algunas excepciones, se han alternado periodos dictatoriales con otros liberales hasta hace bien poco, momento en que parece que se han consolidado regímenes de sufragio y libertades públicas, en algunos casos inclinados a la izquierda.

Sin embargo, en mi opinión, la crisis actual de la democracia representativa obedece a diferentes causas. No creo que se deba al mal funcionamiento de los partidos, o a la corrupción o a la crisis económica, fenómenos que desde mi punto de vista son más consecuencias que causas de la crisis. El fondo de la cuestión es que la democracia realmente existente es el resultado de un larguísimo proceso histórico que se ha gestado dentro del Estado nación, es decir, en un espacio geográfico delimitado por las fronteras y el poder de los Estados, con un determinado nivel de la ciencia y la tecnología; es decir, su base cientificotécnica fue la Revolución Industrial y su sistema económico era el capitalismo industrial y comercial. Hay que tener en cuenta que otras experiencias, con bases distintas, como fueron las llamadas «democracias socialistas» acabaron fracasando. En consecuencia, para responder a la pregunta de qué está pasando con la democracia, tenemos que dedicarnos a estudiar cuál está siendo la evolución del capitalismo, sus características actuales y sus tendencias. Veamos cuáles son algunos de estos rasgos principales.

El capital tiende a expandirse, impelido por las transformaciones en su base tecnológica, por la búsqueda de nuevos mercados y con el fin de amortiguar la propensión a la baja de la tasa de beneficios. Esta tendencia es lo que hemos llamado «globalización» o «mundialización de la economía», un fenómeno objetivo e imparable, cuyos motores están en la revolución de la ciencia y la tecnología y en la financiarización de la economía en su conjunto, esto es, en la hegemonía del capital financiero y tecnológico sobre el conjunto de los procesos económicos.

Por otra parte, el capital se concentra de manera creciente y cada vez con mayor rapidez. Podríamos afirmar, en este sentido, que cien grandes multinacionales, pertenecientes a los diez sectores productivos más importantes, incluido el bancario, controlan la economía a escala global. Esta concentración se ha acentuado como consecuencia de las actuales crisis, en las que la «destrucción creativa» de la que hablaba Joseph A. Schumpeter ha sido brutal y ha supuesto la desaparición de millones de empresas y el crecimiento hasta límites desconocidos de algunas de las existentes.

Por último, la expansión y la concentración han acentuado las desigualdades relativas tanto internas como externas. No quiero decir con ello que hoy exista más miseria en términos absolutos, pues, como ya hemos señalado, gracias al crecimiento de algunos países emergentes, en especial China y la India, millones de personas han salido de la pobreza. Lo que está demostrado es que la diferencia entre los ricos y los pobres se ha acentuado y esa seguirá siendo la tendencia si no tomamos medidas.

De esta suerte, lo que ha sucedido a partir de los años setenta del siglo pasado es que el capitalismo se ha transformado, ha sufrido una mutación, cuya expresión más relevante no es solamente la globalización, sino la hegemonía de la «industria financiera» (que no solo comprende los bancos) en el propio capitalismo al financiarizarse este totalmente. Este proceso tiene sus orígenes y sus causas, que conviene reseñar con brevedad. En primer lugar, la creación «ilimitada» de dinero a partir de la decisión del presidente Nixon de desligar el dólar del patrón oro –que tenía una paridad de 35 dólares por onza–, una relación que había venido funcionando desde la desaparición del patrón oro real y tras convertirse el dólar en la moneda de referencia a nivel mundial. Esta decisión la tomó la Administración americana como consecuencia de los enormes gastos que estaban ocasionando las guerras, especialmente la de Vietnam, que, al final, perdería Estados Unidos. Este descontrol de la política monetaria se acentuaría en los años ochenta con la política de liberalización y privatización de la administración Reagan, en el marco de lo que se ha denominado el «Consenso de Washington» y alcanza su culminación con la decisión de la administración Clinton de dejar sin efecto la ley Glass-Steagall –aprobada en la época del New Deal rooseveltiano–, que prohibía a los bancos comerciales o de depósito ser al mismo tiempo entidades de inversión. En esta época los bancos dejan de serlo para convertirse en una industria financiera que «crea» dinero por medio de múltiples productos, muchos de ellos especulativos, como los famosos «derivados», que llegaron alcanzar un volumen siete veces el PIB mundial.

También existen otras causas más políticas en esta huida hacia delante del capitalismo contemporáneo, por ejemplo, la lucha por mantener la hegemonía a nivel planetario. En efecto, a partir de los años ochenta, el mundo occidental, en especial Gran Bretaña y Estados Unidos, empieza a perder posiciones en la economía productiva, en la elaboración de manufacturas, de cosas concretas; en pocas palabras, deja de ser la fábrica del mundo y, paulatinamente, comienzan a serlo los países emergentes, en especial China y la India. Ante esta tendencia, si se pretende seguir manteniendo la hegemonía económica, es necesario expandir hasta el paroxismo la virtualidad de las cosas, esto es, el dinero en cualquiera de sus manifestaciones o formas. Y a eso se dedicarán Wall Street, la City y el conjunto del sistema financiero.

En tercer lugar, el efecto que ha producido la creciente desigualdad, tanto dentro de Estados Unidos como en el conjunto de las grandes potencias, lo han analizado algunos economistas con gran precisión. Así, el estancamiento o la reducción de las rentas salariales, combinados con el mantenimiento de la demanda agregada, han conducido a un creciente endeudamiento de las familias, pues la única manera de adquirir bienes cuando no se tiene suficiente dinero es a través del crédito. Un crédito inducido y facilitado hasta límites grotescos por el propio sistema bancario. En un determinado momento, los Estados han tenido que asumir esta deuda y convertirla en «soberana», ante el riesgo que esto suponía para la solvencia de los bancos. Esta enorme deuda asumida por los Estados –un auténtico expolio de los contribuyentes–, unida a la crisis fiscal como consecuencia de la existencia de toda clase de elusiones y evasiones tributarias, es la causa de la crisis del Estado del bienestar o, dicho de otra manera, del relativo vaciamiento de la base económica del Estado social. Es como si el capital y sus rendimientos se hubiesen fugado del Estado, o también podríamos decir de la democracia, dado que esta, en su forma «nacional», es incapaz de controlar esos flujos de capital que son, en su actual naturaleza, mundiales.

Al mismo tiempo y conectado con lo anterior, se ha desarrollado un nuevo sistema cientificotecnológico, en el que se mueve el capitalismo global. Me refiero a internet y todos los artefactos conexos, al paso de lo analógico a lo digital y sus consecuencias, de la relación y comunicación vertical a la horizontal. Todo ello ha contribuido a que salten por los aires las fronteras geográficas, económicas y comunicativas, y a que aparezcan nuevas relaciones interpersonales, en una interconexión instantánea a nivel global. Esta es otra de las causas de que las costuras del Estado nación hayan saltado, con consecuencias relevantes para el funcionamiento de la democracia tal como la conocemos, y de que, como reacción ante este proceso, hayan resurgido con fuerza los nacionalismos defensivos, antihistóricos y con una importante carga desestabilizadora.

Como consecuencia de la anterior mutación del capitalismo han aparecido también nuevos sujetos de decisión con gran influencia política en tres ámbitos clave: el económico, el tecnológico y el de la comunicación, cuyas características principales radican en su naturaleza global y en el hecho de que no son elegidos por los ciudadanos. Es como si estos poderes se hubieran escapado de la política, es decir, de la democracia. El resultado ha sido que la tradicional dialéctica histórica entre economía y política o, visto desde otro ángulo, entre Estado y mercado, que era conocida, controlable y llevadera en el marco del Estado nación, se ha roto, como si se hubiesen desconectado ambos, y una de las partes del binomio –la economía, el mercado– se ha «fugado» al ámbito de lo universal, permaneciendo el Estado en la esfera de lo particular. De esta manera, la política permanece jugando en un terreno inferior y, en consecuencia, se hace subalterna, estratégicamente dependiente de los grandes poderes económicos que lideran los procesos de mundialización. En esta relación, como es lógico, no es lo mismo el peso de países como Estados Unidos, China o la India que el de otros como España o los demás Estados europeos. Esta dependencia se ha acentuado con la crisis económica, a partir de 2008. Como hemos señalado, los Estados nacionales, con el fin de salvar el sistema financiero –es decir, los bancos–, se han endeudado hasta límites desconocidos, al tiempo que la «ingeniería financiera» ha provocado una masiva elusión y evasión tributarias hacia los paraísos fiscales. Lo que queremos señalar es que, a diferencia de otras épocas, la creciente financiarización de la economía ha conducido a este gran poder, también político, del sistema financiero, lo que está condicionando hoy las decisiones políticas a nivel mundial y en el seno de cada Estado.

En estas condiciones, ¿cómo plantear un nuevo impulso que devuelva a la política, es decir, a la democracia, la primacía en la dirección de los procesos? En mi opinión, conseguir que el poder de los ciudadanos sea el que dirija la orientación de la globalización y la política de los Estados solo es posible si trabajamos para hacer realidad el concepto de «democracia expansiva». La democracia tiene que expandirse del mismo modo que lo hace el capital, en dos espacios relacionados entre sí. De una parte, de forma horizontal, espacial o geográfica, con la creación o el surgimiento de nuevos sujetos politicodemocráticos globales; y de otra, de manera vertical, por medio de la democratización de los procesos internos de cada Estado. El primer caso conecta con la trascendencia que tiene la construcción democrática de la Unión Europea y otros posibles procesos de integración supranacionales. La supervisión efectiva de formas de capital sistémicos, la eliminación de los paraísos fiscales, la imposición tributaria global sobre el capital u otros instrumentos de dirección de la economía solo son posibles a escala europea y, probablemente, en alianza con otros grandes poderes regionales. Por eso es tan importante que se produzcan avances y tengan éxito las uniones regionales que están surgiendo en diferentes continentes, en América Latina, en Asia o en África, o que sea cada vez más operativo un instrumento como el G20. Esta es la manera concreta de ir alcanzando una dirección democrática de los procesos de globalización: económicos, tecnológicos, comunicacionales o de sostenibilidad. El reciente acuerdo europeo sobre regulación de la inteligencia artificial es un ejemplo interesante de ello.

La expansión de la democracia exigiría algunas medidas sin las cuales es muy difícil que logre sus fines. Entre estos objetivos destacaría los siguientes:

- La supervisión y el control del sistema financiero, en especial de los grandes bancos sistémicos. Es de pura lógica que si existen instituciones financieras enormes que no pueden quebrar debido a su tamaño y a los devastadores efectos que esto produciría en el conjunto de la economía, dichas corporaciones deben controlarlas las instituciones del sistema democrático. Supone un grave daño a la democracia y, por supuesto, a los ciudadanos, que estos sujetos financieros puedan actuar sin el suficiente control y que, por el contrario, cuando tienen graves dificultades el Estado deba acudir a salvarlos con el dinero de los contribuyentes.

- La existencia de una banca pública especializada, capaz de cumplir determinados objetivos de interés general como pueden ser todos los relacionados con la innovación, las nuevas tecnologías, la investigación, el desarrollo o la sostenibilidad. El Banco Europeo de Inversiones es un ejemplo de lo que decimos.
- La implantación de una tributación de carácter planetario, es decir, un impuesto progresivo global sobre las rentas del capital, cuyas primeras experiencias empiezan a ponerse, tímidamente, en marcha.
- El avance hacia un sistema económico mixto, público y privado, en el que los sectores estratégicos queden enmarcados en el cumplimiento de los objetivos de interés general que la política económica de la democracia vaya señalando. No tiene lógica, dentro de una economía de mercado, que empresas que funcionan en régimen de monopolio u oligopolio obedezcan a criterios puramente privados.
- Abordar la reforma del funcionamiento interno de las grandes corporaciones, para dar una mayor participación a los que trabajan en ellas. Es imprescindible que la economía se democratice y esta es una de las manifestaciones de lo que llamo «economía expansiva».
- La reducción, a escala global y nacional, de la creciente desigualdad en el reparto de la riqueza. Este es uno de los grandes retos de nuestro

tiempo. La desigualdad es enemiga de la democracia, pues la vacía de contenido real. En este sentido no es suficiente la tradicional idea de la redistribución vía fiscalidad de la riqueza, una vez creada; es decir, una redistribución *ex post*. La distribución debe completarse con un reparto *ex ante*, esto es, en el momento de la creación de la riqueza, algo que exigiría una democratización de la economía, una nueva relación entre rentas del capital y rentas del trabajo.

— Sin la recuperación de la eficiencia y la suficiencia fiscales no hay democracia avanzada posible. La imposición tributaria no es una cuestión técnica, sino filosófica y política, pues sin ella no hay destino común ni acción colectiva. Si pensamos históricamente nos daremos cuenta de que muchas de las grandes revoluciones han tenido su origen en cuestiones fiscales: así, la francesa o la norteamericana. Por eso los paraísos fiscales o la desregulación financiera son, en mi opinión, incompatibles con la democracia. Esto es así porque el Estado social y democrático, única forma de democracia aceptable en los tiempos que vivimos, solo es sostenible con potentes sistemas fiscales.

— Al lado de estas dos grandes cuestiones que afectan de lleno al corazón de la democracia, como son las finanzas y la fiscalidad, hay una tercera que también incide en la suerte del sistema democrático. Me refiero a la sostenibilidad del ecosistema, es decir, a la necesidad de lograr un desarrollo que no solo no suponga una continua depredación de la naturaleza, sino que la vaya curando de todas las heridas que la irracionalidad de los seres humanos y sus sistemas económicos han ido provocando. En esta área, la cuestión de la energía es decisiva. En el cambio energético hacia energías limpias nos jugamos, en gran medida, no solo el destino de la democracia sino, igualmente, el de la humanidad.

En resumen, ante la expansión del capital y sus consecuencias la estrategia debería ser la expansión de la democracia, tanto horizontal como vertical. Para ello es necesario abordar la cuestión de cómo trabajar por un nuevo internacionalismo de las fuerzas progresistas, empezando por España y Europa, capaz de establecer las alianzas necesarias para que la democracia alcance un espacio global y pueda así controlar los procesos económicos y tecnológicos, hoy en manos de fuerzas no elegidas.

El caso español: limitaciones y nuevo impulso

La democracia española se puede estudiar como un submodelo dentro del modelo general de democracias social-liberales de Europa occidental, con ciertas características propias que iremos analizando. En todo caso nos podemos permitir, desde el principio, una primera constatación: la difícil relación histórica de España con la democracia. No es casualidad que sea el país de Europa occidental, con Portugal, que ha tenido más años de dictaduras y menos de democracia. Solo hemos disfrutado de libertad desde 1933, cuando se ejerce en la práctica el voto femenino, hasta 1936, y luego desde 1977, cuando tienen lugar las primeras elecciones democráticas, en adelante. Es decir, en todo el siglo XX, veintitrés años de democracia frente a setenta y siete años de carencia de plenas libertades y, entre estos últimos, cuarenta y ocho de dictaduras, si sumamos las de los generales Primo de Rivera y Franco. Solo Portugal y algún país del este de Europa han conocido parecida desgracia.

Las causas de esta complicada relación con la democracia no debemos buscarlas en nuestra especial naturaleza, ya sea biológica o antropológica. Esta hunde sus raíces en la historia, que es, a la vez, europea y singularmente periférica. Esta peculiaridad –toda historia nacional posee sus particularidades– ya se manifiesta en siglos bastante remotos. Ningún otro país de Europa occidental ha conocido los siete siglos de luchas religiosas, políticas y sociales que en los manuales de historia se conocen como la Reconquista y que algunos autores han calificado de guerras civiles. Lo cierto es que, sea cual sea la denominación que escojamos para definirlo, el periodo que transcurre de 711 a 1492 ha dejado su huella en la geografía, en la cultura, en el sistema productivo de nuestra nación y explica, en mi opinión más de lo que pensamos, hasta época reciente, la relevancia de instituciones como la corona, la Iglesia y la nobleza frente a fuerzas y concepciones más republicanas, mesocráticas y laicas, siempre perdedoras en nuestros lares, mientras que, por otro lado, triunfaban más allá de los Pirineos.

La propia «unificación» relativa de lo que llamamos España con los denominados Reyes Católicos se hace a costa de una severa limpieza religiosa y social con la expulsión de los judíos, que constituían una parte notable de la incipiente burguesía, y que tendría su continuidad con la expulsión de los moriscos, que suponían un porcentaje importante de la pequeña burguesía campesina en el reinado de Felipe III. Hubo también una continua persecución de erasmistas, protestantes y otras manifestaciones religiosas que intentaban sobrevivir al margen de la ortodoxia católica. Se buscaba la unidad religiosa, todo hay que decirlo, pero no la unidad económica ni la política, que la Iglesia dificultó siempre, celosa de su posición ante el poder secular. Luego tuvimos la fatalidad de ser, antes de tiempo, el primer gran Imperio europeo –junto al otomano– después del romano. Desde el punto de vista económico y político, este dominio fue, sobre todo para Castilla, una catástrofe. Solo durante los reinados de Carlos I y, en especial, de Felipe II, la hacienda de Castilla quebró en varias ocasiones y en la desgraciada batalla de Villalar, en 1521, pasamos de una monarquía más o menos nacional a una de naturaleza patrimonial, en manos de los Habsburgo. Así, el sostenimiento de la corona imperial –que, por cierto, Enrique VIII de Inglaterra tuvo que rechazar por demasiado onerosa– no trajo más que guerras por la hegemonía europea, y más tarde las guerras de religión en defensa de la Contrarreforma acabaron sangrando el país y sellaron el principio de una larga decadencia. Es curioso observar como, a partir de la guerra de Sucesión (1700-1714) y la llegada de los Borbones en sustitución de la agotada casa de Austria, España se difumina como sujeto político relevante del mapa de la historia de Europa.

Sin duda tuvimos nuestro Renacimiento y nuestra Ilustración, pero no podemos comparar a nuestros ilustrados con los británicos, franceses, holandeses o alemanes. No es una casualidad que la primera revolución burguesa que conoció Europa fuese la holandesa, que se gestó en la guerra contra la ocupación de España o, con mayor propiedad, frente al dominio de la casa de Austria. Y tampoco es casual que ante la influencia de la *Enciclopedia* y luego de la Revolución francesa, los Borbones españoles reaccionaran con un «cordón sanitario», diseñado y ejecutado por nuestros ilustrados, con el conde de Floridablanca a la cabeza, con el fin de evitar cualquier filtración de ideas disolventes que pusieran en solfa el poder de la monarquía o de la Iglesia.

El siglo XIX español es la historia de dos frustraciones y de una claudicación. Frustradas fueron las Cortes de Cádiz, parteras de una de las primeras constituciones liberales de Europa, cuya obra fue pronto segada por la reacción fernandina y que ya no levantaría cabeza sino durante efímeros periodos. También frustrada fue la experiencia de la Gloriosa y de la Iª República, ahogadas entre guerras carlistas y coloniales, anarquismos radicales, cantonalismos y raquitismos burgueses frente a enemigos poderosos –los poderes tradicionales–, siempre al acecho para dar el zarpazo que devolviera la historia a su cauce «natural». El acto de claudicación fue la Restauración borbónica, ese pacto contra natura entre una burguesía, siempre en precario, y las tres «desgracias» nacionales: la corona, la Iglesia y la nobleza, siempre en posición dominante. Todo ello sin contar la sucesión de «pronunciamientos» de los espadones de turno, guerras civiles, pérdida de las colonias, derrotas militares y otras calamidades. Incluso por la gran operación de la desamortización de los bienes eclesiásticos, que supuso cierta modernización económica, pagamos un altísimo precio. A cambio de los bienes desamortizados le entregamos a la Iglesia, aparte del dinero por los bienes expropiados, el cerebro de los españoles, pues qué otra cosa se pactó si no en el Concordato de 1851, por medio del cual la educación quedaba en manos de las instituciones de la Iglesia católica, una situación que en parte se ha prolongado hasta nuestros días. En fin, nunca tuvimos un Edicto de Nantes.

Algunos historiadores han sostenido que la Restauración, que se inicia con el reinado de Alfonso XII, es equiparable, en cuanto a modernidad o avances politicoeconómicos, a los sistemas existentes, en la misma época, en Europa occidental. No comparto esta opinión. Analicemos, por ejemplo, la situación agraria, el reparto de la tierra, la proporción de campesinos en el total de habitantes; la dependencia económica; el caciquismo o el número de analfabetos y comprobaremos que hay bastantes diferencias. A finales del siglo XIX y principios del XX, por ejemplo, el analfabetismo alcanzaba en España la cifra del 60%; en Italia era del 50%, en Francia del 17%, en Gran Bretaña y Alemania del 5%. Estos porcentajes no deben extrañarnos si tenemos en cuenta que el Estado español dedicaba el 60% de su presupuesto anual al ejército y la policía.

Durante buena parte del siglo XX, hasta el restablecimiento de la democracia, estamos en una situación marginal en la historia europea. Hemos sido un país periférico dependiente: no hay más que observar nuestro papel en Marruecos, siempre a remolque de las decisiones de otras potencias, principalmente de Francia. No participamos en la Gran Guerra, cuyo centenario conmemoramos en 2018, por pura debilidad política y militar, y porque, en el fondo, no sabíamos con quiénes estábamos, si con los imperios centrales o con los aliados liberales. Tampoco entramos de lleno en la IIª Guerra Mundial, y no por un acto de clarividencia del «caudillo», sino porque Hitler prefirió la alianza con la Francia de Pétain antes que con la España de Franco, ante las apetencias de este último sobre el Marruecos francés. Al final, aquella dictadura se quedó en «beligerante», ayudó a los nazis todo lo que pudo, envió la División Azul a combatir en Rusia y, tras terminar la contienda, con la victoria de los aliados, salvó el pellejo gracias al inicio de la guerra fría, al anticomunismo visceral de norteamericanos y británicos y, sobre todo, porque se entregó en cuerpo y alma a los intereses geoestratégicos de la potencia estadounidense.

Antes de todo esto, a la IIª República la había hundido el peso de la historia que venimos contando. Es decir, el atraso unido a una cierta modernidad que aquel régimen fue implantando y a que, como hemos sostenido, España era un submodelo europeo, sometido a los avatares de la relación de fuerzas en Europa. Aquí tuvimos la mala suerte de que esta no fuese favorable a la democracia, con Mussolini y Hitler imponiendo su voluntad ante la política de apaciguamiento de las potencias liberales. También deberían reconocerse algunos errores por parte de la República. Por ejemplo, no cuidar las necesarias alianzas en política exterior, manteniendo una confianza ingenua en el papel de la Sociedad de Naciones como garante de la paz en una Europa de hienas dispuestas a atacar. Es sintomática, a este respecto, la negativa de Azaña a la propuesta de una alianza con Francia que hizo el presidente del Gobierno, Herriot, en una visita oficial a España en noviembre de 1932. O no tener en cuenta de manera suficiente la política económica y su relación con la cuestión social, sobre todo cuando nos estaban golpeando de lleno los efectos retardados de la crisis del 29. Es curioso observar la escasa importancia que tuvieron los debates económicos en aquellas Cortes si los comparamos con los dedicados a los temas religioso, militar, territorial o social, cuando todos estos no tenían una buena salida si la economía iba mal. Solamente la cuestión agraria ocupó un lugar destacado, aunque aislado de una visión general de la economía y del sistema productivo. Un golpe militar y una terrible guerra civil acabaron con el intento más serio de modernizar España y se dio, de nuevo, esa triste historia de mutar una guerra europea en una guerra civil. Los cuarenta años de dictadura los padecimos mucho y no voy a comentarlos en esta ocasión. A ese periodo he dedicado un libro, *La memoria insumisa*, junto con Javier Alfaya.

A la etapa que hemos llamado «Transición» también he dedicado otro libro, titulado *El final de la dictadura*, junto con el profesor Alberto Sabio, pero creo que merece la pena añadir aquí una reflexión sobre ese trascendental periodo de nuestra historia reciente con el fin de comprender mejor lo que hemos llamado el caso español. He llegado a la conclusión de que no se entiende lo sucedido durante esos años si no se conoce con precisión cuál era la relación de fuerzas o de debilidades que existía en aquellos momentos. En resumen, podríamos decir que los movimientos sociales y políticos de oposición a la dictadura no teníamos bastante fuerza para derrocar aquel régimen, pero sí la suficiente para impedir que se mantuviera por más tiempo y conquistar las libertades. En estas condiciones y en un acto de responsabilidad y realismo, se pactó el proceso hacia la democracia. En mi opinión y a pesar de las críticas poco fundadas que se hacen ahora a ese periodo, la llamada Transición fue un éxi-

262

to. Establecimos un sistema democrático homologable al de los europeos, con una constitución bastante avanzada, válida para unos y otros –lo que no quiere decir que no se pueda mejorar–, se evitó una confrontación civil, es decir, una gran violencia, y nos enchufamos por fin a Europa, con todas las consecuencias. No fue, desde luego, un camino de rosas. Se dejaron muertos y asesinados por el camino; entramos treinta años tarde en la UE por culpa de la dictadura y se tuvieron que hacer concesiones, por una y otra parte, para alcanzar un resultado final válido para el conjunto. Esta democracia, aun con sus márgenes de mejora, ha permitido el desarrollo económico y social más rápido y profundo de toda nuestra historia. En algunos momentos hemos sobrepasado a Italia en renta per cápita, hemos modernizado nuestro capital físico y humano y hemos construido un Estado del bienestar aceptable.

No obstante los importantes avances conseguidos en los últimos cuarenta y cinco años de democracia, siguen existiendo adherencias del pasado que no conviene olvidar y a las que hay que prestar atención.

Primero, sobre la forma de monarquía parlamentaria del Estado. Esta, en mi opinión, se mueve entre la utilidad y la obsolescencia. La monarquía de los Borbones nunca fue democrática, a diferencia de algunas otras europeas, en especial las del norte. Una prueba de su incompatibilidad con la democracia es el apoyo de Alfonso XIII a la dictadura de Primo de Rivera, algo que, a la postre, le costó la corona. Luego, el restablecimiento de la monarquía de la mano del general Franco no fue la mejor carta de presentación de credenciales democráticas, lo que no impidió que el nuevo rey desempeñara un papel esencial en la recuperación de las libertades y pasase a ser, tras la Carta Magna de 1978, un monarca constitucional. De esta suerte, se podría decir que el rey de 1975 no era el mismo que el de tres años más tarde, aunque fuera la misma persona física. Teniendo en cuenta este proceso, yo no sería partidario, en este momento, de un referendo entre monarquía o república. Ni es el problema más importante que tenemos por delante ni creo que cambiara la situación. Supondría una nueva división entre los españoles y tampoco pienso que sea una demanda social mayoritaria. La propia abdicación del rey Juan Carlos como consecuencia del creciente desprestigio de la monarquía y la proclamación de Felipe VI como nuevo monarca quizá haya dado un nuevo impulso a la institución, pero no es descartable que en el futuro la ciudadanía española pueda plantearse lo más conveniente para el país teniendo en cuenta las circunstancias y la propia evolución de la institución. La monarquía podrá mantenerse si es útil, ejemplar y cumple escrupulosamente con la Constitución.

Segundo, la posición de la Iglesia no responde a un país no confesional como el nuestro, sino que arrastra rémoras del pasado. El actual Concordato es sustancialmente preconstitucional y debería denunciarse. La posición de la Iglesia católica en la educación es excesiva y lo mismo ocurre con el patrimonio, ya que estamos asistiendo a una especie de nueva «amortización» de bienes historicoartísticos en su favor. La financiación de la Iglesia es abusiva, y no se está cumpliendo el principio de autofinanciación que se aprobó en su día, cuando declaró en los acuerdos de 1979 su propósito de lograr por sí misma los recursos suficientes para sus necesidades. Su posición en las funciones públicas no es coherente con un Estado no confesional, pues ocupa un lugar preeminente en desfiles u otros actos de este tenor. Por último, sigue teniendo excesiva influencia en la legislación sobre aspectos de la moral, la educación o las libertades individuales, especialmente cuando gobierna la derecha.

Tercero, arrastramos una insuficiente cohesión social, con avances en los momentos actuales. Dedicamos a gastos sociales ocho puntos menos que la media de la Unión Europea y la desigualdad ha aumentado tanto que somos uno de los países que más la acusan del continente. Nuestra herencia en temas fiscales es negativa. No se implantó un auténtico Impuesto de la Renta de las Personas Físicas en España hasta la conquista de la democracia, como consecuencia de los Pactos de la Moncloa, mientras que Gran Bretaña lo había hecho en 1909, Estados Unidos en 1913 y Francia en 1914. Por otra parte, la pobreza infantil sigue siendo una lacra, que si bien está en descenso, alcanza a más del 20 % de la población en esta franja de edad.

Cuarto, la cuestión territorial sigue sin resolverse. No somos los únicos que tenemos este tipo de proble-

265

mas, pero mientras naciones como Gran Bretaña o Bélgica lo van solventando, nosotros seguimos estancados entre el inmovilismo de unos y el secesionismo de otros. Con la Constitución de 1978 se llegó en este asunto hasta donde se pudo y la España de las autonomías ha contribuido de forma relevante a la modernización del país. No obstante, todo se oxida con el paso del tiempo y hoy sería conveniente abordar una reforma que culminase la obra que se empezó en 1978. Se ha dicho, con razón, que España es un Estado cuasi federal. Pues bien, no se puede estar toda la vida siendo cuasi algo. La naturaleza histórica de España es federal, porque es una nación formada por otras naciones culturales, nacionalidades y regiones, con diferentes lenguas y culturas que conviene proteger para fortalecer el conjunto. Lo cierto es que en este aspecto nunca hemos dejado de vivir en un estado de dificultad, y solo lograremos superar esta situación cuando seamos capaces de hacer compatibles la solidaridad y la unidad del conjunto con el respeto y la potenciación de la identidad plural de sus componentes. El federalismo puede ser una fórmula adecuada para alcanzar este objetivo, como hemos defendido en el capítulo correspondiente.

Quinto, el sistema productivo se ha modernizado, pero seguimos teniendo un problema serio con la investigación, la innovación y las aplicaciones tecnológicas. El «problema de la ciencia española» sigue ahí desde que hablaba de él, entre otros, Santiago Ramón y Cajal. Las pruebas de que inventamos poco son que el español ha quedado excluido como lengua oficial en el registro de patentes de la UE; que nuestros científicos e investigadores tienen que emigrar para poder desarrollar sus trabajos; que el presupuesto, tanto privado como público, en I+D+i sigue siendo menor, a pesar de los últimos progresos, en comparación con los países más avanzados, y que nuestras universidades no están bien situadas en las clasificaciones internacionales. Debemos interrogarnos, a este respecto, por qué España es el país con más paro de Europa; por qué Andalucía o Extremadura siguen estando entre las regiones con menos PIB de la Unión; por qué el sector inmobiliario ha gozado de ese peso tan determinante en la economía española, con las negativas consecuencias que ello ha tenido en algunos momentos; por qué el sistema financiero tiene ese papel tan preponderante y está tan concentrado; por qué somos uno de los países avanzados que tiene más economía sumergida y mayor nivel de fraude fiscal. Por qué, en fin, nuestro sistema productivo es tan proclive a la elusión de los impuestos. La última cifra conocida de que los españoles tienen 140.000 millones de euros en paraísos fiscales es un escándalo mayúsculo que es necesario atajar con urgencia.

Sexto, en el sistema político también encontramos algunas carencias del pasado. Cuando se elaboró la Constitución de 1978 se encorsetó en exceso la vida política y se hicieron concesiones por temor a procesos involucionistas. La ley electoral es claramente injusta e inadecuada para los tiempos que corren, lo mismo que el Reglamento del Congreso, que constriñe el debate parlamentario y la relación de las Cámaras con los ciudadanos. No se quiso desarrollar un auténtico «patriotismo constitucional», y se empezó por declarar fiesta nacional el 12 de octubre, Día de la Hispanidad, que el Gobierno Maura instauró en 1918, en vez del día de la aprobación de la Constitución el 6 de diciembre, en línea con las Cortes de Cádiz cuando el diputado Agustín Argüelles dijo aquello de «Españoles, ya tenéis patria», el mismo día que quedó aprobada la Carta Magna. Luego se construyó un monumento a la Constitución del 78 que nadie sabe dónde está ubicado, salvo los perros cuando se orinan encima. Por lo visto, en España no hubo lucha, ni víctimas por la democracia, ni tampoco resistencia frente a la dictadura. Aquí las únicas víctimas que hay son las de ETA, que han sido reconocidas con todo merecimiento. Pero también hay otras que deberían recordarse y honrarse. Sobre este humus se ha levantado la democracia española, con una insuficiencia de historia y cultura democráticas que luego se refleja en su funcionamiento y que explica muchos fenómenos negativos de nuestra vida colectiva. Entre estos no son menores aspectos de un viejo caciquismo que encontramos en bastantes comunidades autónomas, y en el funcionamiento de algunas alcaldías y diputaciones, en las que personajes y personajillos se perpetúan en los cargos e incurren en la prevaricación a troche y moche. En la actualidad algunos de estos atrasos están siendo corregidos: por ejemplo, en la trascendental

Ley de Memoria Democrática, que viene a colmar una grave carencia en cultura democrática. Sin embargo, es inquietante observar que, ante la labor que está realizando el gobierno de progreso en este terreno, las derechas se dedican a derogar las leyes autonómicas homónimas.

Por todo ello creo que es necesario un nuevo impulso, una nueva ola de reformas democráticas que termine de modernizar a nuestro país en esta primera mitad del siglo XXI, en el que la globalización es un hecho objetivo.

La primera de todas debería ser la del sistema productivo, promoviendo una nueva industrialización basada en la economía de la ciencia y la innovación, con las que España tiene una asignatura pendiente. La inversión en I+D+i debería alcanzar, como mínimo, el 2,5 % del PIB, y habría que dedicar una parte sustancial del mismo a recuperar científicos esparcidos por el mundo. Con este fin deberíamos afrontar la cuestión central de la reforma del sistema financiero, hoy demasiado poderoso y concentrado, y origen de la última gran crisis del capitalismo. Su rigurosa supervisión por parte de los poderes públicos, con el fin de que no se repitan otras crisis similares y cumpla con los objetivos económicos considerados prioritarios, es una exigencia de la expansión de la democracia. En este sentido debería crearse una banca pública que contribuya al buen funcionamiento del sistema en su conjunto. Sería necesario también abordar una reforma democratizadora parecida en el sector energético, que hoy funciona en régimen de oligopolio y auténtico cuello de botella en la reducción de costes para las empresas. Por otra parte, no habrá desarrollo sostenible sin la implantación de un nuevo tipo de energías limpias y la utilización racional de las actuales. España no está entre las peores situadas en la lucha contra el cambio climático, pero los incendios recurrentes y los desequilibrios medioambientales nos indican hasta qué punto es prioritaria esta cuestión. Es un tema de supervivencia y para estas cuestiones están pensados los artículos 45 y 128 de la Constitución, que dicen que «toda la riqueza del país en sus distintas formas, y sea cual fuera su titularidad, está subordinada al interés general». ¿Qué mayor riqueza, subordinable al interés general, que la que supone el medio natural?

En segundo lugar, tendríamos que modernizar nuestro Estado del bienestar. Las políticas redistributivas *ex post*, es decir, una vez creada la riqueza, ya no son suficientes. Una expansión de la democracia exigiría un mejor reparto *ex ante*, es decir, en el proceso de creación de la riqueza misma, lo que necesitaría acuerdos entre capital y trabajo, y en la negociación colectiva, más profundos que los actuales, ligados a las cuestiones de la productividad.

El Estado social es insostenible sin un sistema fiscal potente, y el actual sistema español es injusto e ineficiente. Los agujeros del fraude y la elusión fiscal, como ya hemos señalado, son escandalosos. La eliminación de los paraísos fiscales y la economía sumergida, y la implantación de impuestos sobre las transacciones financieras internacionales, son objetivos ineludibles si queremos mantener y modernizar un Estado social. La férrea oposición de la banca y las energéticas a que se implante un modesto impuesto a sus beneficios extraordinarios, incluso con amenazas de «huelga de inversiones» o deslocalizaciones, puede llegar a convertirse en un ataque a la democracia. La realidad es que hoy los trabajadores y las familias en general pagan más impuestos que las grandes corporaciones.

En tercer lugar, deberíamos abordar una reforma de la Constitución que ponga al día la actualmente vigente. No soy partidario de abrir un proceso constituyente como proponen algunos. Ni se dan las condiciones ni es necesario. Esta reforma debería abordar dos cuestiones principales, aparte de la al fin cumplida de sustituir «disminuidos físicos» por «personas con discapacidad». De un lado, la culminación de la España de las autonomías en un sentido federal, como ya se ha indicado. La idea de una España federal en una Europa federal se irá abriendo camino en el futuro. De otra parte, consolidar nuestro Estado del bienestar con la constitucionalización de derechos sociales básicos como la sanidad, las pensiones, la vivienda y la protección social, situándolos al mismo nivel que los derechos políticos fundamentales.

En cuarto lugar, se debe hacer realidad el carácter no confesional de nuestro Estado, mediante la denuncia del actual Concordato y la introducción de leyes y prácticas que hagan que nuestro sistema camine hacia un laicismo moderno.

En quinto lugar, una democracia en expansión necesita combinar elementos de la democracia representativa con otras formas más participativas, posibilidad que ha aumentado con la introducción de las nuevas tecnologías. Una consulta más asidua a los ciudadanos, empezando por el nivel local; una relación más estrecha entre los electores y los elegidos; un funcionamiento diferente de los partidos políticos, más horizontal y menos vertical: todo ello es posible y urgente.

En sexto lugar, una parte de las anteriores reformas tiene que enmarcarse en el proceso de construcción política de la Unión Europea. Sobre todo, algunas de las transformaciones económicas mencionadas deberían tener su proyección en la Unión, que, de igual manera, debe reformarse en profundidad, como ha puesto en evidencia la actual crisis. Dejando claro, en cualquier caso, que solo hay futuro en una Europa federal y democrática y que cualquier retroceso nacionalista sería suicida, como explicamos en el capítulo de este ensayo dedicado a la Unión Europea.

8. LA DEMOCRACIA EXPANSIVA

Las manifestaciones del agotamiento o el deterioro de la representación política o incluso del sistema democrático tal como lo conocemos son variadas y adoptan diferentes características según los países y continentes. Sin embargo, lo que sí parece común es que este malestar sobre el funcionamiento de nuestros sistemas políticos tiene un alcance general y es de naturaleza global. Una expresión bastante obvia de este desapego o falta de confianza en la política y los políticos aparece en la creciente abstención de los ciudadanos. No obstante, no creo que este sea un dato permanente del que podamos extraer conclusiones definitivas, por cuanto no es, pienso, una tendencia consolidada en todos los casos. Estamos acostumbrados a observar que cuando la pugna política se encona o cuando la ciudadanía tiene el convencimiento de que es necesario cambiar y percibe que esta transformación puede darse –lo que se llama «pulsión de cambio»–, las cifras de participación electoral aumentan considerablemente. Por ejemplo, en las primeras elecciones presidenciales de Estados Unidos que ganó Obama, en aquellas en las que triunfó Hollande en Francia, o en las más recientes de Alemania o de España, la cifra de votantes ha sido alta. Es más que posible que, en la actualidad, la ciudadanía tenga la impresión de que, vote lo que vote, los ansiados cambios no serán sustanciales, pero no por ello una mayoría dejará de ir a las urnas, aunque sea quizá de forma decreciente.

Un segundo síntoma de esa misma degradación es la aparición, sobre todo en países de la UE, de importantes sectores ciudadanos que apoyan a partidos antisistema o con posiciones populistas, xenófobas, de ultraderecha o contra todos y contra todo, formaciones que denotan un malestar difuso, confuso, sin propuestas alternativas, aunque representan a una parte de la población que se aleja del sistema democrático. No todas estas expresiones son iguales ni se manifiestan en la misma dirección, pero sí son consecuencia de la incapacidad de la política para dar respuesta a los problemas reales que acucian a la gente común. No obstante, donde se manifiesta más a fondo el deterioro es en la actitud de los movimientos sociales, esencialmente entre los jóvenes, que se expresó en diferentes partes del mundo, en un masivo malestar conectado que ya hemos dado en mencionar. En algunos casos, la revuelta nació contra situaciones dictatoriales, como en los casos de Egipto y Túnez, pero en la mayoría de ellos la protesta masiva tuvo su origen en el hartazgo ante la inoperancia de la política, es decir, de la democracia realmente existente, para afrontar y resolver los problemas reales de las sociedades. Los ciudadanos tienen una certeza creciente de que son otros poderes no democráticos, en especial los económicos, los que realmente deciden y marcan la ruta. A lo anterior se suma la insuficiencia de los partidos políticos para ser un cauce real de participación en la vida política, al tiempo que en ocasiones son escenario de prácticas corruptas.

En el caso de los gobiernos el fenómeno es realmente paradójico, porque teniendo como tienen, en un principio, el poder político para cambiar las cosas a las que se han comprometido, lo cierto es que al poco tiempo de empezar a ejercer se queman, sean del color ideológico que sean, con alguna excepción que confirma la regla, como fue el caso de Merkel en Alemania. Al principio se crean grandes expectativas, como sucedió en los casos de Sarkozy, Hollande, Papandréu, Rousseff o Macron, y, a las primeras de cambio, se comprueba que no tenían tanto margen de maniobra, que pocas cosas iban a cambiar en sustancia, que los ciudadanos se decepcionaban y que las encuestas de opinión empezaban a ir a la baja. Es obvio que en este fenómeno está afectando las duras crisis que hemos atravesado y seguimos padeciendo, pero no creo que se trate solo de eso. La situación económica mejorará y, sin embargo, los gobiernos nacionales seguirán teniendo serias dificultades para resolver la mayoría de las cuestiones que nos preocupan. En definitiva, pienso que la crisis de representación de la democracia tal como la conocemos va mucho más allá de la crisis económica y tiene unas causas históricas, geopolíticas y cientificotecnológicas que conviene analizar.

No obstante, las causas profundas de este agotamiento y malestar no radican, principalmente, en el deficiente funcionamiento de los partidos, la rampante corrupción o los efectos de la crisis económica, que son más bien consecuencias. Por supuesto, todos estos fenómenos negativos están contribuyendo a la erosión de la actual democracia, al alejamiento de los ciudadanos de la política. Pero no entenderemos cabalmente el problema si no analizamos, aunque sea de forma somera, el origen y las bases sobre las que se sustentaba la democracia tal como hoy la conocemos. La construcción de la democracia moderna ha sido un largo proceso histórico que ha durado varios siglos, y hay que tener en cuenta que la mayor parte del mundo no la conoce todavía y quienes la disfrutan lo hacen de forma bastante imperfecta. Hitos de este larguísimo proceso son: la Revolución holandesa del siglo XVI, la inglesa del XVII, las revoluciones norteamericana y francesa del XVIII; la caída de los imperios austrohúngaro, germano, otomano y ruso en el XX; las luchas por la emancipación colonial de los siglos XIX y XX; la conquista del sufragio femenino y de los hombres y mujeres de color; el fin del *apartheid*; las revoluciones del este europeo y el final de las dictaduras en el sur de Europa, todo ello sucedido en el siglo pasado.

Sin olvidar que hoy en día innumerables países de Asia, África y Oriente Medio siguen sin conocer la democracia. Creo que tenía bastante razón quien dijo que todavía estamos en la infancia de la humanidad.

Ahora bien, todas estas revoluciones, cambios y sistemas políticos más o menos democráticos han nacido y se han desarrollado en marcos geopolíticos concretos, dentro de unas fronteras delimitadas, aunque su impacto haya podido repercutir más allá de sus confines, como sucedió con la Revolución francesa. En cualquier caso, al margen de su influencia internacional, eran procesos que tenían lugar dentro del Estado nación, es decir, dentro de la soberanía de un país, con fronteras reconocidas, una moneda, unas leyes, un ejército, unas instituciones propias, un mercado y una «economía nacional». Precisamente durante estos procesos más o menos revolucionarios en los que se construye el Estado nación –la gran obra de las burguesías nacionales– uno de los objetivos principales era crear un mercado propio que permitiese el desarrollo de la economía en las primeras fases de la industrialización. Por lo tanto, la democracia que conocemos nace y se desenvuelve delimitada en el espacio geográfico y en las instituciones políticas del Estado nación, en el marco de un determinado proceso económico o, si se prefiere, en un desarrollo concreto de las fuerzas productivas y sus correspondientes relaciones de producción, lo que supone, a su vez, un determinado nivel de la ciencia y la tecnología. No debemos olvidar, por otra parte, que la base económica de la democracia ha sido capitalista, pues las experiencias de una democracia socialista o han fracasado –URSS, países del Este– o están todavía, en el mejor de los casos, por demostrar –China y Vietnam–. Por lo tanto, para comprender qué les pasa a nuestras democracias hay que entender que son todavía muy jóvenes y, sobre todo, hay que analizar cómo ha evolucionado este capitalismo, al que algunos llaman impropiamente «economía de mercado», que tiende a expandirse y busca la concentración. Se desarrolla de manera desigual, produce crecientes disparidades internas y, en los últimos tiempos, se «financiariza», algo de lo que por otra parte ya advirtieron los clásicos del socialismo, hoy injustamente olvidados a pesar de que la historia les está dando la razón en no pocas de sus predicciones generales.

Es sabido que el capital se expande de manera «natural», algunas veces a través de las guerras y las rapiñas, con el objeto de conquistar nuevos mercados y también por la sencilla razón de que la realización de su ganancia radica en la venta de productos o servicios. La historia del capital es la historia de su expansión. De la misma manera y por parecidos motivos el capital se concentra, con el fin de ganar músculo, lo que es tanto como decir ganar competitividad, economías de escala, cuotas de mercado, y reducir los costes. Además, las crisis cíclicas del capitalismo aceleran este proceso a través de lo que se ha llamado «destrucción creativa» o «creadora», por medio de la cual los más débiles desaparecen o son comprados por los más fuertes, que de esta manera acrecientan su poder. Este proceso ha llegado a un punto en el que hoy en día, como ya hemos señalado, no más de cien multinacionales controlan los diez sectores más importantes de la economía a escala planetaria.

En otra dirección, como venimos diciendo, el capitalismo se manifiesta de manera desigual en términos geográficos, debido a razones históricas, políticas y económicas, dado que tiende a crecer con más fuerza en determinadas áreas del mundo que en otras. Esta desigualdad no solo se produce u origina en sentido geográfico, sino también en función de sectores o clases sociales dentro de cada país. Esto no quiere decir que las personas, en general, vivan cada vez peor, sino más bien todo lo contrario, gracias por un lado a las luchas sociales desarrolladas durante varios siglos y, por otro, a los efectos benéficos de la propia democracia allí donde se disfruta. Pero sí se puede afirmar que, en términos relativos, la desigualdad en el reparto de la riqueza se ha acentuado. La diferencia entre ricos y pobres se ha acrecentado en los últimos decenios, lo que no es óbice para que se pueda decir que los pobres han mejorado su suerte, sobre todo en ciertas zonas del planeta.

Por último, el capitalismo se ha transformado y desarrollado de manera elefantiásica: su industria financiera ha crecido de forma patológica y ha devenido dominante dentro del sistema. Esta financiarización del capital, origen, junto a la desigualdad creciente, de la crisis de 2008, se debe a la lucha por la hegemonía a escala planetaria entre las grandes potencias. Dos razones principales han contribuido a este fracaso. Por un lado, la posibilidad de que particulares o privados puedan «crear dinero» en gran escala. Por el otro, la ya mencionada pérdida de posiciones de Occidente en la producción de bienes o manufacturas en favor de las potencias emergentes, principalmente China y otras naciones asiáticas, lo que empujó a los Estados occidentales a un crecimiento desorbitado de las industrias financieras con el fin de mantener la preponderancia. Era menos costoso deslocalizar sectores, industrias o producciones enteros a países subdesarrollados en los que la mano de obra era mucho más barata y los derechos sociales brillaban por su ausencia. Así, se puede afirmar que si durante el siglo XIX Gran Bretaña era la fábrica del mundo y en el siglo XX pasó el testigo a Estados Unidos, hoy en día ese papel le corresponde a China y otros países asiáticos. El problema, sin duda, es más complejo, porque en la actualidad cada vez es más difícil decir que un determinado producto es *made in* un lugar determinado, pues sus múltiples componentes están fabricados en diferentes países. Sería un error, además de un esfuerzo inútil, pretender volver a una «soberanía» productiva de corte más o menos autárquico. Lo que se debe intentar, como se viene diciendo hace mucho tiempo, es fortalecer el músculo industrial del país en determinados productos esenciales y, sobre todo, conseguir una independencia en productos estratégicos en el ámbito europeo.

Al mismo tiempo que el capital se ha ido expandiendo y desarrollando en el sentido apuntado, han hecho su aparición y se han ido perfeccionando, a gran velocidad, nuevas fuerzas productivas, o si se prefiere un nuevo sistema cientificotecnológico que ha transformado por completo los elementos de la realidad en que se movía la política democrática tal como la hemos conocido. No hay que olvidar que la democracia «nacional» es factible y ha funcionado, en sus actuales términos, en el marco de la Revolución Industrial, con un nivel determinado de la ciencia y la tecnología, en el que lo predominante era la producción de bienes «físicos» dentro de un mercado acotado y en el que las relaciones entre las personas eran, en esencia, verticales o jerárquicas dentro de unas instituciones políticas nacionales. Las nuevas tecnologías, en la configuración global del capital, han hecho saltar todas las fronteras, no solo geográficas —es decir, la soberanía estatal sobre un territorio concreto—, sino económicas, comunicativas, del conocimiento, de las relaciones personales, posibilitando nuevas formas de relaciones horizontales, en red, a escala mundial y de manera instantánea. Por eso, hoy en día tenemos de un lado a las personas en creciente interconexión por encima de las fronteras y de los Estados, y de otro, a las grandes empresas dominantes funcionando en todo el mundo, es decir, en un mercado global sin «nacionalidad» conocida. Sin embargo, podemos observar como la democracia sigue funcionando, en esencia, dentro del estrecho marco del Estado nación o haciendo tímidos avances para trascender dicho espacio en experiencias como la Unión Europea u otras más laxas. Este proceso, por paradójico que parezca, está produciendo un reverdecer de los nacionalismos, que si bien son ahistóricos reflejan el temor defensivo de las poblaciones ante una globalización dirigida por un poder económico que amenaza sus condiciones de vida y trabajo.

En este nuevo contexto, con las transformaciones que lo han ido dibujando, han surgido nuevos sujetos o actores decisorios, cuyas características son: su espacio de actuación es global, y no obedecen a criterios «nacionales» ni se someten a reglas políticas democráticas; son poderes no elegidos por los ciudadanos y se mueven en tres ámbitos claves para la suerte de los humanos: el económico, el tecnológico y el de la información y la comunicación. En pocas palabras, controlan de manera creciente el mundo económico y financiero, del que dependen en gran parte todos los demás, aparte del de los procesos tecnológicos y el de la creación y difusión de la información. Las grandes multinacionales de las finanzas, la industria y los servicios, las nuevas tecnologías y la comunicación funcionan en un terreno de juego que es el mundo, en un mercado que es, y no puede dejar de ser, global y cuya subsistencia —en forma de beneficios— depende de su capacidad de competir en ese espacio planetario, sin fronteras ni ataduras «nacionales». Y, como ya hemos señalado antes, este no es el caso de la política y de la democracia, cuyos términos de poder, en esencia, siguen siendo nacionales o estatales.

Por esta razón vengo sosteniendo que el fenómeno que tenemos delante es el de una economía, una tecnología y una comunicación que se han «escapado» de la política, esto es, de la democracia. Siempre ha existido, es cierto, una relación dialéctica y conflictiva entre economía y política y, dentro del sistema capitalista, entre la democracia en la sociedad y la no democracia en la economía. Pero esta dicotomía era más aceptable, llevadera o equilibrada cuando tanto el Estado como el mercado eran «nacionales». Es cierto que la mayoría de las veces el poder político establecido, incluso el elegido por los ciudadanos, respondía a los intereses generales del sistema. En ese sentido tiene algún significado la famosa frase de Marx de que los consejos de ministros son el gran consejo de administración del capital en su conjunto. Pero no siempre es así, en especial a partir de la irrupción de los partidos obreros y de la conquista del sufragio universal, tras incluir a las mujeres. Es a partir de entonces, después de la IIª Guerra Mundial, cuando determinados gobiernos adoptaron políticas avanzadas, se crearon en Europa occidental los Estados del Bienestar, se alcanzó un pacto social que equilibró mejor los intereses del capital y del trabajo, en un nuevo modelo que en ciertos países del norte de Europa se podría calificar de mixto entre público y privado. Ahora, en cambio, la relación entre mercado y Estado, economía y política, se ha trastocado completamente porque una de las partes del binomio se ha «fugado», ha roto la dialéctica anterior, y se ha elevado a un nivel que la otra parte no alcanza. De esta manera, la política, el Estado y la democracia (donde existe) no se enfrentan en igualdad de condiciones, en el mismo terreno, con los grandes poderes económicos. Por el contrario, pasan a ser elementos en cierto modo subalternos, no tanto en los mismos términos en que se aplica este adjetivo a la clase, sino de poder político condicionado y, en consecuencia, influido estratégicamente por los poderes de la no-política, sean cuales fueren las apariencias en un determinado momento.

Como es lógico, este carácter condicionado del Estado nación no se presenta con el mismo grado de intensidad en todos los casos. Cuanto mayor y más fuerte es un Estado, más opciones tiene de establecer una relación dinámica con los grandes sujetos económicos e incluso de dominarlos. Así, las posibilidades de Estados Unidos, China, la India o Rusia son muy superiores a las de España, Francia, Italia o incluso Alemania. De ahí la trascendencia, para estos últimos, de acelerar el proceso de unidad de la UE. Sin embargo, en todos los casos, los grandes poderes económicos, que se pueden desplazar de manera instantánea o pueden deslocalizar sus negocios a escala planetaria, tienen la posibilidad de eludir la acción de los Estados, aun de los más fuertes, si las medidas o las políticas de estos nos les convienen. Esto suele suceder, por ejemplo, cuando las políticas fiscales se vuelven más estrictas o las normas laborales son, a su juicio, en exceso protectoras del trabajo. De cualquier forma, esta tendencia tiene sus límites, pues de lo contrario el capital se concentraría, por ejemplo, en África, y, obviamente, no es el caso.

En conclusión, podríamos afirmar que estamos asistiendo, desde hace algunas décadas, a una mundialización creciente de la economía, la tecnología y la comunicación, mientras la política y no digamos la democracia se quedan atrás. Un ejemplo paradigmático lo tenemos en el medioambiente. El calentamiento global está científicamente demostrado y, no obstante, los poderes públicos son incapaces de frenar el camino hacia el desastre.

Cuando pretendemos abordar el tema de un nuevo impulso democrático no nos podemos quedar en asuntos que, siendo importantes, no llegan al fondo de la cuestión. Está claro que es necesaria, o imprescindible, una reforma a fondo de la política tal como hoy se ejerce: partidos más abiertos y democráticos; nuevas leyes electorales más justas que acerquen el elector al elegido; normas de control y transparencia que acorralen la corrupción; cámaras legislativas más permeables a la presencia de los ciudadanos; nuevas formas de participación a través del uso de las nuevas tecnologías; mecanismos que permitan a los ciudadanos manifestar sus opiniones en los grandes temas, como puede ser la elaboración de los presupuestos a diferentes niveles. Todo lo anterior es necesario y posible, pero no nos engañemos, son reformas que se pueden implementar en el ámbito de la política y en el marco de cada Estado, por lo menos de momento.

Ahora bien, si queremos abordar la cuestión de

285

fondo, es decir, la posibilidad de que la democracia, la voluntad e intereses de los ciudadanos, sea la que dirija los procesos en curso a través de sus representantes y otras formas de participación, tenemos que implantar y hacer viable el concepto de democracia expansiva. Esto es: si la economía –el capital– se expande a todos los niveles, la democracia debe hacer lo propio, pues de lo contrario no se establecerá el vínculo dialéctico entre economía y política. Por eso sostengo que el nuevo impulso de la democracia debe tener dos espacios o vertientes de expansión. Uno horizontal, espacial o geopolítico, y otro vertical, temático o de penetración y asunción de nuevos contenidos. El primero supone la creación de nuevos sujetos políticos globales capaces de medirse con y, en su caso, regular eficazmente los grandes sujetos económicos, tecnológicos y mediáticos. En esa dirección, un nuevo impulso democrático concreto, en términos de expansión, debe venir de la mano de la construcción de la Unión Europea. Las democracias nacionales europeas, por separado, tienen un poder insuficiente, a no ser que se enmarquen y emulsionen en una democracia más amplia y efectiva, como en nuestro caso es la europea. Por eso vengo insistiendo en que la cuestión no es solo la unión política de Europa, sino su unión democrática, pues el hecho de que los países que componen la Unión sean democráticos no garantiza, *per se*, que el conjunto lo sea. La premisa para ese deseado nuevo impulso es la construcción política de la Unión Europea en el sentido de la expansión democrática, sin la cual las reformas legislativas a escala nacional, de la política, por ejemplo, no alcanzarían sus objetivos. Sin embargo, me temo que mientras subsista la regla de la unanimidad y no se camine hacia una forma de federalismo las dificultades subsistirán.

En el futuro, seguramente contemplaremos el lanzamiento de iniciativas para lograr uniones supranacionales, más o menos articuladas, en diferentes áreas del mundo. Ya hoy tenemos algunos procesos en Estados Unidos, México y Canadá, o en Latinoamérica con Unasur y Mercosur. También en Asia surgen proyectos más o menos avanzados en la misma línea con Asociación de Naciones de Asia Sudoriental (ASEAN, por sus siglas en inglés), el Grupo de Shanghái y otros. Es decir, se trata de un lento proceso de «internacionalización» del mundo, que suele iniciarse por aspectos comerciales, económicos, pero que, poco a poco, va trenzando intereses en los campos de la seguridad y la política. La creación de sujetos políticos suprarregionales democráticos, más o menos federales, es una condición necesaria para que el proceso de globalización adquiera una dirección diferente en beneficio del conjunto de los seres humanos.

Es obvio que la política democrática debe establecer una nueva relación con los sujetos económicos globales no elegidos que controlan hoy las finanzas, los principales sectores industriales, las nuevas tecnologías y la comunicación. Esta relación de cooperación con la política debe llevarse a cabo mediante el establecimiento de reglas acordadas que estimulen y, en su caso, obliguen a cumplir con los fines para los que han sido creadas, en coherencia con el interés general que en cada momento establezcan las instituciones democráticas. El primer sector que habría que supervisar y, en su caso, controlar es el financiero. Poseedor del dinero del mundo y esencial para el funcionamiento de la economía en su conjunto, su descontrol es una catástrofe para la humanidad. La democracia debe poseer una banca pública, y la privada de naturaleza sistémica –a la que no se puede dejar «caer»– tiene que estar bajo una supervisión eficaz, pues su fracaso no solo perjudica a los accionistas, sino también a los ahorradores y a la sociedad en general. En realidad, si queremos que la democracia no sea víctima del sistema financiero, o de aquellos otros sectores estratégicos que están controlados por muy pocas empresas multinacionales en régimen de oligopolio, todos ellos deberían adquirir un carácter mixto público-privado, ya sea en su propiedad, en sus utilidades o en su dirección supervisora.

No se trataría, por lo tanto, de caminar hacia un régimen estatalista, cuyo negativo resultado ya conocemos, pero tampoco de quedarnos en un sistema de capitalismo descontrolado cuyas nefastas consecuencias también hemos padecido. Deberíamos caminar hacia un sistema mixto en el que los sectores estratégicos de la economía y la tecnología, que determinan la dirección de los procesos de globalización, quedasen enmarcados en los objetivos de interés general que la política democrática fuera señalando. Estos sectores deben establecer una nueva relación con la democracia, tanto en la política en general como en el funcionamiento interno de las grandes corporaciones, como explicamos en otro capítulo de este ensayo.

La democracia o se expande, en horizontal y en vertical, o se irá vaciando de contenido real. Debe globalizarse y penetrar en los procesos económicos estratégicos con el fin de que el desarrollo general de las sociedades se oriente y responda a los intereses, las aspiraciones y los valores de los ciudadanos, auténticos sujetos de la democracia y, por ende, los detentadores del poder. La lucha por la expansión de la democracia en todos los ámbitos de la vida pública debería ser el gran objetivo de las fuerzas progresistas, políticas y sociales en el siglo XXI.

9. LA IMPRESCINDIBLE UNIÓN EUROPEA

Cuando el 19 de septiembre de 1946 el ex primer ministro británico Winston Churchill afirmó en la Universidad de Zúrich que hacía falta un «remedio milagroso que transforme por completo la situación... Debemos construir unos Estados Unidos de Europa», no sabía cuánta razón tenía, aunque en un alarde de escasa imaginación da la impresión de que abrigaba en la mente una imitación de los Estados Unidos de América. Lo curioso del asunto es que el político británico no debía de creer en los milagros, porque nunca pensó que Gran Bretaña tuviese que integrarse en esos Estados Unidos europeos. Esa fórmula milagrosa era buena para los «bárbaros» continentales, que no habían hecho más que guerrear y destruirse mutuamente de vez en cuando. Gran Bretaña era otra cosa y la prueba de esa naturaleza especial de las islas fue que cuando los europeos empezamos a poner las primeras piedras del edificio, con la creación de la Comunidad del Carbón y del Acero en julio de 1952, y, más tarde, levantamos el primer piso con el Tratado de Roma el 25 de marzo de 1957, Gran Bretaña ni estaba ni se la esperaba.

Pero no solo el país no quería saber nada de la Comunidad Económica Europea, sino que, a iniciativa suya, se creó en 1960 la Asociación Europea de Libre Comercio (EFTA, por sus siglas en inglés), formada inicialmente por Suiza, Noruega, Suecia, Austria, Dinamarca y el Portugal del dictador Salazar, y luego ampliada a Finlandia, Islandia y Liechtenstein. La intención, por supuesto, no era inofensiva. Se trataba de liderar un grupo de países que eran claros rivales de la CEE precisamente porque esta, siguiendo la «inspiración» de Churchill, pretendía que algún día se produjese el milagro del nacimiento de una federación europea. No fue hasta bastante más tarde, en 1973, gracias a la insistencia de Estados Unidos, la desaparición política de De Gaulle y la comprobación de que el proyecto europeo era imparable, cuando la Gran Bretaña de Macmillan decidió ingresar en la CEE, siempre con la insana intención de que esta se pareciese lo máximo a un área de libre comercio y lo mínimo a una federación política.

Estoy convencido de que tanto los norteamericanos como los británicos nunca han sido partidarios de una Europa plenamente integrada. Los primeros porque son conscientes de que una federación de quinientos millones de habitantes, con el tercer PIB más grande del mundo y primera potencia comercial, no aceptaría permanecer toda la vida subordinada a la estrategia geopolítica de los Estados Unidos, cuyos intereses y modelo socioeconómico no son iguales que el europeo, aunque lo parezca o interese que se asemejen (años más tarde, bajo la nefasta presidencia de Trump, esto se vio más claro que antes). Los segundos, porque tienen la conciencia –quizá extraviada– de que una federación europea es un proyecto de hegemonía francoalemana o germanofranca, dado que ha sido así a lo largo de la historia. Gran Bretaña, con su Imperio y su relación especial con Estados Unidos, siempre se ha considerado diferente y, si bien ha formado parte del núcleo de la historia europea, en todo momento ha intervenido en ella de manera «expedicionaria», con el fin de mantener el equilibrio de poder que conviniese mejor a sus intereses: desde la guerra de Sucesión española, que no fue otra cosa que una contienda europea, aunque algunos sigan creyendo que ellos eran los protagonistas, pasando por las guerras napoleónicas o las dos grandes guerras mundiales de 1914-1918 y 1939-1945, sin olvidar su nefasta actitud en la Guerra Civil española favoreciendo, con la tramposa política de «no intervención», la causa de los golpistas.

No obstante lo anterior, hay que reconocer que, aunque fuese a trancas y barrancas, Gran Bretaña fue participando, con todo tipo de *opt-outs* (excepciones), en los sucesivos tratados que jalonaron la vida de Europa, hasta el Tratado de Lisboa. Eso sí, cuando llegó la gran prueba del Tratado de Maastricht y la creación del euro, decidió quedarse fuera, pues comprendió que la moneda única y el Banco Central Europeo eran, en la práctica, las únicas instituciones «federales» de la Unión y podrían ir marcando el futuro de esta, cosa que, desgraciadamente, no ha sucedido todavía. Ante la evidencia de que Gran Bretaña ha supuesto un cierto freno al desarrollo más rápido y profundo de la Unión, hay quien considera que puede ser positivo que la haya abandonado. No comparto esta opinión. En primer lugar, porque nunca he creído que los obstáculos para avanzar más rápido en la integración de la Unión procediesen únicamente de Gran Bretaña. No hay más que recordar quién laminó la nonata Constitución europea, con los referendos de Francia y Holanda, que votaron en contra; o quién se opuso durante años a una cierta mutualización de la deuda, a eliminar la cláusula de la unanimidad en la política fiscal o a tener un presupuesto menos ridículo que el actual, del 1 % del PIB, además de a tantas otras cuestiones. En segundo lugar, porque Gran Bretaña es de los pocos países europeos con cierta capacidad en temas de seguridad y defensa, poseedora de armas nucleares y del derecho de veto en el Consejo de Seguridad de Naciones Unidas. Es de desear que en estos temas se siga colaborando en el futuro. En tercer lugar, porque objetivamente la Unión se debilita con la salida de Gran Bretaña y se desequilibra el peso de los diferentes países en el seno de la misma, con una excesiva inclinación germana. Ojalá se vea compensada con un nuevo impulso hacia una integración más estrecha, pero en las condiciones actuales esto no está resultando nada fácil.

Lo inquietante es por qué un país como Gran Bretaña, que había recorrido un largo trayecto europeo hasta el Tratado de Lisboa, se parte por la mitad y decide, a base de múltiples desinformaciones y falsedades, apartarse de un camino tan decisivo para el futuro de Europa. Porque, al margen de la estupidez manifestada por los líderes que convocaron el referendo de 2016, las vacilaciones de un partido laborista desnortado y de todo tipo de *fake news* y manipulaciones informativas, hay algo más profundo en este descalabro, que no solo afecta a la ciudadanía británica. Me refiero al hecho de que amplios sectores de las clases medias, los trabajadores, los agricultores y los jóvenes se han sentido abandonados e incluso maltratados durante la última crisis de 2008 y han pensado –y siguen pensando, equivocadamente– que se defenderían mejor regresando a las «viejas certezas» del Estado nación, puesto que la UE, al carecer de política fiscal, social o un presupuesto digno, no es un buen proyecto para defender sus intereses.

Los ciudadanos europeos hemos comprobado, no sin estupor, que para salvar entidades financieras han brotado como por encanto ingentes cantidades de dinero, de créditos y de avales, mientras que no sucedió lo mismo cuando se trataba de tener una mínima política social común. Ni un salario mínimo, ni un seguro de desempleo complementario, ni una consistente mutualización de la deuda que aliviase la carga

de la misma ni un presupuesto «federal» que merecie-
se tal nombre, capaz de abordar inversiones en infraestructuras, la transición energética o los efectos de
la revolución digital. En realidad, éramos la Unión
del 1 %, porque un sujeto político es lo que el volumen de su presupuesto le permite hacer; lo demás es
literatura, generalmente barata. Por eso, si la Unión
no resuelve, en un plazo razonable, la cuestión central
de contar con una política fiscal y presupuestaria suficiente, que le permita complementar la política social
de los Estados, la tentación británica podría extenderse, aunque no lo creo. El momento de la verdad sobre
si seremos capaces de superar o no esta situación ha
llegado como consecuencia de la formidable crisis
desatada por el coronavirus. Mientras escribo estas líneas, el Consejo Europeo está reunido con el fin de
perfilar las medidas a tomar ante la necesidad de re-
construir los destrozos que ha dejado la crisis. Del alcance de estas decisiones, del grado de solidaridad que
se logre, dependerá el futuro de la Unión. Como luego explico, la UE ha reaccionado en la dirección correcta, ha tirado por la borda la austeridad que tanto
daño nos hizo y ha girado su política en aspectos sustanciales. Los sustanciosos fondos Next Generation
han supuesto un gran impulso a la solidaridad europea y un significativo ejemplo de mutualización de la
deuda.

En todo caso, no fue Churchill el primero en pensar en la conveniencia de unir a los europeos y superar así sus interminables matanzas internas. La idea de la unidad de Europa es muy vieja, aunque no tanto, como es lógico, en su concepción más moderna. Fue un segoviano, judío converso e ilustre humanista, el doctor Laguna, médico del emperador Carlos I y de varios papas, quien predicó sobre la necesaria unidad del continente, horrorizado ante las guerras de religión en las que combatía su poderoso patrono y con las que arruinaba las tierras de Castilla. Es realmente notable su discurso sobre Europa de 1543 en la Universidad de Colonia, bajo el título general de «Europa, que a sí misma se atormenta», cuando dijo aquello de «tened compasión de esta Europa que se derrumba». Los poderosos no tuvieron compasión y las guerras continuaron ensangrentando el suelo europeo. Es el único continente en cuya historia aparecen guerras como las de los Cien Años, los Treinta Años, las napoleónicas, las múltiples guerras de Sucesión –lo que desmiente el tópico de las ventajas del automatismo en la sucesión monárquica–, las guerras civiles europeas de 1914 y 1939... Otro de los grandes humanistas, coetáneo del anterior, fue Erasmo de Róterdam, uno de los primeros que promovió la unidad de los Estados europeos, pues vivió, con igual desazón que el anterior, las mortíferas guerras de religión entre católicos y protestantes. Sus concepciones sobre la unidad de Europa eran obviamente diferentes a las actuales, pues en ellos pesaba la idea del supuesto valor unitario del Imperio de los Habsburgo y el papado de Roma.

Mucho más tarde fue el propio Karl Marx, otro humanista judío, de Tréveris, el que en un pasaje poco comentado y menos practicado de su obra *La lucha de clases en Francia* dejó escrito que solamente se podría transitar al socialismo cuando este proceso se pudiese hacer en el conjunto de los países más avanzados de Europa, es decir, cuando se pudiese «conquistar el terreno europeo, el único en que puede llevarse a cabo la revolución social del siglo XIX». Antes, Marx había ironizado sobre la pretensión de los obreros de Francia de «llevar a cabo la revolución proletaria dentro de las fronteras nacionales de Francia». Si eso era cierto en el siglo XIX, con mucho más motivo lo es en el XXI, el siglo de la globalización. Esta concepción, por desgracia, no la asimilaron sus seguidores del siglo XX: unos se obsesionaron, a partir de 1928, con esa falsa ensoñación del socialismo en un solo país, de origen estaliniano, mientras que otros lo hicieron con las virtudes del Estado nación, defendible por encima de todo. Hubo, sin duda, excepciones, y una de las más meritorias fue la ya comentada del comunista italiano Spinelli, cuando, estando confinado con otros detenidos por decisión de Mussolini en la isla de Ventotene, lanzó junto a algunos de ellos, como Ernesto Rossi y el socialista Eugenio Colorni, el manifiesto que lleva el nombre de esa isla. Los tres eran resistentes antifascistas y de izquierda. Spinelli era miembro del PCI, que abandonó en 1937, si bien más tarde sería eurodiputado en las listas de ese partido; por su parte, Colorni –asesinado por los fascistas en los últimos días de la guerra– militó en el socialismo, y Rossi en el Partito d'Azione y luego en el Partido Radical. Quizá fue la izquierda italiana la que entendió antes y mejor la necesidad de unir económica y políticamente a Europa. El propio Palmiro Togliatti, en el famoso «memoriale di Yalta» de 1964, defendía la necesidad de esta unión, y no hay que olvidar que fue el PCI, en la época de Enrico Berlinguer, el que lideró la concepción de lo que se llamó «eurocomunismo».

Pero no toda la izquierda tuvo la misma clarividencia. Mientras la socialdemocracia alemana, y en ocasiones la francesa, estuvieron en el origen del proceso unitario, el laborismo británico y la socialdemocracia nórdica no entraron por la senda de la integración hasta años más tarde, apostaron en su momento por la EFTA británica, y aún hoy son renuentes a dar pasos hacia una mayor integración. El propio laborismo británico está dividido en este tema y, mientras que un sector es claramente europeísta, otro no lo es o practica una permanente ambigüedad, que ha favorecido el descalabro del Brexit. Por el lado de los partidos comunistas, los retrasos, las vacilaciones y la oposición al proceso de integración han sido manifiestos. El PCF siempre concibió la unión europea como un proyecto del gran capital y cuando, en agosto de 1954, se sometió a votación en la Asamblea Nacional la propuesta de una Comunidad Europea de Defensa, votaron en contra junto a los nacionalconservadores gaullistas, todos puestos en pie y cantando «La Marsellesa». Por su parte, el Partido Comunista Portugués, dirigido por Álvaro Cunhal, siempre se opuso al ingreso de Portugal en la CEE, como pudo comprobar personalmente el que esto escribe en una larga conversación que tuvo ocasión de mantener con el mítico líder luso, con el que coincidía en otras cuestiones, pero no en esta. No hubo manera de convencerlo de que, si bien era cierto que la CEE estaba controlada por las fuerzas del capital, ello no era argumento para oponerse al ingreso en dicha organización y librar la batalla también en ese terreno, que, sin duda, marcaba el futuro. La idea de que se podía construir el «socialismo» en España, Portugal o cualquier otro país de Europa era una entelequia sin fundamento.

El caso del PCE merece una consideración aparte, pues su posición en el tema europeo fue evolutiva y no lineal. Conviene tener presente que se movió hasta finales de los años setenta (1977) en condiciones de la clandestinidad más estricta, sometido a una dura represión y en la atmósfera de la guerra fría. No obstante, ya en los años sesenta, en momentos muy difíciles, tuvo la valentía política de condenar la invasión de Checoslovaquia por las tropas del Pacto de Varsovia (1968) y soltar amarras con el bloque soviético cuando, por otra parte, tampoco lo aceptaban las otras fuerzas democráticas de oposición, tal como se pudo comprobar en la famosa reunión de Múnich de 1962, a la que no fue invitado. Sin embargo, hubo un factor que favoreció la evolución del PCE hacia posiciones europeístas. Me refiero a la mentalidad y las concepciones políticas de las jóvenes generaciones que luchaban en el interior de España contra la dictadura. Así, entre los militantes de origen profesional, intelectual u obrero había una conciencia bastante general de que la conquista de la democracia y la pertenencia a Europa iban de la mano. Tanto es así que, como ya hemos comentado, CC. OO., dirigido en su mayoría por cuadros comunistas, nunca aceptó ingresar en la FSM (Federación Sindical Mundial) de inclinación soviética y, por el contrario, batalló siempre por ingresar en la CES (Confederación Europea de Sindicatos), algo que lograría ya en democracia y no sin antes vencer considerables obstáculos.

Ya en el VIIº Congreso del PCE, celebrado en Francia en agosto de 1972, se adoptó una resolución favorable al ingreso de España en la entonces CEE. Coherente con esta posición, el partido votó a favor de la entrada de España en la CEE, el 1 de enero de 1986, y siempre adoptó una actitud favorable a profundizar en la construcción europea. Bien es cierto que más tarde esto cambió y, cuando en 2000 se votó en el Congreso la aceptación o no del euro, el grupo parlamentario se dividió y mientras la mayoría del grupo de diputados de IU votó a favor, la minoría en el Congreso, pero que era la mayoría en el partido, con Anguita a la cabeza, se abstuvo o votó en contra.

¿Por qué esta miopía cuando se trata de comprender que no hay avances serios en el orden social si no es en el ámbito de la Unión Europea? ¿Por qué es tan difícil entender que ya no es posible avanzar en el exclusivo marco del Estado nación hacia una sociedad poscapitalista? Incluso resulta muy dudoso que se pueda mantener lo que conocemos como Estado del bienestar en el estrecho margen de cada nación. En pocas palabras, al igual que no es viable –por lo menos en Europa– el socialismo en un solo país, tampoco empieza a ser sostenible el Estado del bienestar en un solo país, por lo menos tal como lo hemos conocido. Si ya en los lejanos años sesenta y setenta del siglo pasado, los líderes más clarividentes de la izquierda vislumbraron que esto era así, ¿cómo es posible la ceguera actual en la era de una acelerada mundialización y de la revolución digital? Solo se puede comprender esa falta de visión a partir de un desconocimiento de la naturaleza de las actuales fuerzas productivas que conforman el carácter del capitalismo realmente existente, de la propia historia de la UE y de los mecanismos a través de los cuales podría superarse la presente situación. Conviene, en este momento, advertir sobre las repercursiones que están teniendo ya las insuficiencias de una parte de la izquierda social y política a la hora de asumir, cabalmente, la urgencia en superar el actual «localismo» o «nacionalismo» y lanzar un nuevo europeísmo internacionalista de impronta federal y social. Por un lado, y al margen de la buena o mala voluntad de sus partidarios, toda hipótesis que parta de la idea de que se puede superar el actual capitalismo neoliberal desde una plataforma meramente «nacional» coincide, de forma objetiva, con las posturas nacionalistas de una derecha extrema antieuropea que, de triunfar, conduciría de nuevo a los enfrentamientos del pasado. No estamos tan lejos de ello si pensamos en la fuerza que estos partidos nacionalpopulistas tienen en países como Francia, Italia, España, Polonia, Hungría, Alemania y otros. Por el otro, y ligado a lo anterior, las fuerzas sociales mayoritarias, que son imprescindibles para superar el actual marco del neoliberalismo, se verían impelidas a sostener soluciones nacionalistas y de derechas en el supuesto de que no vieran avances en un proceso europeo inclusivo, protector de los derechos sociales; en pocas palabras, una Europa federal y social avanzada. La prueba de lo que decimos es que la actual inclinación de amplios sectores populares y de trabajadores hacia un voto de derechas, ya sea nacionalista o populista, hunde sus raíces en esta carencia de «alma social» de la actual construcción europea. En el ámbito político se manifiesta en el voto de sectores obreros a partidos de la derecha; en el terreno sindical, en la proliferación de sindicatos corporativos, de empresa o de categoría profesional.

Este proceso de derechización de los sectores populares ha surgido, entre otras cosas, al calor de la desindustrialización en muchos países europeos. Lo ha resumido claramente el ministro de Economía francés Bruno Le Maire en sus memorias, tituladas *L'ange et la bête*, cuando escribe: «Una fábrica que cierra, una sede del Frente Nacional que abre». Atención pues a lo que

Hannah Arendt llamó, en *Los orígenes del totalitarismo*, la «alianza entre el populacho y el capital», dejando claro que el pueblo no tiene nada que ver con el populacho. La pensadora alemana se refería a lo que Marx calificó de «lumpemproletariado», es decir, a esos sectores sociales que quedan desclasados, abandonados a su suerte o marginados como consecuencia de las crisis del capitalismo y son pasto fácil de la demagogia. Sin duda, ella tenía en mente a las multitudes que siguieron ciegamente a Mussolini y a Hitler, aquellas que no mucho antes habían apoyado, en Alemania, a los enfrentados partidos de la izquierda.

Lecciones de las guerras europeas

Las raíces o el origen del retraso en la comprensión de la necesidad de trascender el marco nacional, por parte de las fuerzas políticas y sociales que habían hecho bandera del internacionalismo, están en lo que se han llamado las guerras civiles europeas, en especial las francoalemanas, y en la dominación colonial. Ninguna de las Internacionales que se fueron formando a lo largo de la historia, ni la primera de Marx y Bakunin, ni la segunda socialista de Kautsky, Lassalle, Bebel o incluso Engels, ni tampoco la tercera de Lenin fueron capaces, en diferentes momentos de la historia, de resistir y vencer las pulsiones y los mitos nacionalistas que condujeron, finalmente, a las guerras. Una vez más, el nacionalismo aparece como el talón de

Aquiles de la izquierda, y así como en el pasado las batallas intereuropeas se libraban en el terreno de la religión y enmascaraban, en el fondo, luchas por el poder, en el siglo XX la religión fue sustituida por la nación o una mezcla de ambas.

En la Iª Guerra Mundial ya vimos cómo las masas obreras marchaban cantando himnos patrióticos hacia el mutuo matadero, detrás de los intereses de sus respectivas clases dominantes, después de que los representantes de la izquierda, salvo honrosas excepciones, votaran a favor de los créditos de guerra. La postura de la mayoría de los líderes socialdemócratas y sindicales fue francamente bochornosa y dividiría en el futuro al movimiento obrero organizado. En la IIª Guerra Mundial ocurrió algo parecido, con la notable diferencia de que, en esta ocasión, la gran burguesía capitalista ayudó a destruir a las organizaciones obreras de Alemania e Italia antes de lanzarse a la conquista de Europa, incluida la Rusia soviética. Aquí los líderes de izquierda, de todos los colores, combatieron juntos y acabaron introducidos en los mismos hornos crematorios, llevados ante iguales pelotones de fusilamiento o coincidiendo en la lucha de la Resistencia.

Cuando terminó la guerra y ante una Europa devastada, abierta en canal y con un vecino igualmente arrasado, que para algunos representaba una grave amenaza, el capitalismo norteamericano y los representantes más lúcidos de las burguesías europeas comprendieron que esta hecatombe no se debía repetir. Otra guerra podría suponer el final del sistema y, con las armas atómicas, la aniquilación de la propia civilización no era una hipótesis imposible. Luego estaba el Factor K, es decir, la «amenaza comunista», en un momento de cierto prestigio de sus ideas en amplios sectores de la población, una tendencia que podría crecer si a Europa se la abandonaba a sus miserias y querellas. De aquí, sin duda, surgieron el Plan Marshall y la OTAN. Pero quizá el factor más consistente que empujó hacia la unión de los europeos fue que, terminada la contienda, era cada vez más evidente que no se podía regresar a la época decimonónica de la pura «lógica de las naciones», pues ni la evolución de la ciencia y de la tecnología, impulsadas en la propia contienda, lo permitía, ni la necesidad de mercados más amplios lo hacía factible. No era ya sostenible una estricta «Europa de las naciones» como pregonaban el conservador De Gaulle y aquellos que, a pesar de todo, se habían estancado en la lógica de Westfalia. Había que empezar a pensar en superar el Estado nación, o este acabaría terminando con el Estado y la nación, como casi había sucedido entre 1939 y 1945. Curiosamente, los padres fundadores de la Unión, casi todos ellos de orígenes e ideas burguesas, de los que el bodeguero Jean Monnet era un cumplido representante, utilizaron un método «marxista» para impulsar la gran obra de unir a los europeos. Estos comprendieron que el problema fundamental estaba en las querellas francoalemanas y, en vez de pretender empezar la obra por el tejado, lo hicieron por el carbón y el acero, base material de la industria bélica tradicional, y por el átomo, fundamento de la futura arma atómica y fuente de energía. Así nacieron la Comunidad del Carbón y del Acero y luego, junto con el Tratado de Roma, la Comunidad Europea de la Energía Atómica. Había que cinchar a Alemania y Francia al destino de Europa para que nunca más nos metieran en tres guerras devastadoras en el plazo de setenta años, un plazo de tiempo menor al de la vida de una persona. Alguien que hubiese vivido noventa años en esa época –y los hubo– habría podido luchar en las tres guerras.

Luego, con buen criterio, llegó el mercado y la libertad de movimiento de capitales, servicios y personas. Fue entonces cuando empezó a verse quién hegemonizaba el proceso y cuál era la relación presente de fuerzas ideológicas y políticas. Porque mientras que la circulación de capitales, mercancías y servicios funcionó abiertamente, no ocurrió lo mismo con las personas, es decir, con los trabajadores. En algunos casos por razones objetivas –el idioma y la formación, entre otros–, pero sobre todo porque las facilidades no fueron las mismas en unos u otros supuestos. No obstante, el proceso siguió avanzando y hay que saludar que, al tiempo que se establecía el mercado único, se ponían en marcha las políticas de cohesión o la agraria y sus correspondientes fondos. Esta última contribuyó a la paulatina convergencia de rentas entre países ricos y países más pobres y a la modernización real de estos últimos, en especial la de aquellos que supieron utilizar los dineros con eficacia, como fue el caso de España.

Era, sin duda, algo disfuncional la existencia de un mercado común y diecisiete divisas diferentes. Por eso fue acertado apoyar la creación de una moneda única, el euro, con la correspondiente puesta en marcha de un Banco Central Europeo (BCE), una auténtica institución federal que rigiese la política monetaria. El único inconveniente que se le podría poner al BCE es su excesiva independencia, pues la política monetaria es una parte esencial de la política económica y no debería estar tan al margen del control democrático del Parlamento Europeo. Ahora bien, implementar una moneda única exigía otros movimientos posteriores, porque no se podía estar mucho tiempo sin una política económica común que incluyera aspectos fiscales y presupuestarios. Se habló de una Unión Económica y Monetaria, si bien el primer adjetivo se quedó por el camino. En resumen, es arriesgado tener durante demasiado tiempo una moneda única que impide a los Estados acudir a las devaluaciones externas en momentos de dificultad sin, al mismo tiempo, poseer instrumentos fiscales y presupuestarios para hacer frente a los episodios de crisis.

Así, la política social y fiscal quedó en el ámbito de las competencias estatales y sometida, para su modificación, a la ley de hierro de la unanimidad. De esta suerte, cuando estalló la crisis de 2008, la UE carecía de los instrumentos adecuados para hacerle frente, salvo por la política monetaria del BCE. No era poco y se usó profusamente para salvar entidades financieras, pero resultó claramente insuficiente. Como ya hemos señalado, los efectos fueron perversos y devastadores. Por un lado, los países se dedicaron a competir entre ellos mediante el *dumping* fiscal, con el fin de atraer capitales en el marco de una globalización en la que estos circulan sin control a la velocidad de la luz. Y por otro, una UE con un ridículo presupuesto federal del 1% del PIB y sin una mínima política social común era incapaz de contribuir a la protección de sus ciudadanos en el torbellino de desastres que estaba provocando la crisis. Al final se impuso una política de austeridad cruelmente entendida, que hizo el resto. Mientras el Banco Central ejercía su función durante el mandato del italiano Mario Draghi y aumentaba los activos en cifras astronómicas con el fin de salvar el euro y los bancos en crisis, amplios sectores sociales eran sacrificados en el altar de una austeridad que para muchos fue un auténtico austericidio. El balance del BCE antes de la crisis alcanzaba el 10% del PIB de la zona euro, unos 1,5 billones de euros, mientras que en 2018 llegaba al 40% del PIB, más o menos 4,7 billones de euros. Se llevó a cabo una fabulosa creación monetaria a través de instrumentos muy complejos que recibieron el nombre de «quantitative easing», que solo dios sabe lo que quiere decir. Es probable que esta masiva intervención del BCE evitara que una fuerte recesión se convirtiera en una potente depresión como la de 1929, pero quizá sea un efecto engañoso, pues, como señala Thomas Piketty en su obra *Capital e ideología* –de la que se han tomado estos datos–, «en caso de pánico financiero, o bien de una guerra o de una catástrofe natural de una gravedad excepcional, solo la creación monetaria puede proporcionar al sector público los medios para una intervención inmediata». Sin embargo, ahí radica su principal debilidad porque, sigue diciendo el autor, «ellos –los bancos centrales– no disponen de la legitimidad democrática suficiente como para aventurarse a ir mucho más allá de su esfera de especialidad estrechamente bancaria y financiera».

Precisamente esa gran catástrofe natural de la que habla Piketty ya ha sucedido con la explosión de esa pandemia global llamada coronavirus, que, aparte de los miles de muertos que ha dejado por el camino, cual peste medieval, nos sumió en una nueva recesión, de alcance incalculable, sobre la que más tarde volveremos. En todo caso, el efecto político que trajo consigo la austeridad no pudo ser más desastroso, como han reconocido, a toro pasado, las autoridades comunitarias de entonces. La conclusión que sacaron demasiadas personas fue que esta globalización les expulsaba del mercado, que esta UE no les protegía y que, en el mejor de los casos, acudía en «auxilio» de algunos países en crisis aplicándoles unas condiciones socioeconómicas draconianas. Era el caldo perfecto para que surgieran planteamientos nacionalistas y populistas, y en poco tiempo brotaron como setas por toda Europa partidos de extrema derecha o de derecha extrema, a veces con planteamientos similares a los viejos fascismos. Sin embargo, las dificultades para el desarrollo de la UE no solo proceden de factores internos –aunque se trate de los principales–, como pueden ser los criterios de unanimidad para tomar decisiones en temas cruciales, sino de que la UE tiene unos poderosos enemigos externos a los que no les gusta nada una Europa unida y fuerte. En su momento, tanto los Estados Unidos de Trump como la Rusia de Putin no ocultaron su animadversión al proyecto europeo e incluso su simpatía y apoyo a los partidos que en el seno de la Unión mantienen posiciones euroescépticas o abiertamente antieuropeas. La razón de ello estriba, obviamente, en que una UE capaz de convertirse en un actor político global, con autonomía estratégica y un modelo social avanzado, sería un rival bastante más atractivo que los que hoy dominan la escena mundial. Dejando a un lado el modelo ruso, que no existe, a los europeos no nos interesa ni el modelo chino, que crece mucho pero que carece de libertades políticas, ni el norteamericano, que carece de los derechos sociales de los que disfrutamos nosotros. Pero entre estos dos gigantes, y otros que puedan surgir en el futuro –como la India–, la UE solo sobrevivirá a medio plazo si es capaz de culminar su unidad en una federación democrática, social y medioambiental.

La lección del Brexit ha sido muy relevante a este respecto. Los británicos no han votado, por escaso margen, salir de la Unión solo por las *fake news* o porque careciéramos de «abogados» competentes que explicaran la bondad de nuestra causa. Bien es cierto que a los británicos les endosaron gruesas falsedades sobre las maldades de Bruselas, mas todo ello no fue en mi opinión lo determinante del fracaso europeo. Porque Gran Bretaña no pertenecía al euro, ni a Schengen, por lo que, en realidad, tenía un pie dentro y otro fuera, y funcionaba prácticamente «a la carta». Esta era una situación cómoda en momentos de normalidad y bonanza, pero muy delicada en el interior del vendaval de la crisis de 2008. Es verdad que el referendo de 2016 fue una temeraria operación política del primer ministro Cameron, genuino representante del ala más conservadora de la burguesía británica, por pedestres razones internas. Uno más en la lista de los errores de cálculo que han conducido a tantas averías y catástrofes en la historia de las naciones. Pero lo que debemos preguntarnos es por qué millones de británicos, sobre todo de las zonas menos desarrolladas del país, se inclinaron por el abandono y no por la permanencia; por qué áreas de tradicional voto laborista coincidieron con el votante de extrema derecha «patriotera» en su decisión de decir adiós a la Unión; o por qué el cantamañanas de Nigel Farage tenía tanto éxito entre el público popular británico. Por el contrario, las zonas más ilustradas de las grandes ciudades, con Londres a la cabeza, y los jóvenes se manifestaron por quedarse en la casa común.

Aparte de los garrafales errores de la dirección laborista, con sus vacilaciones y dontancredismos, lo cierto es que una buena parte de la ciudadanía europea y británica no sintió a la UE como un instrumento de protección ante los estropicios de una crisis provocada por un capitalismo desbocado. Más bien se contempló a unas instituciones concentradas en salvar el sistema financiero e imponer fuertes dosis de austeridad al sufrido pueblo soberano. Sin duda era imprescindible salvar el euro y las entidades financieras en las que la ciudadanía coloca sus ahorros, pero esto no es suficiente para hacer atractivo un proyecto de esta envergadura. La UE no puede seguir más tiempo con un presupuesto raquítico del 1 % del PIB europeo, sin política fiscal ni social comunes, sustentándolo todo en la política monetaria del BCE, cuyos límites son de sobra conocidos, como ha reconocido la propia directora general del banco.

La paradoja es que los gobiernos británicos hicieron de todo para que la UE no traspasara los límites de un gran mercado donde los capitales camparan a sus anchas, con una moneda común de la que quedaron fuera. Y luego abandonaron la Unión porque esta fue incapaz de proteger a los ciudadanos menos pudientes, como si a la burguesía británica le importara eso un adarme; además, se convenció a la población de que estarían mucho mejor en una Gran Bretaña plenamente «soberana», sin ataduras ni dependencias de los malvados burócratas de Bruselas. Como remate de la operación, en las últimas elecciones generales se barrió a un partido laborista noqueado y se dio todo el poder a un personaje atrabiliario de la escuela de los Trump, Bolsonaro y demás que representa los intereses más reaccionarios del capitalismo británico. Sin embargo, posteriores acontecimientos nos vinieron a dar la razón. La salida de Gran Bretaña de la UE está resultando un pésimo negocio para los británicos. El Partido Conservador, pese a estar en el poder, ha entrado en barrena, quemando primeros ministros en serie, con la valoración en las encuestas por los suelos y protestas sociales por doquier. Lo más probable es que las próximas elecciones generales las gane el Partido Laborista.

Estaríamos ciegos si no nos percatáramos de que el malestar sobre la situación y la política de la Unión está extendido. Fenómenos como el Brexit, las manifestaciones de los chalecos amarillos o en contra de la reforma de las pensiones en Francia, el levantamiento de los agricultores por toda Europa, las posiciones xenófobas de Salvini y el triunfo de Meloni en Italia, el descontrol polaco y húngaro o el inquietante crecimiento de Alternativa por Alemania son expresiones de este malestar. Un sentimiento sobre todo en contra de la exasperante lentitud en adoptar las medidas que serían necesarias para hacer frente a lo que se nos ha venido encima con la crisis sanitaria y económica del poscovid-19 o la inflacionaria y de seguridad de la guerra de Ucrania. La UE necesitaría dar un giro urgente hacia unas políticas sociales apoyadas en medidas fiscales y presupuestarias. Una tarea, sin duda, ardua, porque vamos a descubrir con amargura que no era solo Gran Bretaña el freno para avanzar hacia una mayor integración. No obstante, gracias al giro alemán hacia la izquierda, los gobiernos progresistas en la península ibérica y las duras lecciones de la crisis de 2008, la UE ha reaccionado ante la nueva crisis de la pandemia y la guerra de Ucrania con una política opuesta a la que se impuso en la Gran Recesión. Medidas que parecían imposibles meses antes de la crisis del coronavirus se abrieron camino, como la compra consorciada de vacunas, la mutualización de la deuda con el fin de poner en marcha los fondos Next Generation, los nuevos impuestos a las grandes energéticas y bancos sobre los beneficios caídos del cielo o cierto control en el precio de la energía. Creo que en el fondo de esta reacción «neokeynesiana» estuvo el temor de los líderes de los países centrales de la Unión de que una segunda edición de la política de austeridad hubiera puesto en riesgo definitivo el proyecto europeo y hubiera creado un crecimiento insoportable de partidos populistas, probablemente de extrema derecha. En todo caso estemos atentos a las próximas elecciones al Parlamento Europeo. No pensemos que no van con nosotros, pues en ellas se deciden tantas o más cuestiones que en las nacionales. Y un avance de la ultraderecha, como se vislumbra, sería desastroso para el futuro de Europa.

Una debilidad anunciada

En este sentido se notó, ante la crisis de 2008, una sostenida debilidad de la izquierda, tanto política como social. Como explicamos con mayor detalle en otra parte de este ensayo, a la desintegración de la

315

URSS en los años noventa del siglo pasado, le sucedió la doble crisis de los partidos eurocomunistas y la socialdemocracia. El último episodio fue, como ya he comentado, la derrota sin paliativos del laborismo británico, hoy en trance de recuperación. Pero ya antes habíamos asistido al hundimiento del socialismo francés, que se arrastra entre la inane «insumisión soberanista» de Mélenchon y el social-liberalismo −más lo segundo que lo primero− de Macron. Al tiempo contemplábamos con gran inquietud el declive de la socialdemocracia alemana, la más poderosa de Europa, atrapada desde hace tiempo en unas grandes coaliciones siempre lideradas por el centroderecha, que la sangraban en votos en cada nueva elección, en beneficio de los Verdes y, me temo que también, de Alternativa por Alemania. En Italia, el Partido Democrático no acaba de despegar y, de momento, la ultraderecha domina. Solamente en España y Portugal resiste la socialdemocracia, en su actual alianza con fuerzas procedentes de una cierta tradición comunista, pero tampoco con la pujanza de antaño. Quizá el fondo de la crisis de la socialdemocracia esté en aquello que apuntaba Hannah Arendt en *Los orígenes del totalitarismo* al señalar que la debilidad de los partidos socialdemócratas estaba en que nunca habían sido capaces de asumir la necesidad de superar la lógica del Estado nación, que no es lo mismo que acabar con él.

El eurocomunismo, por su parte, constituyó una experiencia interesante, pero, para qué vamos a engañarnos, fue flor de un día y, en el fondo, un negocio sobre todo italoespañol, todo lo más latino. El partido del portugués Álvaro Cunhal no entró nunca por esa vía, apegado a las tradiciones leninistas clásicas, y el PCF de Marchais participó un tiempo arrastrando los pies, sin mucho convencimiento, para despegarse poco después. El PCE, partido por antonomasia de la lucha contra la dictadura, tuvo la desgracia de llegar tarde a la legalización. Cuando se conquistó la democracia en España en 1978, la URSS estaba sumida en el desprestigio, nada que ver con la posición de la que gozaba después de la IIª Guerra Mundial. Los militares franquistas hacían sonar los sables ante la inminente legalización del PCE y el meritorio grupo dirigente del exilio no ofrecía, ante la nueva sociedad española, una imagen acorde con los tiempos y las necesidades del país. La entrañable imagen de la Pasionaria y el poeta Alberti descendiendo por las escaleras del hemiciclo para ocupar la presidencia de edad del Congreso lo dice todo. Los resultados electorales no respondieron a las expectativas y a los sacrificios de años anteriores. Sin embargo, es curioso comparar el pobre resultado del PCE y el más brillante —el doble de votos— del Partido Socialista Unificado de Cataluña (PSUC), mucho más renovado, sin tantos exiliados y sin el nombre de comunista, apelativo anatematizado por cuarenta años de propaganda de la dictadura. Durante la Transición las posiciones del PCE fueron plenamente eurocomunistas y acertadas, pero no pudo evitar las crisis y rasgaduras internas que le condujeron a la derrota de 1982. Estas divisiones internas fueron producto de las viejas adherencias ideológicas, no superadas por un partido heroico pero escaso de teoría, y de unos planteamientos abiertos y flexibles –quizá en exceso– hacia el exterior, pero del más acendrado «centralismo no democrático» hacia el interior, donde la normalización de la discrepancia brillaba por su ausencia y la disidencia terminaba en escisión y expulsión. En el fondo se había asimilado más a Lenin que a Gramsci, a pesar de la eliminación del leninismo de la definición del partido. Luego, en el marco de Izquierda Unida, se retomó el espíritu europeísta hasta que en 1986 el eurocomunismo fue de nuevo derrotado por los que, desde posiciones localistas y primitivas, pensaban que el euro era un error y que se podía mantener a España fuera de la UE para así alcanzar mejor un ilusorio socialismo. Espero que se acabe comprendiendo de una vez por todas que solamente en el seno de la UE y mediante su profundización hacia la unión política se podrán superar algún día los elementos más perniciosos del capitalismo neoliberal e introducir lógicas de un nuevo sistema superior.

El socialismo en ningún país

Quizá el error más grave que cometió, en el siglo XX, el movimiento comunista fue pensar que era posible la construcción del socialismo en un solo país, sustentado en la tesis de Stalin y de la mayoría de la dirección del PCUS. En realidad, era una teoría que contradecía las elaboraciones de Marx al respecto y la evidencia de las insuperables dificultades que tal intento comportaba en un país tan sumamente atrasado como la Rusia de los años treinta. Creo que en este desvarío está el origen de las calamidades de la experiencia soviética y, en el fondo, de su desgraciado final. Hoy, en el siglo XXI, podríamos cometer similares errores de perspectiva –al margen de la trayectoria de aquella experiencia– si no leemos bien lo que significa la mundialización y las consecuencias de la actual revolución digital. Me refiero a los intentos de retroceder hacia hipótesis «nacionalsoberanistas», siempre tentadoras en momentos de grandes crisis, con la pretensión de que en el espacio nacional podríamos defender mejor los derechos sociales e incluso la democracia.

Por el contrario, lo que ha demostrado la crisis de 2008 y corrobora todos los días los efectos que produce la actual globalización es que empieza a ser cada vez más difícil mantener el Estado del bienestar en un solo país. En síntesis: o somos capaces de elevar el Estado social, como mínimo en Europa, o no resistirá los embates de una mundialización desregulada y dirigida por las grandes corporaciones multinacionales. Conviene recordar que el modelo de *welfare state* o de Estado social europeo fue una construcción posterior a la IIª Guerra Mundial, realizado en el marco de cada Estado nación –en unos más que en otros–, de la Revolución Industrial, durante unos años de fuerte y sostenido crecimiento económico, con un potente sistema fiscal y unos Estados intervencionistas y escasamente endeudados. Además, por entonces las posiciones de la izquierda política y social eran muy relevantes.

En la actualidad, la situación se ha transformado de manera drástica. El Estado nación ya no es una institución de referencia eficaz ante los grandes retos globales; estamos inmersos en una revolución digital que está volteando todo; se eluden los sistemas fiscales de mil maneras distintas y Estados que se dicen socios compiten de forma desleal entre sí; el crecimiento se ha aplanado y los gobiernos no solo han perdido las herramientas de antaño, sino que, además, están endeudados hasta las cejas, a merced de la aquiescencia de los mercados financieros. La prueba de todo ello son las dificultades que están atravesando los países europeos para conservar los derechos sociales –los demás países nunca los han tenido–: las pensiones, el seguro de desempleo, la sanidad y la educación públicas, además de otros servicios sociales y medioambientales. El deterioro de estos derechos no conduciría más que a dividir y encrespar a las sociedades, o a fomentar el nacionalpopulismo o la carrera por ver quién es mejor paraíso fiscal. Supondría el triunfo de una derecha insolidaria que no tendría empacho en hacer funcionar una democracia de baja calidad –¿iliberal?– de rasgos autoritarios. La UE no puede perder más tiempo. El Brexit se ha consumado, en Estados Unidos podría regresar un segundo Trump con ese u otro nombre y los partidos de extrema derecha, algunos claramente fascistoides, avanzan en diferentes países. Con este panorama y con la crisis que se acelera por la guerra de Putin y el conflicto palestino-israelí, es urgente plantearse cómo superar este vergonzante «federalismo» monetario cojo, manco y tuerto que padecemos en este momento.

En mi opinión, la actual y durísima prueba que hemos pasado con la pandemia del coronavirus y la guerra de Ucrania será decisiva para el futuro de la UE. De cómo la afrontemos y protejamos a sus ciudadanos dependerá su futuro. Nada será ya igual, y toda una ideología, basada en el individualismo exacerbado, la exaltación de lo privado y la mercantilización de todo, se habrá deslizado por el sumidero de la historia. Sin embargo, no está claro que seamos capaces de sustituirla por una teoría sobre el valor de lo público, de la solidaridad, de la fraternidad, de un mayor papel del Estado y, sobre todo, por una visión europea y global de los problemas y sus soluciones. Ha sido muy esperanzador, como ya hemos señalado, el giro dado por la Unión con las políticas solidarias para hacer frente a la crisis sanitaria o militar, pero no se han dado avances institucionales que las anclen en la propia arquitectura europea.

La urgencia de la Europa social

Es obvio que la UE necesita contar con una política fiscal y presupuestaria común más allá de los raquíticos instrumentos actuales. De entrada, esta debería acordarse entre los países que compartimos la moneda común, esto es, el euro. Por otra parte, es absurdo que no tengamos una cierta homogeneización de algunos impuestos, por ejemplo el de sociedades, que dificulte o impida la práctica del *dumping* fiscal entre los propios socios europeos. Un paso importante en la dirección correcta sería establecer un impuesto propiamente europeo, específico y capaz de nutrir las magras arcas de la Unión. ¿Cómo se puede hablar de potencia económica con un presupuesto del 1 % del PIB? Somos la enana potencia del 1 %, si lo comparamos con el 20 % del PIB del presupuesto federal de Estados Unidos o el que destinan China o la India. No planteo, por supuesto, que podamos pasar directamente del 1 al 20 %, pero sí que deberíamos marcarnos un horizonte más ambicioso e ir cubriendo las etapas hasta llegar a él. Lo que resulta ignominioso es que haya resistencias para pasar del 1 % al 1,11 % del PIB. Teniendo en cuenta esto, me resultan cínicas todas las declaraciones y solemnes proclamas en el sentido de que hay que combatir el nacionalpopulismo, o que hay que «marcar» líneas rojas para frenar a los partidos de extrema derecha. ¿Es que no se dan cuenta de que solo con una política social avanzada se frenará esa deriva letal hacia la puesta en cuestión de la propia UE desde el extremismo de la derecha radical? Esta política social solo es sostenible, en las condiciones de la mundialización, si la propia UE asume una parte de las competencias y del coste en esta materia. Dos obstáculos se alzan cual muros ante esta sensata pretensión. Uno es la maldita regla de la unanimidad para decidir en cuestiones de política social, fiscal o presupuestaria. Esto sí que es un cordón (anti) sanitario para impedir el progreso social. El otro, más aceptable, consiste en la razonable pretensión de los países contribuyentes netos en saber a qué se dedican los dineros que extraen del bolsillo de sus contribuyentes. En el primer caso, la eliminación de la regla de la unanimidad exigiría una reforma de los tratados, con lo que ello supone de dificultad, por lo menos a corto o medio plazo. Una posibilidad sería acudir al expediente de las cooperaciones estructuradas permanentes que contemplan los tratados, en el supuesto de que un grupo de Estados con el euro como moneda estuviesen dispuestos a establecer una política común en estas materias. En el segundo caso, se podría establecer, además del presupuesto ordinario de la Unión, otro de carácter extraordinario de naturaleza finalista para aquellos objetivos que fuesen de interés común, lo que podríamos calificar de «objetivos federales», como la transición energética, el apoyo al I+D+i, la política migratoria, la de seguridad y defensa, las grandes infraestructuras europeas o el combate contra las pandemias. Porque las políticas sociales no pueden quedarse en proclamas o buenas intenciones. Ideas como un complemento europeo al seguro de desempleo –algo planteado por la Comisión– o al salario mínimo garantizado (SMIGE) son objetivos hacederos, que mejorarían la situación y aumentarían el prestigio de la Unión en su fundamental misión de proteger a la ciudadanía. Otra cuestión diferente que ayudaría a los Estados a disponer de más capacidad de inversión es el tan discutido tema, siempre pospuesto, de la mutualización de la deuda.

Después del vendaval del coronavirus tiene sentido afirmar que o nos mutualizamos o morimos. Una operación de este tenor produciría de inmediato una rebaja considerable de los intereses de la deuda en los países menos boyantes, pero, sobre todo, lanzaría un potente mensaje de que estamos dispuestos a salir de la crisis fortalecidos y listos para vincular nuestro destino. Ahora bien, es comprensible que países como Alemania y otros no deseen cargar con la deuda de Estados que no han administrado su hacienda con la probidad de un buen padre o madre de familia. Una manera razonable de solventar esta preocupación sería plantearse, de cara al futuro y en el marco de la creación de un Tesoro europeo, la mutualización de la deuda «virtuosa», es decir, aquella que según los criterios de la propia Unión no sobrepasa el 60 % del PIB. A partir de ahí cada cual cargaría con sus excesos. No obstante, teniendo en cuenta los aprietos actuales, sería imprescindible alguna forma de mutualizar los enormes costes de la crisis del coronavirus, como ya se está haciendo con los fondos Next Generation.

Ahora bien, si no se corrige esta contradicción entre una limitada cosoberanía monetaria y unas políticas fiscales y sociales nacionales, los fenómenos de disgregación, malestar y tendencias centrífugas no quedarán reducidos al Brexit. O la UE adquiere una dimensión social eficaz, lo que exige una capacidad fiscal propia, o acabará siendo disfuncional e incluso perjudicial en opinión de amplios sectores sociales. El mero proyecto de un gran mercado con una moneda común no es suficientemente atractivo para los europeos. Las democracias europeas son consustanciales con su dimensión social, con los Estados del Bienestar. Si este Estado social se erosiona como consecuencia de una mundialización competitiva sin reglas, a la que la actual arquitectura de la Unión es incapaz de hacer frente garantizando los derechos sociales, los fenómenos nacionalpopulistas se acentuarán hasta poner en riesgo la propia existencia de la Unión.

La autonomía estratégica tiene un precio

La otra cuestión que se plantea es la de hasta cuándo puede la UE seguir caminando sin autonomía estratégica en un mundo en el que solo los actores globales tienen voz y voto ante los grandes retos mundiales. En un reciente discurso ante la Escuela Militar francesa el presidente Macron planteó el problema con acierto. Sin embargo, como en otras ocasiones, la solemnidad de las palabras no se compadece con la inanidad de los hechos. Toda autonomía estratégica presupone unas capacidades en seguridad y defensa adecuadas para hacer frente a las potenciales amenazas de manera independiente, es decir, mediante la posesión de medios de disuasión suficientes. No se trata de tener una capacidad militar similar a la de Estados Unidos o Rusia, por ejemplo, en términos de armas nucleares. Es suficiente con tener una capacidad de disuasión creíble con el fin de evitar el chantaje. En términos de gasto militar, la suma de los presupuestos de defensa de los países de la Unión equivaldría al tercer presupuesto más voluminoso del mundo, solamente por detrás de Estados Unidos y China. Nuestro problema es que no son unos presupuestos de la UE, sino de cada uno de los Estados miembros, con lo que esto supone de despilfarro, duplicidades e incapacidad para una acción seria. De ahí que cuando desde Estados Unidos se exige a los países europeos en la OTAN que gasten más, pues no tienen por qué seguir pagando la defensa europea, están planteando un falso dilema. Lo que están proponiendo en realidad es que gastemos más para que ellos gasten menos, pero, en última instancia, sigan mandando. Ese planteamiento no tiene sentido desde la óptica de ir ganando autonomía estratégica. Sería de recibo, por el contrario, el argumento de que hay que gastar más en defensa si el esfuerzo fuese encaminado a adquirir mayor independencia en materia de seguridad. Esta postura no es incompatible con seguir sosteniendo una alianza con Estados Unidos, siempre y cuando no lo sea en el marco de una OTAN anclada en criterios de la guerra fría, como si Rusia fuese todavía la URSS.

Es obvio que hoy la Rusia de Putin es una potencia agresora a la que hay que frenar en los términos en que se está haciendo. Sin embargo, hay que trabajar para que esta situación acabe un día y conseguir que Rusia deje de ser una amenaza para los europeos. No deberíamos olvidar que ha sido un aliado de Francia y Gran Bretaña en dos guerras mundiales y que Putin no será eterno, pero el pueblo ruso sí. En todo caso, una UE de cerca de quinientos millones de habitantes, segunda potencia económica y comercial del mundo, no puede depender eternamente de otro poder para su seguridad y defensa. Sobre todo cuando la potencia «protectora» no da señales de querer seguir siéndolo en las mismas condiciones de antaño y adopta posturas que, en ocasiones, chocan con los intereses de la UE. Sin embargo, para alcanzar esta autonomía estratégica se necesitaría dar pasos en diferentes direcciones y aquí es donde aparece la falta de voluntad política para hacerlo.

No es suficiente afirmar que sería deseable contar con unas Fuerzas Armadas europeas. Se necesitaría, también, tener una industria de defensa integrada, medios y capacidades acordes con los objetivos que se pacten y una política exterior común que oriente esa política de seguridad y defensa. Nada de ello existe hoy en un grado suficiente. Además, una política exterior de seguridad y defensa comunes no es viable sin una mayor integración política. Estas cuestiones afectan al núcleo duro de la soberanía que les queda a los Estados y, lógicamente, solo se ponen en común cuando hay un consenso amplio en los objetivos y los medios.

Sería más realista, de momento, avanzar en unas políticas fiscal, presupuestaria y social europeas, complementarias de las nacionales. Porque pensar en unas Fuerzas Armadas europeas –lo que no significa clausurar las nacionales– con un presupuesto del 1% del PIB es realmente ridículo y forzar la máquina sería empezar la casa por el tejado. Ello no es óbice para que ante amenazas concretas no se puedan poner en marcha operaciones militares europeas con financiación específica, como ya se hace en la actualidad. Sería, en todo caso, paradójico que tuviésemos una política de seguridad y defensa comunes y careciésemos de unas políticas fiscal y social europeas que necesitamos como el comer. Creo que no estaría bien visto por el personal sufridor. De cualquier forma, lo anterior no debe ser obstáculo para que en el caso de España y otros países se aumenten los presupuestos de defensa hasta el 2% del PIB en los próximos siete años. Sostengo que si ese esfuerzo va orientado a que la UE gane autonomía, la izquierda debería apoyarlo, pero si es simplemente para seguir como hasta ahora, resulta razonable oponerse.

Lo que realmente reduciría las pulsiones nacional-populistas que ponen en riesgo la propia existencia de la Unión sería construir un Estado del bienestar europeo que no fuese simplemente la suma de hipotéticos Estados sociales nacionales. La revitalización de España, Italia y los demás países europeos exigirá una recomposición de la propia UE sobre bases más sociales, democráticas y medioambientales; en realidad, se trata de avanzar claramente hacia una unión política de naturaleza social y federal. Creo que sería viable progresar en esta dirección si los países centrales del euro se pusieran de acuerdo para impulsar una iniciativa de mayor integración económica, social y política. Es posible que no todos estuviesen por la labor, pero siempre se podría recurrir al expediente de las ya citadas cooperaciones estructuradas permanentes. Sería trágico que no comprendiéramos que los gérmenes de la erosión de nuestra Unión no están solo en amenazas externas que afecten a nuestra seguridad o defensa. Por el contrario, están ubicados en las hirientes desigualdades, en la relativa incapacidad de la Unión para proteger eficazmente a los ciudadanos europeos, como se está demostrando estos días con la inflación.

No nos hagamos trampas al solitario. El profundo malestar que se extiende por el continente no tiene su causa en nuestra carencia de seguridad y defensa comunes o la falta de liquidez de los bancos, sino en que amplios sectores sociales del campo y de la ciudad, jóvenes y mujeres, pequeños empresarios o autónomos falsos o verdaderos observan como sus condiciones de vida y trabajo se han ido deteriorando y piensan que se pueden averiar aún más con la guerra de Ucrania y sus efectos. Un quebranto vital que propicia la aceptación de discursos demagógicos, nacionalpopulistas o soberanistas en el sentido de que se debe y se puede regresar a los «viejos buenos tiempos» de los Estados nacionales sin más. Un ejemplo de lo que pasa cuando se deja a cada país que se las arregle como pueda cuando vienen mal dadas es el de España durante la crisis de 2008. Ante la imposibilidad de acudir a una devaluación externa y careciendo de una política social común, el Gobierno de la derecha impuso una drástica reforma laboral y una devaluación interna profundamente antisociales: deterioro de los contratos de trabajo, reducción de salarios, recortes en los gastos en sanidad, en educación, en prestaciones sociales, que ahora estamos pagando. A nivel político se ha producido un aumento exponencial de una extrema derecha que no había levantado cabeza por estos pagos desde la conquista de la democracia. Como en esta ocasión o en el futuro volvamos a hacer lo mismo o algo parecido, adiós a esta UE. No exagero, pues ante las próximas elecciones europeas se está gestando una alianza de fuerzas de ultraderecha cuya intención es acabar con el proceso de integración y recuperar «soberanía». No veo a la izquierda todavía con iniciativas acordes con la batalla que se avecina.

Enterradores del neoliberalismo

Es loable la aspiración de la actual Comisión Europea cuando su presidenta manifiesta la voluntad de dedicar no menos del 25 % del presupuesto a enfrentar el grave problema del cambio climático y a la transición energética, entre otros asuntos. Ahora bien, si casi el 40 % se lo lleva la Política Agraria Común (PAC), la verdad es que no queda mucho para el resto. En todo caso es alentador que el intento de frenar el cambio climático sea una prioridad en los planes de la Comisión. No obstante, si tenemos en cuenta que el presupuesto de la Unión para los próximos siete años asciende a un total de 1 billón de euros, eso significa que se dispondría de 143.000 millones anuales, una cifra realmente exigua para una Unión de casi 500 millones de habitantes. Pues bien, no parece realista que se pueda combatir eficazmente nada menos que el cambio climático y la transición energética con el 25 % de esa cantidad o, lo que es igual, con 36.000 millones de euros al año, más o menos el 3 % del PIB español. Si además esa operación supone un recorte en las aportaciones a la PAC y a la política de cohesión el saldo, en especial para países como España, puede resultar esmirriado, por no decir ruinoso. Pero volvamos a la línea principal del argumento. Con el presupuesto que está encima de la mesa, ninguno de los problemas de la Unión tiene solución: conservar la agricultura y los fondos de cohesión; los cambios que supone la revolución digital si no queremos quedar rezagados de China y Estados Unidos; una política más autónoma en seguridad y defensa, y la mencionada lucha contra el cambio climático. Todo ello sin contar con la necesidad de levantar una política social europea, complementaria de las nacionales, que se hace imperiosa ante las consecuencias de las sucesivas crisis. Porque si el capitalismo neoliberal había fracasado antes, ahora está condenado a desaparecer, aunque no lo hará si no se le empuja. En general, el capitalismo es depredador por naturaleza y en su versión neoliberal no tiene corrección posible. Solo una robusta y renovada intervención de los Estados democráticos en cuestiones claves como la energía, el transporte, las finanzas, las nuevas tecnologías y ante las grandes catástrofes podría voltear la situación actual. Eso supondría plantear una nueva mundialización inclusiva, con una fuerte presencia de lo público y lo democrático, que hoy no existe, después del cepillado neoliberal que sufrimos a partir de los años ochenta del pasado siglo. Esa es la época que hay que clausurar y no deberíamos separar la desigualdad social de la peligrosa cuestión del cambio climático, porque son dos caras de la misma moneda. Resumiendo: la UE corre peligro si no es capaz de dotarse de nuevas herramientas en todos los ámbitos, eficaces e idóneas para desempeñar un papel de liderazgo compartido en esta globalización desordenada, desregulada, y poder hacer frente a las crisis que ya tenemos encima. Porque mientras dure la hegemonía de un capitalismo neoliberal no habrá solución ni al cambio climático ni al problema de la desigualdad.

En el fondo, la cuestión de una nueva gobernanza mundial es el gran reto de nuestra época. Parece un objetivo utópico pretender un gobierno democrático del mundo, aspiración permanente de la Ilustración. Ni las Naciones Unidas lo son, aunque cumplen una meritoria labor en toda una serie de conflictos, ni tampoco el G20 alcanza categoría semejante, incapaz de tener una influencia relevante en las actuales crisis

globales. Estamos inmersos, pues, en una mundialización descontrolada, en la que las fuerzas democráticas –y no digamos progresistas– desempeñan un papel menor ante el poder de las grandes corporaciones
financieras, mediáticas o tecnológicas. Muy pocos
países son hoy actores globales, quizá Estados Unidos, China, en menor medida Rusia o la India. Unos
países, estos últimos, que o carecen de instituciones democráticas o poseen unas francamente deficientes. Por
eso creo que una perspectiva más realista para abordar
la gobernanza global sería propiciar procesos de «suprarregionalización» del mundo, a través de fórmulas
federales o confederales de cooperación. Países como
Estados Unidos, China, la India y Rusia ya son, por sí
mismos, «regiones federadas». Por otra parte, es evidente que la UE es el ejemplo más completo y acabado de un ensayo de suprarregionalización democrática, con vocación social y federal, o por lo menos
debería tender a ello en el futuro. Existen también experiencias embrionarias de integración en América
Latina y en Asia, y en menor medida en África. En
todo caso, una mundialización inclusiva y sostenible
es lo que nos protegería mejor de posibles catástrofes
bélicas, medioambientales o sanitarias. Como ya he
señalado, la izquierda política y social debería apostar
por un nuevo internacionalismo de estas características, contrario a cualquier regresión nacionalista. En
nuestro caso pasa por una apuesta decidida, sin vacilaciones, por una integración federal y social de la UE.
Esta es la aportación más efectiva que los ciudada-

nos europeos podemos hacer al conjunto de la humanidad.

Una nota sobre emigración y coronavirus

A consecuencia de la maligna epidemia del coronavirus, que se extendió como una maldición bíblica por todo el orbe, problemas que antaño –dos meses antes de que estallara– nos acosaban y llenaban de contenido los medios de comunicación, desaparecieron como por ensalmo, como si estuvieran también confinados. Uno de ellos, generador de crisis que parecían insolubles, fue el de la emigración, con esas pateras que como potenciales o aleatorios ataúdes surcaban y siguen surcando las aguas del culto Mediterráneo cargadas de emigrantes en busca de una vida menos miserable. Fue durante años, y continúa siéndolo, el argumento preferido de los extremistas de derecha en sus campañas xenófobas, encaminadas a enfrentar a pobres con aún más pobres y, de este modo perverso, envenenar el ambiente y progresar en el voto. Los emigrantes eran engendradores de delitos y hurtadores del trabajo ajeno: esas son las continuas proclamas en el argumentario nacionalpopulista. En otro capítulo de este ensayo dedicamos una reflexión general a la naturaleza clasista del fenómeno migratorio, pero conviene hacer una breve mención sobre este agudo y trascendental problema en relación con la Unión Europea.

334

Hasta ahora, la Unión no ha sido capaz de abordar adecuada y sensatamente el creciente flujo de emigrantes que una mundialización injusta está provocando. Parece como si Europa y Estados Unidos se hubiesen olvidado de que su riqueza y bienestar se los deben, en gran medida, a los millones de emigrantes que, desde finales del siglo XIX y durante buena parte del XX, han ido arribando a las naciones más ricas, y se han dejado en el empeño sus mejores energías y la salud a cambio de magros estipendios. En una obra del que fuera secretario general de la CGIL –y buen amigo del que esto escribe–, Bruno Trentin, titulada *Da sfruttati a produttori* (1977), se deja cumplida constancia de la trascendencia que tuvieron los trabajadores emigrantes para el gran despegue de la economía alemana y la europea en general. El primer oxígeno se lo proporcionó el tan mencionado Plan Marshall, pero el decisivo impulso se lo dieron los emigrantes, entre ellos cientos de miles de españoles e italianos. Dice Trentin: «A partir del inicio de los años sesenta la emigración de mano de obra extranjera se convirtió en uno de los fundamentos cardinales del desarrollo industrial y, en particular, del de las grandes fábricas mecanizadas de todos los países industrializados de Europa». Sin embargo, esta no era solo la opinión de un ilustre sindicalista. El presidente de la Unión Federal de Empresas Alemanas afirmó sobre el mismo tema en un convenio de la patronal germana: «La mano de obra extranjera se ha convertido en un factor indispensable para la industria alemana y representa una enorme ventaja para la economía del país. Si la República Federal quiere seguir aumentando su potencial económico debe seguir importándola; sin ella el aumento de la productividad sería inferior al 20 o el 15 %». No son de extrañar las anteriores declaraciones si tenemos en cuenta que en sectores como los del automóvil, la electrónica o la construcción los obreros extranjeros eran el 24,4 %, el 22,6 % y el 23,6 %, respectivamente. Una mano de obra que, aparte de crear riqueza, contribuía a la contención del coste del trabajo, que era lo que el dirigente empresarial alemán llamaba «aumento de la productividad».

Irónica y paradójicamente, el maligno virus sacó a flote, también en este asunto, nuestras vergüenzas. En esta ocasión no se trataba de los españoles, italianos, portugueses, turcos o yugoslavos que acudían a las fábricas de Alemania, Francia, Suiza o Bélgica, sino de rumanos, marroquíes o africanos, que solo dios sabe de qué país son y que vienen a nuestros campos, cual aves migratorias, a recoger las cosechas de frutas y hortalizas. La razón es que el personal autóctono, a pesar del desempleo, no acude a la llamada del agro por la dureza del trabajo —cosa que dudo— o más bien por las condiciones miserables en que este se realiza. Ahora bien, cuando por el cierre de fronteras debido a la pandemia, toda esa abundante y barata mano de obra no pudo llegar a nuestro país —y a otros—, el pánico cundió ante la amenaza de que se perdieran las cosechas, y los mercados y los hogares quedaran desabastecidos de tan sabrosos productos. Es de esperar que no imitemos a Trump en su perversa decisión de cerrar las fronteras a los emigrantes. Lo apropiado y decente sería más bien todo lo contrario: conceder a esos beneméritos emigrantes permisos de trabajo y facilidades de acceso a nuestro país, pues de lo contrario nos quedaremos sin frutas y hortalizas, dos alimentos cuyo consumo estaba muy recomendado en los tiempos de confinamiento. En todo caso, sin una política de emigración adecuada, acorde con los tiempos que corren, y una ayuda masiva hacia los países más vulnerables, las consecuencias pueden ser desastrosas. Porque las reacciones pueden ser dos, ambas temibles: o una estampida hacia una Europa más segura o un cierre que nos deje sin una mano de obra esencial. Las Naciones Unidas han hablado también de un Plan Marshall —no sé si va a dar para tantos— para África. Me temo que eso no va a ser suficiente, porque lo que hace falta en realidad es otra globalización y no sé si hay voluntad o fuerza para ello.

10. ¿QUÉ SIGNIFICA SUPERAR EL CAPITALISMO?

No creo que el modo de producción que llamamos capitalismo sea el fin de la historia. En todo caso, hay que evitar que su final o superación acabe en una tragedia. Sin embargo, tampoco creo, ni he creído nunca, en esas teorías simples sobre el derrumbe del sistema cada vez que se presentaba una crisis o se avecinaba una guerra. Una profecía nefasta que nunca se cumplía y que solo servía para justificar planteamientos igualmente fatídicos. Como fue el caso de aquella teoría del socialismo en un solo país, de fabricación estaliniana y de su economista de cabecera durante unos años, el académico húngaro Eugen Varga, que después de la IIª Guerra Mundial escribió, quizá arrepentido, que el capitalismo era bastante más resiliente de lo que habían pensado en Moscú. Tampoco me convencían las hipótesis de que la superación del capitalismo o la implantación del socialismo fueran una cuestión de publicar decretos para nacionalizar o expropiar a los burgueses de sus propiedades. Cuando tuve ocasión de estudiar a fondo, debido al encierro al que me sometió la dictadura, las obras de Marx y otros muchos clásicos, en especial *El capital* y *Elementos fundamentales para la crítica de la economía política*, no saqué la conclusión de que el socialismo pudiese implantarse de la noche a la mañana. Y menos aún en un solo país, y no digamos si ese país era uno de los más atrasados de Europa. A lo más que se podía llegar por ese camino era a un capitalismo de Estado: es decir, a que el Estado, supuestamente en manos del proletariado, se hiciera con el capital o, por lo menos, con los sectores más importantes del mismo. Pero eso no era, desde luego, el socialismo entendido como una fase de la sociedad superior al capitalismo. Reconozco que en este aspecto sigo siendo bastante clásico. En efecto, en su «Prefacio de 1859» a los *Elementos fundamentales para la crítica de la economía política*, Marx señala lo siguiente: «Al llegar a una determinada fase de desarrollo, las fuerzas productivas materiales de la sociedad chocan con las relaciones de producción existentes o con lo que no es más que la expresión jurídica de estas, con las relaciones de propiedad dentro de las cuales se han desenvuelto hasta entonces. De formas de desarrollo de las fuerzas productivas, estas relaciones se convierten en sus trabas. Se abre así una época de revolución social». Y en el propio texto desarrolla esta idea al escribir: «Ninguna formación social desaparece antes de que se desarrollen todas las fuerzas productivas que caben dentro de ella».

Como se ve, Marx estaba muy alejado de la «teoría del derrumbe» y se situaba en una perspectiva de onda muy larga, en la que el capitalismo no estaba a punto de dislocarse cada semana, sino que ya demostraba entonces, y mucho más después, una habilidad notable para amoldarse a las circunstancias cambiantes y sobrevivir a las catástrofes que provocaba. En realidad, esa capacidad de adaptación no era otra cosa que su aptitud o destreza para inventar nuevas formas de desarrollo de las fuerzas productivas dentro de las relaciones de producción existentes o de su expresión jurídica, esto es, las relaciones de propiedad.

Ahora bien, ¿ha alcanzado el capitalismo actual esa fase en el desarrollo de las fuerzas productivas? ¿Están estas entrando en contradicción con las relaciones de producción y de propiedad? ¿Son trabas, estas últimas, para el desarrollo de aquellas? No son preguntas fáciles de contestar si se conoce algo de lo que sucedió, en el pasado, con la evolución de otras formaciones socioeconómicas, por ejemplo, en las sociedades esclavistas y feudales. Estas formas predominaron durante siglos, con un desarrollo desigual según continentes y países. Mientras en el mundo antiguo fueron modos de producción hegemónicos, en las civilizaciones clásicas como la griega o la romana, más cercanas a la nuestra, convivieron con otras formas más primitivas, como las que el propio Marx llamó «comunismo primitivo» o tribal. Ello no fue óbice para que ciertas formas de esclavitud pervivieran nada menos que hasta el siglo XIX, e incluso más tarde, cuando ya se habían superado los

341

elementos fundamentales del feudalismo. Sin embargo, fueron unas relaciones de producción-propiedad que tuvieron un papel fundamental en el desarrollo del capitalismo, no solo en Estados Unidos sino también en Europa. El caso norteamericano es paradigmático. Se importó a millones de esclavos para trabajar en las plantaciones algodoneras del Sur y en 1860 había allí cuatro millones de afroamericanos esclavizados, la mano de obra más barata del mundo. Como señalan Greenspan y Wooldridge, ya citados, el país estaba dividido en dos: un Norte industrial burgués y un Sur agrario esclavista. Al final chocaron en la guerra de Secesión, lo que no fue obstáculo para que los bancos más importantes de Nueva York hicieran fortunas con el comercio del algodón de origen esclavo.

Con el modo de producción feudal, basado en la servidumbre, sucedió otro tanto de lo mismo. Este no se estableció de golpe en todos los países al mismo tiempo, ni tan siquiera con las mismas características. Como modo de producción dominante duró varios siglos, pero a lo largo del tiempo convivió con otras formaciones más antiguas, como la esclavitud, o más modernas, como las capitalistas. Formas de producción y acumulación capitalistas, como por ejemplo la mercantil o la comercial, convivieron durante siglos con relaciones feudales de tenencia y explotación de la tierra. Estas formas capitalistas, empujadas por la burguesía, se fueron imponiendo, destruyendo y superando esas relaciones económicas, jurídicas y políticas feudales, que se habían convertido en un freno para el desarrollo de las fuerzas productivas modernas que estaba alumbrando la Revolución Industrial. Un proceso, por cierto, de varios siglos, que tuvo sus momentos de aceleración, en unos casos por medio de revoluciones burguesas, como fueron la holandesa y la inglesa del siglo XVII, la norteamericana y la francesa del siglo XVIII y, en otros, por medio de revoluciones «proletarias», como las de Rusia y China del siglo XX. Porque, al margen de la opinión que se tenga de esas revoluciones –la mía es positiva, en general, sobre todo desde el punto de vista económico–, lo cierto es que supusieron, todas ellas, un rompimiento de las trabas que obstaculizaban el desarrollo de renovadas fuerzas económicas y permitieron pasar a nuevas fases en el avance del progreso humano. Ahora bien, ¿significaban esas convulsiones que las formas anteriores de producción y distribución desapareciesen por completo? Yo creo que no. El triunfo de las burguesías, con la creación de mercados cada vez más amplios, Estados y relaciones de propiedad capitalistas, fue un avance formidable, plagado de victorias y derrotas, superaciones y retrocesos que duró varios siglos y todavía no ha concluido. No hay más que comparar los grados de desarrollo de zonas de África o Asia con las de Europa, o las relaciones sociales que imperan en unos y otros países. El capitalismo es, sin duda, el modo socioeconómico hegemónico a escala planetaria, pero eso no quiere decir que no subsistan en su seno formas arcaicas que se remontan a tiempos pretéritos, al lado de otras mucho más modernas que apuntan elementos de su futura superación. Si hay algo que enseña el estudio asiduo de la historia es la naturaleza desigual del devenir humano, y esa desigualdad obedece a que los obstáculos que las relaciones de producción obsoletas oponen a las nuevas fuerzas productivas no se superan de golpe al mismo tiempo y en todas partes. Esto es lo que marca la diferencia en el progreso de los países y de los continentes. Es también lo que explica por qué unas naciones y sistemas se quedan estancados en una determinada fase de su historia y, por el contrario, otros son capaces de acelerar su desarrollo.

En mi opinión, Holanda conoció la primera revolución burguesa y su forma fue la lucha contra el poder de los Habsburgo españoles, en concreto frente a Felipe II. Quizá un intento anterior, antecedente de las ya citadas, fue la revolución de las Comunidades de Castilla o las Germanías valencianas, ambas aplastadas por las tropas imperiales del rey Carlos V. Gran Bretaña vino después con la Gloriosa Revolución y el triunfo de los «comunes» frente a la Corona, simbolizado en la ejecución del rey Carlos I Estuardo en 1649. Un siglo más tarde estalló la guerra de la Independencia de Estados Unidos –en la que tan decisivo papel desempeñaron Francia y España– contra el dominio de Jorge III de Inglaterra y los impuestos sobre el té. Y por último, la Revolución francesa, con la proclamación de la República, la Declaración de los Derechos del Hombre y del Ciudadano y la ejecución de Luis XVI y María Antonieta.

Si nos fijamos en todos estos acontecimientos, las

fuerzas que encabezaron los cambios habían surgido, crecido y se habían organizado en el seno de la vieja sociedad o del Antiguo Régimen. Se trata de acontecimientos muy diferentes, que se producen en épocas históricas diversas, pero de ninguno de los supuestos mencionados se podría afirmar que son, en sí mismos, los que acabaron con el feudalismo o las formas de esclavitud e «implantaron» el capitalismo. Lo que sí hicieron fue liberar energías, superar obstáculos, facilitar el desarrollo de fuerzas económicas que exigían nuevas relaciones sociales de producción, diferentes formas jurídicas de propiedad, maneras nuevas de participación política, que tardaron siglos en alcanzar la madurez. En todos los casos se produjeron encarnizadas luchas entre las clases que pugnaban por abrir las vías al progreso y las que pretendían, por todos los medios, conservar los viejos privilegios. En casi todos los supuestos la forma que adoptó esta pugna fue la guerra, así la de Felipe II en los Países Bajos, los comunes ingleses contra el rey, la guerra de la Independencia norteamericana o las guerras revolucionarias francesas contra los legitimistas y media Europa.

Todo ello es una demostración de que la lucha de clases ha sido, a pesar de lo que se diga o de sus a veces inasumibles excesos, un factor de modernidad, en unos casos quebrando los obstáculos en el camino del progreso, en otros introduciendo reformas que ponían en cuestión los elementos más perniciosos de la lógica del sistema anterior. El que este progreso dependa de la calidad de las instituciones, como sostienen algunos autores, me parece una simplificación. Las instituciones, como expresiones juridicopolíticas, forman parte de las relaciones sociales de producción y son subalternas a las fuerzas productivas materiales. Sin duda entre ellas mantienen una relación dialéctica y no mecánica, de tal forma que se potencian u obstaculizan mutuamente y, en consecuencia, conviene tener en cuenta y cuidar la calidad de ambas.

En este sentido, el caso de España es un buen ejemplo, como hemos señalado en otro capítulo de este ensayo. Nuestro país no tuvo un proceso de industrialización –Revolución Industrial– como los Estados centrales de Europa. Nuestra burguesía no fue capaz, o no tuvo la fuerza suficiente, para romper las cadenas que sujetaban formas de propiedad obsoletas, con un agro dominado por la nobleza y una desamortización de los bienes de la Iglesia frustrada; no pudo romper las ideológicas, en las que la Iglesia gozaba de un peso excesivo en la educación, la moral, las costumbres... y la política; ni tampoco las formas jurídicas de una monarquía entreverada de intereses caciquiles y con un peso determinante del factor militar. El resultado fue que llegamos tarde a las modernizaciones económica, social y política. Por eso ha sido tan importante el proceso que se inició en 1978, pues nos ha permitido recuperar casi todo el terreno perdido.

Llegados a este punto, conviene preguntarse si en la actualidad se está transformando, en parte, el capitalismo en algo diferente y si, dentro de esta transformación, su actual forma neoliberal supone un obstáculo para el desarrollo de las nuevas fuerzas económicas, tecnológicas y sociales que está liberando la revolución digital. Lo primero que podemos constatar es que, a lo largo de la historia del capitalismo –comercial, industrial, financiero– y sus diversas fases, se han ido introduciendo reformas que no se compadecían con su lógica interna, es decir, elementos que revelaban una lógica poscapitalista o, si se prefiere, «socialista o comunitaria»; en todo caso, no mercantiles. Por ejemplo, esto se ha dado en las formas de la propiedad. La propiedad privada de los medios de producción es una característica esencial del capitalismo. No obstante, hay sectores económicos que han ido pasando a figuras de propiedad colectiva en alguna de sus expresiones –estatal, municipal, cooperativa, social–. Así, después de la IIª Guerra Mundial, sectores estratégicos enteros de la economía de Europa occidental fueron nacionalizados –banca, transporte, energía, sanidad y educación– en Francia, Gran Bretaña, Alemania y los países nórdicos, entre otros. Durante este periodo, por cierto, la economía europea creció más y mejor y se creó o extendió el Estado del bienestar del que todavía disfrutamos. No fue, desde luego, una casualidad. Como explicamos en otra parte de este libro, ello se debió, no conviene olvidarlo, al fracaso del capitalismo liberal de entreguerras y a la relación de fuerzas que se estableció después de la contienda, más favorable a la izquierda política y social.

Ahora bien, ¿significó ese avance el final del capitalismo? Por supuesto que no, si constatamos que la mayor parte de la riqueza siguió en manos privadas, pero sí se puede afirmar que era un sistema mixto público-privado que funcionó francamente bien. Luego, a finales de los años setenta del siglo pasado triunfó la contrarrevolución liberal conservadora, con la nefasta fiebre privatizadora, en la que cayó cierta parte de la izquierda y que arrasó buena parte de la economía pública. El proceso no se dio en todos los lugares por igual. Hubo países en los que se mantuvieron más tiempo esas posiciones «colectivas», como el caso de Francia con la energía y el transporte, o Alemania con una parte de las finanzas, o el ejemplo más reciente de Noruega con el petróleo y su fondo soberano. Esas experiencias no desmerecen, en cuanto a eficacia, a las empresas gestionadas con criterios privados, y son una prueba de que la mayor o menor privatización o liberalización de la economía no depende de necesidades intrínsecas del capitalismo sino, simplemente, de la relación de fuerzas entre el capital y el trabajo. Otra prueba de lo mismo es que cuando vienen mal dadas —crisis, guerras o pandemias— todo el mundo, hasta los más acendrados liberales, acude al Estado para que lo auxilie, a lo público para que le saque las castañas del fuego. Todos se hacen keynesianos e incluso «bolcheviques», pero de una manera muy estrambótica, pues al tiempo que piden ayuda al Estado defienden sin pudor que hay que bajar impuestos como sea.

Más profundo y sostenido en el tiempo es lo que ha sucedido con el excedente, la renta nacional o el Producto Interior Bruto. Hasta fechas recientes, este excedente se lo apropiaban, casi por entero, los sujetos privados, ya fuesen personas físicas o jurídicas. Como ha quedado consignado en otra parte de este ensayo, hasta hace poco la parte de las rentas succionadas por el Estado vía impuestos, tasas, etc., era ridícula, alrededor de un 10 % del PIB. Lo suficiente para mal pagar a los ejércitos, a las policías y a los tribunales necesarios para mantener el orden establecido, sujetar a las colonias o pelearse por botines foráneos. A partir de la Iª Guerra Mundial y, en especial, de la IIª, este sistema se hizo insostenible, sobre todo en Europa. Las grandes luchas sociales, el «peligro bolchevique» y el propio resultado de la contienda ocasionaron una mutación del capitalismo y del propio Estado. De un capitalismo liberal se pasó a uno más intervencionista, más social y democrático si se prefiere, y de un Estado igualmente liberal se transitó al Estado social, del *unfair state* al *welfare state*. Mutación que, todo hay que decirlo, solo se dio en Europa occidental y quizá en Canadá y Nueva Zelanda, pues en el resto del planeta –América del Norte y del Sur, Asia, África u Oceanía– cualquier parecido entre sus sistemas económico-sociales y el Estado del bienestar es pura coincidencia. La explicación detallada de por qué el Estado social no ha cuajado en otros continentes excede la pretensión de este ensayo. Lo que sí podemos intentar describir es por qué floreció en una parte de Europa y, desde luego, constatar que a pesar de las deficiencias actuales sigue siendo la envidia del resto del planeta, hasta el punto de que en Estados Unidos hay fuerzas que pugnan por conquistar derechos que entre nosotros gozan de larga vida.

Lo cierto es que, a partir de los años cincuenta del siglo pasado, una parte creciente de la renta que se genera cada año en los países europeos pasa a apropiársela vía impuestos el Estado, que la redistribuye entre el conjunto de la sociedad en forma de servicios sociales universales y gratuitos. Es lo que podríamos llamar, también, un «salario indirecto» que hay que sumar al directo, aunque a veces no se sea consciente de ello. Esta proporción de la renta nacional alcanza, a pesar de los recortes de la austeridad, del orden del 40 al 50 % del PIB generado cada año. Obviamente, en estos países sigue imperando el sistema capitalista, pero no deja de ser menos cierto que cerca de un 50 % de la riqueza la absorbe el Estado en un acto de soberanía decidido por los Parlamentos y que trasciende la lógica estricta del capital y de la propiedad privada. Si alcanzase —cosa no deseable— el 100 %, ya no podríamos decir que estamos ante el capitalismo que conocemos. La derecha y todo probo ultraliberal son muy conscientes de ello y, por eso mismo, lanzan continuas campañas a favor de bajar impuestos y privatizar servicios sociales. Y construyen, sin parar, dis-

350

cursos sobre lo ineficiente que es lo público y esa estulticia de que donde mejor está el dinero es en el bolsillo del contribuyente. Tengo mis dudas de que toda la izquierda sea igualmente consciente de este fenómeno europeo, tan único en la corrección del capitalismo. Lo que sí es justo reconocer es que este *welfare state* o Estado social le debe mucho a las fuerzas reformistas, políticas y sociales, en especial a la socialdemocracia, la democracia cristiana y los partidos eurocomunistas, que no se plantearon grandes revoluciones, pero sí construyeron el sistema socioeconómico más civilizado y justo del mundo. Esto indicaría, también, lo mal que debe estar el resto del orbe.

Un tercer elemento que ha ido introduciendo, en ciertos casos, una lógica más allá del capitalismo hace referencia a la cuestión del poder dentro de las empresas. Una de las características del sistema capitalista, como es bien sabido, consiste en la carencia general de democracia dentro de las compañías; es decir, en ellas rige el poder absoluto de la propiedad o sus representantes en la toma de decisiones que afectan a la marcha de los negocios. El poder reside en los consejos de administración, en las sociedades por acciones o en el empresario individual. En general, los trabajadores y empleados no participan en la toma de acuerdos, ya sean productivos, organizativos, de inversión, de personal, sobre la venta, absorción o fusión de las empresas. Como mucho, se les reconoce el derecho a la información. Incluso los trabajadores pueden ser despedidos libremente por el empleador, en unos casos mediante el pago de una indemnización, en otros sin compensación alguna. Simplemente, los asalariados concurren a un mercado, el laboral, con una «mercancía» muy particular, que es su fuerza de trabajo, ya sea manual, intelectual o mixta. En ese mercado la intercambian por un sueldo o salario y realizan su labor en las condiciones que la relación de fuerzas vaya determinando y concretando en los sucesivos convenios colectivos, allí donde los haya.

No obstante, no siempre y en todas partes ha sido así. Como consecuencia de la evolución de la relación de fuerzas entre el capital y el trabajo en países como Alemania y otros del Norte de Europa se ha ido abriendo camino la institución de la cogestión. Se trata de una forma particular de participación de los asalariados en la dirección de las empresas. Así, por ejemplo, en 1951 una ley estableció en Alemania que las empresas industriales del carbón y del acero tenían la obligación de reservar la mitad de los puestos en los consejos de administración a los representantes de los trabajadores. Más tarde, esa experiencia se fue extendiendo a las grandes compañías, en la proporción de un tercio de los asientos en los consejos. Por último, ya en 1976 se promulgó la ley de cogestión, que establecía la obligación de reservar a los trabajadores la mitad de los puestos de los consejos y el derecho de veto en las empresas de más de dos mil trabajadores y un tercio en las compañías que contasen entre quinientos y dos mil empleados. Si bien estas experiencias fueron un importante paso adelante en la superación de la pura lógica del capital, también tuvieron sus limitaciones. La mayor restricción reside en que, en el supuesto de empate entre accionistas y asalariados, el voto decisivo lo ejerce el presidente del consejo, que siempre es un representante de los accionistas.

No obstante, el caso del Grupo Volkswagen, una de las empresas de automoción más grandes del mundo, con 644.000 trabajadores y fábricas en más de veinticinco países, es digno de estudio. Dentro del modelo de cogestión alemán, cuenta con un consejo de administración europeo y otro mundial; en la carta de relaciones laborales del Grupo se establecen los derechos de participación de los trabajadores respecto a materias tan destacadas como la contratación de personal, la organización del trabajo, los sistemas de producción, la jornada laboral, los sistemas de remuneración y la protección de datos. Pero lo más sobresaliente es que, aparte de que el *land* federal de la Baja Sajonia detenta el 20% del capital, los representantes de los trabajadores tienen derecho de veto en el consejo de vigilancia, encargado de ejercer la cogestión de la empresa. Volkswagen no deja de ser una empresa basada en el capital y que actúa en un mercado global capitalista, en el que para subsistir debe competir, obtener beneficios y aumentar la productividad. Sin embargo, tanto en el régimen de propiedad de la empresa como en la gestión y la participación de los trabajadores supone una experiencia que va más allá del capitalismo actual. No hay más que pensar que si este modelo se extendiese a todas las multinacionales existentes, o a la mayor parte de ellas, estaríamos en otro sistema de economía, que ya no sería el capitalismo que conocemos, sino unas formas poscapitalistas, comunitarias o mixtas.

Experiencias más modestas, pero igualmente interesantes, son las de Suecia, Noruega o Austria. En el primer caso se reserva a los trabajadores un tercio de los asientos en los consejos en empresas con más de veinticinco empleados; en el segundo, el número mínimo de asalariados sube a treinta y cinco y, en el último, en las que tienen más de trescientos trabajadores. Son ensayos limitados que no superan la lógica del capital, pero sí introducen un mayor equilibrio entre este y el trabajo y, sobre todo, apuntan modestamente en la dirección de una organización y dirección poscapitalista de la economía. En el caso de España, como en otros países europeos, nada de esto se ha puesto en marcha. Sin embargo, la Constitución de 1978 permitiría experiencias de estas características. El artículo 33 reconoce la propiedad privada y la herencia, pero no con alcance ilimitado, al señalar a continuación que por causa justificada de utilidad pública o interés social se puede privar de bienes o derechos mediante la correspondiente indemnización. Incluso la Constitución recoge el principio general de que el contenido del derecho de propiedad está delimitado por la función social del mismo. Este criterio está en consonancia con la posibilidad por parte del Estado de la planificación de la actividad económica del artículo 131, la idea de que toda la riqueza está subordinada al interés general del artículo 128 o la atribución que hace el artículo 149.1.13 a la competencia del Estado en la coordinación de la planificación general de la economía. Artículos que parecen no existir en nuestra Ley de Leyes, pues ni la derecha –obviamente– ni la izquierda –menos obviamente– han querido saber nada de ellos. Es curioso constatar que en el momento en que se privatizaron, en nuestro país, las «joyas de la corona» –bancos, eléctricas, etc.– ningún gobierno de turno se planteó la conveniencia de establecer algunas formas de cogestión. Me da la impresión de que tampoco en el movimiento sindical se era entusiasta de esta idea, quizá por el prurito de que ese modelo podría conducir a una pérdida de autonomía de los sindicatos e incluso a una «asimilación» de los trabajadores a los intereses de las empresas. Un temor en mi opinión discutible si se hacen las cosas correctamente y menos justificado en la fase actual del capitalismo de las grandes multinacionales.

Tampoco la experiencia de las cajas de ahorros ha facilitado este tipo de modelo. Entre el vendaval de la crisis del ladrillo, la incompetencia de algunos gestores, los casos de corruptelas, el interés de la banca y la poca afición política por defenderlas, acabaron por llevárselas por delante. Las cajas fueron decisivas en el desarrollo y la modernización del país, en especial a nivel territorial y ligadas a las pequeñas y medianas empresas. Durante años su éxito fue indiscutible y le fueron ganando cuotas de mercado a la banca tradicional, hasta llegar a un 50 % del conjunto del siste-

355

ma financiero, para horror de aquella, que las acusaba de competencia desleal. Sin embargo, tenían debilidades estructurales que, al no corregirse a tiempo, acabaron por hundirlas cuando la crisis arreció con fuerza. En realidad, las cajas de ahorros no eran empresas privadas ni públicas. Es decir, que en los momentos de fuertes apuros financieros no podían acudir al mercado de capitales, con la finalidad de ampliar estos últimos, pues no eran sociedades por acciones, ni tampoco al crédito o las ayudas públicos, ya que no pertenecían al Estado. Eran un tipo de entidades de crédito un tanto particulares, sin ánimo de lucro, con finalidad social y una asamblea y un consejo compuestos por impositores, organizaciones sociales, fundadores, empleados y Administraciones públicas. Ofrecían los mismos servicios que los bancos y, con el tiempo, entraron en un proceso de concentración que dejó el sector en quince grupos de cuarenta y cinco.

Con la crisis de 2008, el Banco de España las fue interviniendo y, posteriormente, la mayoría las vendieron al mejor postor, mientras otras se transformaron en bancos. La operación le costó al contribuyente español alrededor de sesenta mil millones de euros, cifra que todavía estamos intentando enjugar. La responsabilidad de este desaguisado, según la comisión parlamentaria creada al efecto, recae sobre todo en el Banco de España. En el fondo, las cajas de ahorros, que como hemos dicho alcanzaron una posición central en el sistema financiero patrio y en otros países como Alemania, eran un ejemplo de instituciones que chocaban con la lógica del capitalismo. Su objetivo no era el beneficio privado de los accionistas, pues no tenían, sino contribuir al desarrollo regional, proporcionar créditos asequibles a las pymes y, con el excedente o beneficio, sostener una importante obra social. No es casualidad que su origen se remontase a los montes de piedad y los montepíos.

Siempre pensé que eran instituciones demasiado «bellas» para ser ciertas y que, en algún momento, los poderes económicos y políticos dominantes las pasarían por la piedra aprovechando una coyuntura favorable y sus propias debilidades. Ese momento llegó con la crisis de 2008 y unas circunstancias desgraciadas que ya han quedado señaladas. No creo para nada que la única salida fuese transformarlas en bancos o venderlas al mejor postor por cuatro duros y, con ello, agrandar el enorme poder de la banca tradicional. Y ya que los contribuyentes hemos tenido que asumir una enorme cantidad de deuda por la crisis de las cajas, bien se podría haber levantado una sólida banca pública que tan buen servicio podría hacer a la economía nacional. En este sentido parece de verdad asombroso que se amenace periódicamente con privatizar Bankia, en la actualidad con mayoría de capital público. Por cierto, una entidad bien administrada que deja copiosos beneficios. No hay ningún argumento serio para venderla, y mucho menos en los tiempos que corren. Al final se ha fusionado/absorbido en la Caixa creando CaixaBank, una de las entidades de crédito más grandes de España. En dieciséis países de la

357

UE hay más de cien bancos públicos, con 190.000 empleados y unos activos de 3,5 billones de euros, y todos ellos forman parte de la Asociación Europea de Bancos Públicos. Entre ellos, conviene señalarlo, se encuentran algunas de las entidades más solventes de Europa, que funcionan perfectamente bien. En resumen, podemos decir que dentro del capitalismo europeo actual existen formas que escapan a la pura lógica mercantil de este, como sucede en el reparto del PIB, en los bienes que forman el Estado del bienestar o en modelos de cogestión. Todo ellos avances que de extenderse apuntan a formas que superan las que imperan en el capitalismo que conocemos. Son, en el fondo, maneras de superación de la lógica capitalista.

La revolución digital y el capitalismo actual

Aparte de estos ejemplos de instituciones que van más allá de la lógica del capitalismo, hoy en día la cuestión se plantea, a mi entender, con nuevas variantes. Me refiero a que la revolución digital, aunque parezca mentira, empieza a corroer la lógica del mercado, socavar la propiedad tal como ha venido funcionando y modificar la relación tradicional entre salarios y trabajo y ganancia o beneficio. La dificultad para penetrar en este proceso y, sobre todo, para aprovecharlo en favor de un mayor desarrollo económico y social radica, hasta el momento, en la debilidad del movimiento de los trabajadores y de la izquierda en general. Una economía moderna, de hegemonía neoliberal, se ha mostrado incompatible con una clase obrera organizada y coordinada más allá del Estado nación. Por eso era tan importante para el triunfo de la revolución conservadora de los años ochenta –Thatcher, Reagan– romperle la catenaria al movimiento sindical, pues uno de sus principios rectores era la eliminación o el debilitamiento del obrerismo organizado. No es que la clase obrera estuviese desapareciendo o descendiendo en número, al transformarse, supuestamente, en clase media. Por el contrario, los clásicos del socialismo tenían razón cuando hablaban de la creciente «proletarización» de la sociedad, aunque a algunos les moleste ser incluidos en dicha clase social. No hay más que ver lo que ha ocurrido en China, la India, América Latina, África o la misma Europa. Los proletarios –trabajadores de todas las categorías que venden su fuerza laboral a cambio de un sueldo o salario– han proliferado hasta el infinito. El problema consiste en que esa inmensa cantidad de proletarios está desintegrada y desorganizada a nivel global, y el drama radica en que es, precisamente, en ese ámbito donde se dirimen las batallas principales. Cuando Marx y Engels lanzaron aquello de «Proletarios del mundo, uníos» fueron unos visionarios y quizá difundieron el eslogan antes de tiempo; sin embargo, en la actualidad, o los «proletarios del mundo» se coordinan o estarán en peores condiciones, como se demuestra cada día. Entre otras cosas, porque los que entendieron mejor el lema de los pensadores alemanes fueron los capitalistas que han sabido mundializarse, con razón, a marchas forzadas.

Los partidos comunistas fueron incapaces de organizar un movimiento internacional, a pesar de los eslóganes, los himnos, los puños en alto y las banderas, porque la mayoría de ellos estaban sometidos a los intereses «nacionales» de Moscú. Y, por lo que respecta a la socialdemocracia, esa fue su ineptitud originaria, por lo menos desde la Iª Guerra Mundial, cuando votaron los créditos que permitieron la gran matanza. Esta cuestión es, sin duda, relevante porque hay que tener en cuenta que el posible tránsito a formas «no capitalistas» en el seno del sistema no es un proceso mecánico que se produzca por la propia inercia de la progresiva digitalización. Por el contrario, la superación de modos de producción que frenan el avance de la humanidad será una mezcla o simbiosis entre tecnociencia y democracia o no será. Cuando Vladímir Ilich se preguntó aquello de «¿Qué es el socialismo?» y respondió «La electrificación de Rusia más el poder de los sóviets», iba en esa dirección, pero se equivocaba, porque la electricidad no era ni es una tecnología que choque con la lógica del capital, ni los sóviets eran la democracia, como muy pronto quedó en evidencia. Sin embargo, la revolución digital, basada en la información y en el conocimiento más la fuerza de una democracia avanzada, sí puede ir alumbrando una sociedad que vaya superando el capitalismo realmente existente, empezando por sus aspectos más tóxicos. Por lo tanto, lo nuevo en la situación actual no es solo que aparezcan instituciones o formas económicas ajenas a la lógica del capital, sino que los elementos de la revolución digital, la sociedad de la información y del conocimiento, la inteligencia artificial y los *big data* están entrando en contradicción con las relaciones sociales del capitalismo y, muy en especial, con su versión neoliberal.

No fue Marx el que inventó de la nada la teoría de la plusvalía. Ya Adam Smith, en su obra *La riqueza de las naciones*, sostenía que la fuente de toda riqueza era el trabajo y, por su parte, David Ricardo, en sus *Principios de economía política y tributación*, afirmaba que las máquinas no hacen más que transmitir su valor al producto, y que solo el trabajo añade nuevo valor. Luego Marx ahondaría en la misma cuestión cuando escribió: «Cuanto más duradera es la máquina, menor es la cantidad de valor que cabe descontarle por unidad de producto... Si la máquina durara eternamente correspondería de la manera más plena a su natural concepto». Por eso, el filósofo de Tréveris otorgó tanta importancia al proceso de automatización hoy tan de moda, porque reduce la mano de obra necesaria hasta cantidades ínfimas, hasta el punto de que el trabajo se convierte en algo opcional. En todo caso, el trabajo pasa, cada vez más, de ser el que produce a convertirse en el que controla o supervisa a quien produce, es decir, la máquina. Por eso mismo es acertado lo que sostiene Paul Mason en su obra *Postcapitalismo. Hacia un nuevo futuro*, en el sentido de que «una economía basada en la información –auto-

matización, robotización, inteligencia artificial, etc.–
por su tendencia misma a producir a coste cero y a la
debilidad de los derechos de propiedad no puede ser
una economía capitalista». Una rotunda afirmación
que como tendencia o planteamiento general tiene lógica y, sin embargo, el capitalismo se mantiene a pesar de todo. En primer lugar, porque todavía los productos a coste cero son muy pocos y aunque fabricarlos
no costase nada, ello no quiere decir que no tuviesen
un precio en el mercado si la demanda existiese y no
hubiese una total abundancia de los mismos. Lo que
dinamita la lógica del capital no es solo el coste cero
–una condición previa– sino su abundancia «ilimitada», cuestión que Mason, con acierto, relaciona con la
anterior. La precondición de la abundancia es la posibilidad de producir a coste cero y, sobre todo, la existencia de un interés «social» por bienes a coste cero,
gratuitos y en abundancia. Me temo que llegar a este
estadio no está en el interés del capitalista en general,
salvo que se trate de un mecenas.

En esta reflexión de Mason y otros autores encuentra un nuevo sentido el pensamiento marxista de
que estamos todavía en la prehistoria de la humanidad, pues la verdadera historia empezará cuando pasemos del reino de la escasez al mundo de la abundancia, objetivo que comenzaría a estar al alcance de los
humanos si nos organizásemos de otra manera. Sin
embargo, no todos los bienes necesarios para la vida
tienden al coste cero. Curiosamente, es más fácil que
esa tendencia aparezca en los productos fabricados por

máquinas (máquinas que producen máquinas) que en aquellos que nos proporciona la naturaleza. Todavía podemos respirar el aire sin pagar por ello –otra cosa es si deseamos que ese aire no esté contaminado– o tomar el sol en la plaza del pueblo, salvo que uno quiera disfrutarlo en una playa del Caribe, pues en ese caso tiene que rascarse el bolsillo. Sin embargo, me temo que el agua es un bien cada vez más escaso y, aunque su coste de producción –me refiero al que nos ofrece la naturaleza– en principio es cero, no por ello es abundante de manera ilimitada, sino todo lo contrario. De hecho, hay quienes sostienen que las futuras guerras se librarán por el dominio del agua. Lo mismo podríamos decir de los alimentos y ciertas materias primas. Mientras es de prever que en el futuro la ciencia y la tecnología permitan producir cantidad de bienes a coste cero en proporciones tan abundantes que el precio también sea igualmente cero, es decir, gratis, la tendencia depredadora del capital actual produce el efecto opuesto en los bienes que la naturaleza nos ofrece.

Fenómenos como la desertización, los grandes incendios, las inundaciones, las plagas o las pandemias van en la dirección opuesta de un mundo donde reine la abundancia. En este sentido, el origen del cambio climático no está en el comportamiento de las personas en abstracto, sino en el de los seres humanos dentro de un sistema llamado capitalista, en su versión neoliberal. Quizá supone un exceso de optimismo la afirmación de algunos autores de que si el cambio climático es real el capitalismo está acabado. Que el cambio climático es real no me cabe la menor duda, pero que eso signifique que el capitalismo está acabado ya es harina de otro costal. En todo caso no sé si este vaticinio es cierto aplicado al capitalismo en general, pero estoy convencido de que es completamente veraz si lo aplicamos a su versión presente. No creo que sea casualidad que dirigentes políticos como Donald Trump o Jair Bolsonaro y poderosos grupos de presión petrolíferos sean «negacionistas», es decir, rechacen que el actual sistema de producir, consumir y vivir está poniendo en grave riesgo la vida en el planeta Tierra. Y son negacionistas, en contra de toda evidencia científica, porque son plenamente conscientes de que aceptar la realidad de los hechos supondría plantearse, con todo rigor, cómo superar el modo de producción actual o, dicho de otra manera, cómo introducir en la economía y en la sociedad nuevas formas que chocasen con la lógica interna del actual capitalismo. Obviamente, eso iría en contra de sus más queridos intereses. Porque no es cierto que seamos las personas las que, sobre todo, contaminamos. Esa tesis es una manera «ideológica» de desviar el problema y ocultar la causa real del destrozo. Claro que los humanos podemos contribuir, con un comportamiento cívico, a mejorar la situación cuando reciclamos, ahorramos agua, no arrojamos colillas al suelo, recogemos las heces de nuestras mascotas o utilizamos el transporte público. Pero no está en nuestra mano dejar de producir y consumir petróleo, plástico o carbón, ni somos los dueños de las empresas que contaminan ni los que ordenamos la tala de los bosques de Brasil o la contaminación de los ríos con residuos químicos. Y me temo que el sistema, por sí mismo, no sea capaz de resolver la cuestión en tiempo y forma, porque el mercado, dejado a su inercia, no reestructurará el modelo energético ni transformará la economía en modo sostenible. ¿Cómo controlar a las empresas globales del carbón, del gas, del petróleo, de la química o tantas otras que son contaminantes? Son los poderes públicos, coordinados, los que tendrían que intervenir si queremos evitar las sucesivas catástrofes. En realidad, la cuestión de fondo es que el capitalismo, en su actual configuración y con el régimen de propiedad vigente, comienza a ser un obstáculo para resolver este y otros graves problemas de la humanidad.

En sucesivas conferencias mundiales —entre noviembre y diciembre de 2023 se celebró una en Dubái— sobre el cambio climático se adoptan resoluciones y recomendaciones, se señalan ambiciosos objetivos a largo plazo —treinta, cuarenta o cincuenta años— sin castigo a los transgresores, pero en la práctica no se avanza al ritmo que señalan las previsiones de los científicos. Ha tenido que llegar una espantosa pandemia, que ha confinado en sus casas a los humanos, clausurado las empresas y achicado la movilidad en los transportes, para que la contaminación se haya reducido drásticamente e incluso se haya cerrado un poco la capa de ozono. ¿No sería posible alcanzar este objetivo sin necesidad de pandemias? Probablemente tendríamos que producir, consumir y vivir de otra manera.

Otro aspecto en el que la revolución de la información y el conocimiento choca con las relaciones sociales del capitalismo actual se sitúa en el régimen de la propiedad y el uso que se hace de los datos. Hoy en día los *big data* son como el petróleo de la era industrial, la materia prima de los algoritmos. Los productores de esos datos y, lógicamente, sus legítimos propietarios somos las personas. Sin embargo, nadie nos paga por su utilización, pues las plataformas y empresas que se dedican a estos menesteres se apropian de ellos, en un auténtico expolio universal. En realidad, nosotros deberíamos tener parte de la propiedad de esas inmensas multinacionales que dominan el mundo, pero el régimen de propiedad capitalista no está pensado para este tipo de transacciones. La razón de ello es que, al ser el conocimiento una fuerza productiva directa, tanto este como la información insertada en los artefactos o máquinas adquieren una naturaleza social *per se* y, no obstante, la apropiación sigue siendo privada. Lo más grave es que esta última no está sometida a cualquier tipo de propiedad privada, sino a aquella que funciona en régimen de monopolio u oligopolio –como Google o Facebook–, con lo que ello supone de corrosión del mecanismo de formación de los precios en los mercados y las consecuencias de todo tipo que provocan por su posición dominante en la sociedad... y la política. Esta es otra de las contradicciones básicas del capitalismo actual. Por un lado, la posibilidad real de producir socialmente bienes en abundancia y gratuitos de los que, sin embargo, se apropian un conjunto de monopolios que los controlan y, en ocasiones, manipulan los precios. De ahí la certeza de lo que sostiene la académica norteamericana Shoshana Zuboff en su importante obra *La era del capitalismo de la vigilancia*, que en mi opinión también podría llamarse «capitalismo del control».

Esta posibilidad de abundancia y gratuidad la estamos viendo ya en algunos productos culturales de consumo masivo, como es el caso de las películas, la música, la ópera, el teatro, la danza, los libros u otras manifestaciones artísticas a través de la imagen. Hablo de la posibilidad técnica, pues ya sé que «bajarse», a cualquiera de los múltiples soportes existentes, estos bienes culturales no es siempre un acto lícito, pero no es menos cierto que a través de todos esos artefactos podemos acceder, de manera ilimitada y gratuita, a los mencionados productos. Imaginemos que, en vez de una película de Buñuel o de Almodóvar, o de una sinfonía de Mozart, pudiésemos «bajarnos» un jamón de Jabugo. En ese momento el capitalismo tendría sus días contados. Aparte de ironías y ensoñaciones, es verdad que los contenidos de la revolución digital, ya sean los *big data*, la inteligencia artificial, el internet de las cosas o la robotización, son contrarios a las relaciones sociales de producción propias del capitalismo realmente existente, hijo de la Revolución Industrial. Quizá no está claro si la revolución digital se compadece mejor con las relaciones sociales de tipo socialista, si tenemos en cuenta lo manoseado y tergiversado que está este último concepto. Pero lo que sí me resulta más diáfano es que los elementos de la revolución digital global, de la información, la comunicación instantánea y el conocimiento social chirrían cada vez más con la lógica del capitalismo actual.

Digitalización y democracia

Como ya hemos señalado, uno de los aspectos más relevantes de las transformaciones que está sufriendo el capitalismo reside en el mundo de los datos, materia prima de la información y del conocimiento. Sin ellos no hay algoritmos, que son esenciales en la economía del conocimiento. Estos están ligados a la tecnología del 5G, es decir, la que facilita la conectividad total –de cosas y personas–, global e instantánea. Una tecnología que puede predecir y llegar a controlar el comportamiento de los humanos, a partir de una información que está en nosotros, que se nos hurta y se puede volver en contra nuestra, en una nueva forma de alienación o extrañamiento. De ahí esa guerra sorda entre Estados Unidos y China, con los norteamericanos atacando sin cuartel a Huawei, la empresa más avanzada en esta tecnología. En realidad se trata de una lucha por el poder, pero no solo ni principalmente de una pugna por la economía, sino por el control cultural, del conocimiento, de la comunicación; en fin, del poder político a través de la inspección del comportamiento de los seres humanos. Afecta, por lo tanto, al corazón y al cerebro de la democracia, al propio ejercicio de los derechos humanos, a la limpieza de los procesos electorales, al contenido de los derechos políticos. En consecuencia, ¿dónde queda nuestra vieja democracia representativa? ¿Creen ustedes que todo esto debe de permanecer en manos privadas y sus intereses particulares o en las del Estado, cual nuevo Leviatán o Gran Hermano que todo lo controla y vigila? ¿No sería más sensato trascender las formas del capitalismo al uso y establecer normas de propiedad, gestión y control democrático al servicio de la sociedad, es decir, de los propietarios de la «materia prima», que somos la humanidad en su conjunto?

No se trata, por mi parte, de ofrecer fórmulas jurídicas acabadas, pero haría bien la UE en salir de la obvia dicotomía que se vislumbra en el horizonte: unos Estados Unidos que tenderán a «residenciar» este inmenso poder en empresas privadas y una China que se inclinará a ubicarlo en manos del Estado. Ambas fórmulas acabarían siendo un atentado a las libertades ciudadanas, a la propia democracia. Este es un buen ejemplo de cómo un bien ilimitado, abundante y gratuito, en este caso los datos, no puede estar regido por la lógica del capital, ya sea privado o estatal, pues sería como si se apropiasen del aire que respiramos o del sol que nos calienta y lo utilizasen en su propio beneficio e, incluso, en nuestra contra.

Es obvio que la tecnología 5G proporciona beneficios en múltiples aplicaciones. Los automóviles sin conductor –¿por qué no los aviones, los trenes o los barcos?–, las ciudades inteligentes, el internet de las cosas, los robots, las operaciones quirúrgicas a distancia, la seguridad en general, etc. No es una casualidad que un talibán de la empresa privada como Donald Trump se plantease la creación de una compañía pública 5G, financiada por el Estado. Probablemente esto se deba a los informes que indican que instalar una red de este tipo en todos los Estados Unidos costaría alrededor de treinta y tres mil millones de dólares y estas cosas es mejor que las paguen los contribuyentes y luego las exploten las empresas, incluidas quizá las del señor Trump.

Si, como hemos visto, tanto Adam Smith como David Ricardo y, más tarde, Marx sostuvieron, con sus respectivos matices, que la fuente de toda riqueza es el trabajo, ¿qué pensarían de los robots, de las máquinas que producen máquinas? ¿Considerarían que crean riqueza, que generan plusvalía o que solo transmiten al nuevo producto lo que ya tienen dentro? Como diría Marx: «Cuanto más duradera es la máquina, menor es la cantidad de valor que cabe descontar por unidad de producto». ¿Debería el robot cobrar un salario? ¿Tendría vacaciones o paga de beneficios? Estas preguntas parecen una broma y lo son, pero entonces ¿dónde queda la relación salarial, de dónde sale el beneficio si el robot no genera riqueza «nueva»? Se podrá sostener, con razón, que alguien tiene que fabricar los robots cuya utilidad será ir sustituyendo, cada vez más, a los seres humanos en los trabajos más incómodos, insalubres y repetitivos, hasta que sean capaces de realizar otros más complejos. Por su parte, los humanos que hoy se dedican a labores penosas, peligrosas o monótonas se tendrán que reciclar y, tras una oportuna formación, ocuparse de tareas de mayor dificultad, como programación, supervisión, investigación, etc. Lo mismo ocurre con las «máquinas que producen máquinas». Alguien tendrá que producir las primeras y programar y supervisar las segundas. La diferencia con el robot es que este sustituye a la mano de obra humana pero no produce objetos, mientras que la máquina «robotizada» fabrica nuevos bienes y puede hacerlo, a partir de un cierto momento, de manera ilimitada, y a coste cero. Es decir, se puede llegar a producir bienes tan abundantes que acaben siendo gratuitos. ¿No empieza a chocar esta tecnología con la lógica del mercado y del capital, basados en la escasez, en la acumulación a través del trabajo asalariado? ¿Tiene el capitalista interés en producir bienes gratuitos? ¿No estaríamos pasando del reino de la escasez al reino de la abundancia en determinados bienes? ¿No estaríamos entrando en sectores en los que el trabajo, actividad definitoria del capitalismo, estaría perdiendo su carácter central?

De ahí que poner en consonancia las fuerzas productivas que está alumbrando la revolución digital con las nuevas relaciones sociales de producción sea una larga tarea que llevará décadas. Hay que reconocer que esa economía del coste cero, de la abundancia, está en sus fases incipientes y su implantación se producirá, como siempre, de manera desigual. La cuestión es cómo ir introduciendo las nuevas formas sociales en áreas cada vez más amplias, cuando así lo vayan exigiendo las necesidades humanas, hasta convertirlas en hegemónicas y transformar las viejas en meros residuos de otros tiempos. Al igual que en el pasado se retiró de la pura lógica mercantil la parte esencial de la sanidad, la educación, las pensiones y la seguridad –por lo menos en Europa occidental–, hoy tendríamos que caminar hacia formas de propiedad y gestión diferentes, sociales, en áreas que empiezan a estar maduras. En realidad, las formas capitalistas de propiedad y gestión se justifican cuando construyen más que destruyen, se desarrollan en el ámbito de la competencia y no alcanzan tal volumen que se transforman en sistémicas, es decir, en «too big to fail». En estos supuestos, la sociedad debería tomar medidas, a través de los poderes públicos, para que esos sectores o empresas adquiriesen formas de propiedad y gestión más colectivas o mixtas público/privadas y, en todo caso, deberían estar controladas desde el punto de vista del interés general. No se trataría por supuesto de adoptar formas radicales, de nacionalizar o socializar el conjunto de la economía. Solamente afectaría a aquellos sectores que reuniesen las anteriores características, y que, por cierto, ya estuvieron en su día en manos públicas. Por ejemplo, las empresas de la energía, claves para la transición energética y la descarbonización de la producción, que funcionan en régimen de oligopolio, lo que encarece los precios; algunas multinacionales financieras que, en el supuesto de que entrasen en crisis, su coste lo tendríamos que asumir los contribuyentes, como ya ha sucedido, o todas aquellas que funcionan en situación de monopolio, algo que corroe el mercado, tergiversa los precios y cuya posición dominante tuerce la voluntad del interés general.

En la época en que estos sectores y empresas adoptaron alguna forma de propiedad pública, la economía funcionó mejor que nunca, como así sucedió en Europa en los años cincuenta y sesenta del siglo pasado. El retroceso hacia las privatizaciones a troche y moche, sin criterio alguno, no se debió a que esas empresas o sectores funcionaran con deficiencias, sino a la ofensiva de la derecha neoliberal y a la debilidad de las fuerzas de izquierda. Hoy en día no se trataría, en todos los casos, de regresar a formas «nacionales» de propiedad y gestión públicas sino, en todo caso, a estructuras de tamaño europeo, como ocurre por ejemplo con Airbus en la fabricación de aviones o con Volkswagen en la de automóviles, empresas que no parece que funcionen deficientemente. La creación de «campeones» europeos en sectores estratégicos con propiedad y gestión pública o mixta sería un avance relevante en la dirección que apuntamos.

Creo que la revolución digital, en sus fases avanzadas, empieza a chocar con la lógica del capital y sus formas de propiedad son una amenaza para la democracia.

Desigualdad versus democracia

Hemos examinado lo desgraciado o calamitoso que es el actual capitalismo en su modo de abordar con eficacia el tema del cambio climático para evitar la destrucción de nuestro ecosistema. No le fue mejor al llamado «socialismo real» de antaño, ni al de hogaño «con características chinas». Todo ello es una demostración de que la lucha contra la destrucción del medio no es solamente una cuestión de ciencia o de quien ostenta la propiedad de los medios de producción, sino, sobre todo, de democracia política y económica.

Pero pasemos ahora a la otra gran depredación que está originando el sistema, es decir, la desigualdad creciente en el reparto de la riqueza y la renta, que tiene unas consecuencias devastadoras. La contradicción es flagrante. En un mundo en el que poderosas fuerzas económicas son capaces de manufacturar algunos bienes a coste cero y caminar hacia una sociedad de la abundancia, la inmensa mayoría de la población mundial malvive en la más absoluta escasez. Las cifras de la desigualdad son conocidas y si bien el reparto de la riqueza se ha equilibrado entre áreas geográficas o regiones debido al espectacular crecimiento de países como China o la India, en términos de individuos la desproporción se ha acentuado, aunque solo sea porque esos dos grandes países tampoco son ningún ejemplo de igualdad.

Ahora bien, este desarrollo tan dispar, esta desigualdad insoportable, no son gratuitos en términos de

374

relaciones sociales, ya sean las de propiedad, las de las instituciones jurídicas, sociales, políticas o culturales. Por ejemplo, la causa de los fenómenos migratorios masivos se halla en este desarrollo tan desigual, una característica esencial del capitalismo en todas sus épocas. La diferencia con el pasado es que mientras en el siglo XIX y parte del XX las grandes oleadas de emigrantes, que pasaron de Europa hacia América del Norte y del Sur, produjeron un fruto benéfico en todos los órdenes, y no originaron un efecto de rechazo en los países de acogida, actualmente no sucede lo mismo. Los frutos siguen siendo cuantiosos, pero la reacción negativa crece entre ciertas capas de la población.

La prosperidad de Estados Unidos sería incomprensible sin las riadas de seres humanos procedentes de Gran Bretaña, Irlanda, Alemania, Italia o Suecia. Incluso la llegada de Hitler al poder tuvo consecuencias «positivas» para la cultura y la ciencia norteamericanas, si pensamos en la plétora de talento que huyó del horror, y que fue acogido en el país de Lincoln. Lo mismo sucedió, en menor medida, con la emigración española, italiana o portuguesa a Latinoamérica. Aquí también la dictadura de Franco le hizo un «favor» a las universidades de México o Argentina, cuando estos y otros países acogieron generosamente al exilio republicano. En época más reciente, el desarrollo de Europa occidental durante los años sesenta hubiera sido inviable sin esa masa ingente de migrantes españoles, portugueses, italianos, yugoslavos, griegos o turcos que emigraron a la próspera Europa, sobre todo a Alemania, Francia, Suiza y Bélgica, y que trabajaban sin descanso con salarios más reducidos que los percibidos por el personal autóctono. Espero que sean conscientes de ello los dirigentes de los países ricos del Norte y no racaneen su solidaridad con los del Sur en los momentos en que vienen mal dadas, como en el presente, donde a una crisis le sigue otra.

Eso sí, se trataba de una emigración de blancos pertenecientes a culturas parecidas y con principios religiosos similares que se solían integrar en las sociedades de acogida sin excesivos problemas. Sin embargo, los afroamericanos que llegaron a Estados Unidos no fueron el producto de la emigración sino de la esclavitud, su integración fue traumática y carecieron de derechos civiles hasta bien entrados los años sesenta del siglo pasado. Hoy el fenómeno es diferente. Por razones demográficas y económicas los países desarrollados necesitan la mano de obra emigrante, pero la naturaleza de esta no es como la de antaño.

En el caso de la Unión Europea la emigración hacia su territorio es producto de la explosión demográfica que está viviendo África, de la miseria que impera en la mayoría de los países de ese continente y de las múltiples guerras que Occidente, en ocasiones, ha contribuido a desatar en Oriente Medio, cuyos actuales paradigmas son los conflictos de Libia, Siria, Yemen, Israel, Palestina y otros. El ejemplo de lo sucedido en Afganistán es concluyente. Después de pasar por este país, los ejércitos británico, ruso y norteamericano, con miles de muertes, al final hemos abandonado a su suerte a las mujeres afganas. Sometidas a una horrible teocracia que viola todos y cada uno de los derechos humanos. La teoría de que había que acabar con las dictaduras de esos países sin que hubiera una alternativa política viable ha resultado deprimente, pues en muchos casos la caída del dictador ha terminado en cruentas guerras civiles sin que la democracia haya aparecido por ninguna parte. El resultado ha sido transformar el Mediterráneo de un mar transmisor de culturas a un cementerio de seres humanos. Por otra parte, el efecto de esta emigración en la ciudadanía europea no está siendo pacífico, pues por razones culturales, sociales y religiosas, aviesamente utilizadas por partidos racistas o nacionalistas de extrema derecha, está suscitando un rechazo en amplias capas de la población. En vez de procurar acuerdos con los países de origen de los emigrantes, con la finalidad de ayudar a su propio desarrollo o establecer cupos razonables entre los países de la UE, la tendencia actual es la peor de todas: o bien no tener una política de emigración común o plantear una «emigración selectiva», basada en permitir que solo vengan personas formadas en las capacidades necesarias para los países ricos. En este último caso el destrozo es doble. Se endosa el gasto en la formación del emigrante al país pobre, al que se le drena del mejor capital humano y, para mayor escarnio, es el país rico el que se aprovecha de las habilidades de la persona ya formada, a la que en general se le paga un salario más bajo.

Una demostración más de que el rechazo al emigrante no está basado, únicamente, en el color de la piel, o en motivos culturales o religiosos, sino en que es pobre, pues a los ricos, ya vengan con turbante o sin él, se les recibe con la alfombra roja extendida. A partir de aquí la utilización política y social del problema es realmente perversa. Es la manera que tiene el capital de metamorfosear las contradicciones con el trabajo en una «lucha de clases» entre pobres; el adversario principal de estos no es el capitalista autóctono, sino el pobre trabajador que viene de fuera «a quitarnos el trabajo», a consumir nuestra sanidad o, claramente, a delinquir. Esta es la razón por la que una parte de los sectores menos cualificados de los trabajadores europeos apoyan a partidos xenófobos de ultraderecha. Un fenómeno que está ocurriendo en Francia, en Italia, en Alemania y acabará ocurriendo también en España si se continúa sin una política de emigración europea común y diferente a la actual. Lo grave del asunto es que esta mundialización excluyente, que hegemonizan fuerzas neoliberales, está poniendo en riesgo la propia construcción europea y la democracia representativa que conocemos. Porque ¿qué sucedería si un día estas fuerzas ultranacionalistas y antieuropeas ganasen las elecciones en países como Francia o Alemania, o si lo que ha ocurrido en Gran Bretaña aconteciese en un país central de la UE? Me temo que lo pasaríamos siniestramente mal.

El enigma chino

El caso de China es especialmente significativo. Está comúnmente aceptado que este país ha conocido la transformación más espectacular, en el periodo más corto de tiempo, que se haya vivido en la historia de la humanidad. Es cierto que China fue, ya en el siglo XVIII, una gran potencia, pero cuando Mao llegó al poder en 1949, al frente del Partido Comunista, era un país subdesarrollado y arrasado por las guerras. Primero, contra la ocupación japonesa y después por la guerra civil entre los nacionalistas del Kuomintang y los comunistas. Al margen de los méritos que se puedan adjudicar a Mao en los anteriores acontecimientos, lo cierto es que durante su mandato se cometieron gravísimos errores y violaciones de derechos humanos que retrasaron la modernización de China. Tanto la política del Gran Salto Adelante (1958-1961) como la posterior Revolución Cultural (1966-1976) fueron auténticas catástrofes en términos humanos, socioeconómicos o culturales, con millones de personas muertas por el hambre y la represión. Se puede entender, por lo tanto, que fue en 1977, con el regreso de Deng Xiaoping al poder, cuando comienza el despegue de la nueva China. Pues bien, en el brevísimo lapso de cuarenta y tres años, la República Popular se ha convertido en la segunda potencia económica del mundo, y en la primera si lo calculamos en términos de paridad de poder adquisitivo. Y ocupa la posición de cabeza en multitud de manufacturas y empresas de alta tecnología, incluidas las que, por ejemplo, producían los utensilios imprescindibles para combatir la epidemia del coronavirus.

Se afirma que China funciona como una economía capitalista, sin nada de socialista, por lo que eso «de socialismo con características chinas» no sería más que un eufemismo. Y sin duda China está desarrollando el capitalismo, única manera de crecer y salir del subdesarrollo, según los clásicos del marxismo/socialismo, pero no es menos cierto que lo está consiguiendo de una manera bastante particular que no nos debe mover a engaño. Por ejemplo, todos los sectores estratégicos de la economía china están en manos del Estado o controlados, de una u otra manera, por él. Las grandes empresas, que ocupan puestos destacados en las listas mundiales, son estatales. En el sector financiero, el Banco Industrial y Comercial de China, el China Construction Bank, el Bank of China o el Agricultural Bank; en la energía, el gigante Sinopec, el China National Petroleum Company (Petrochina); en el sector eléctrico, el State Grid Corporation of China –la más grande del mundo–; en las nuevas tecnologías, la China Mobile o la famosa Huawei. Esta última, líder en la nueva tecnología del 5G y pesadilla de Donald Trump, es una sociedad «por acciones», en la que los propietarios son, al decir de la compañía, los propios empleados. Por no mencionar las empresas de defensa, ferrocarriles –la red de alta velocidad más extensa del mundo–, químicas o farmacéuticas. Lo anterior no empece para que la mayoría de las empresas, sobre todo las medianas o pequeñas, sean privadas; para que el capital extranjero haya entrado a raudales en la economía del país; para que empresas chinas estén invirtiendo de manera creciente por todo el mundo y que el país, miembro de la Organización Mundial del Comercio, sea un actor principal en la actual globalización.

Pero ya sea que califiquemos a China como un ejemplo de «capitalismo de Estado» o de primera etapa de un «socialismo con características chinas», lo que es indudable es que los sectores económicos estratégicos del país no están en manos del capital privado ni regidos por la lógica del capitalismo neoliberal. Por el contrario, su propiedad es pública, del Estado o del «personal de las empresas», en todo caso con una fuerte influencia del PC chino. Ahora bien, al margen de la opinión que se tenga del sistema chino en su conjunto, lo cierto es que ha fulminado el tópico, propagado *urbi et orbi* durante décadas y *ad nauseam*, de que solamente el capitalismo basado en la propiedad privada de los medios de producción era más eficiente y capaz de un desarrollo más moderno de las fuerzas productivas.

Por el contrario, múltiples expertos, de diferentes campos ideológicos, reconocen que el sistema chino, desde el punto de vista estrictamente económico, está demostrando ser más eficiente que el imperante neoliberalismo de impronta anglosajona, un modelo neoliberal que, de crisis en crisis, nos puede llevar al desastre (otra cuestión es si lo comparamos con el ejemplo economicosocial europeo, que es superior a ambos). Es pronto, desde luego, para sacar conclusiones definitivas sobre el futuro del gigante asiático, pues dejando a un lado el estricto crecimiento económico, hoy ralentizado, el sistema chino afronta tres grandes retos que no está claro cómo va a resolver. El primero se refiere a la desigualdad creciente en el reparto de la riqueza, escandalosa tratándose de un país que se dice «socialista», y en el retraso en la creación de un Estado del bienestar; el segundo a cómo va a solucionar el tema del medioambiente, con una contaminación agobiante que lo coloca como el país más polucionado del mundo en términos absolutos, pues en la media per cápita le supera Estados Unidos; y el tercero, el más importante, la carencia de un sistema político democrático, lo que puede acabar poniendo en crisis el sistema en su conjunto. De cómo resuelvan estas tres cuestiones decisivas dependerá su propio éxito y, lógicamente, el destino de buena parte de la humanidad.

China ha creado riqueza a una velocidad extraordinaria y, sin embargo, no ha sido capaz de construir todavía un Estado social similar al vigente en Europa. Posee un sistema de pensiones, un seguro de desempleo y de salud, pero todo se encuentra en fases incipientes si lo comparamos con la UE. La prueba ha sido el colapso en el que ha entrado su modelo sanitario desde el momento en que ha relajado las medidas de confinamiento, especialmente en las zonas agrarias.

Sin embargo, el sistema educativo es una excepción en este retraso. Es conocido que China siempre otorgó una gran importancia a la educación a lo largo de su historia, también en la época imperial. Los exámenes de selección eran muy exigentes y, a través de ellos, accedía a la Administración una élite selecta, la de los mandarines, educados en los principios filosóficos de Confucio. Este sistema siempre ha sido muy alabado, pero no hay que olvidar que en 1949, cuando el PC chino llegó al poder, el 80% de la población era analfabeta. Desde entonces, el esfuerzo en educación ha sido gigantesco, sobre todo a partir de la derrota de la Revolución Cultural, un auténtico retroceso hacia la barbarie. Hoy China cuenta con más de 350 millones de estudiantes, dedica más del 4% del PIB a educación y de sus facultades salen tantos ingenieros como la suma del resto del planeta. El sistema es mayoritariamente público –alrededor del 3% es privado–, obligatorio y gratuito durante nueve años. Algunas de sus universidades se encuentran entre las mejores del mundo, miles de jóvenes estudiantes chinos estudian en centros superiores norteamericanos o europeos y la buena formación es una obsesión de las familias. Ello no empece para que un informe de la Unesco haya señalado notables diferencias de gasto entre las zonas urbanas y las rurales, lo que incide en el problema de la desigualdad de oportunidades.

Es difícil adivinar cómo resolverá China su grave problema con el medioambiente, cuando todavía utiliza grandes cantidades de carbón y petróleo en sus manufacturas. Las inmensas «boinas» de polución encima de sus gigantescas ciudades y los millones de ciudadanos caminando con mascarillas por las calles, con o sin covid-19, son imágenes corrientes e inquietantes. Tengo la impresión, por las conversaciones mantenidas con responsables chinos, de que son plenamente conscientes del problema e incluso reconocen que quizá fue un error haber dejado que se construyesen algunas megaciudades de complicado manejo. Tanto es así que están muy avanzados en la utilización de la automoción eléctrica o en las energías renovables. En todo caso, se trata de un reto formidable en un país con 1.400 millones de habitantes, que definirá en el futuro si el sistema chino no es más que un capitalismo de Estado «desarrollista» o si realmente lo del «socialismo con caracteres chinos» es algo más que un eslogan.

La cuestión de la democracia siempre ha sido el talón de Aquiles de las experiencias del «socialismo real», ya fuesen con caracteres soviéticos, chinos, cubanos o vietnamitas. La experiencia soviética resultó ilustrativa a este respecto. Los sóviets nunca se consolidaron como formas superiores de una nueva democracia. La institución del partido único supuso el fin de la «dictadura del proletariado» y la implantación de la dictadura del partido. Como dijo alguien sarcásticamente, la dictadura del proletariado había terminado en dictadura del secretariado. Y este ha sido, sin duda, el error más grave cometido por el movimiento comunista en toda su historia. En una interpretación benévola de la doctrina marxista, «dictadura del proletariado» significaba «dictadura contra los explotadores y democracia para los explotados», *ergo* si la explotación burguesa/

capitalista desaparecía solo quedaba la democracia de los trabajadores: es decir, la dictadura se transformaba en su opuesto. Pero en realidad esto no fue así, sino todo lo contrario. El sistema no creó formas superiores de democracia, con mayor transparencia y participación; más bien todo el poder fue asumido por una autoproclamada vanguardia, en la figura del partido único comunista y, dentro de este, en un proceso reduccionista, por el Comité Central, el Buró Político y el secretario general. En el fondo se caía en una flagrante contradicción con efectos letales. Además de que toda dictadura supone una violación de los derechos humanos fundamentales, obligatorios en cualquier sistema, niega el valor de la democracia –como forma real de participación de la inteligencia y la voluntad colectiva– como fuerza productiva directa. Su eliminación convierte las formas sustitutivas en superestructuras que acaban frenando el desarrollo avanzado de la sociedad. Además, sin democracia no hay corrección de errores ni posibilidad de trascender a formas superiores de organización social.

Por todo esto, la experiencia soviética acabó fracasando, la cubana es una dictadura estancada y la china tiene un futuro incierto si no aborda, con acierto, esta trascendental cuestión. No se trata, en mi opinión, de que tenga que imitar exactamente las formas de la democracia liberal, de discutible calidad al no penetrar en el mundo económico o productivo. Sin embargo, deberá construir formas de democracia real en el futuro si quiere evitar que un día las estructuras juridicopolíticas actuales choquen con las fuerzas productivas y todo el sistema entre en crisis. Y hay que reconocer que si China acabase como la URSS sería una catástrofe cósmica, que a nadie debería interesar. Porque todos deberían compartir que hay derechos humanos de validez universal que deben reconocerse y respetarse en todo tiempo y lugar. En el terreno político esto se traduce en derechos fundamentales como el derecho a la vida y la integridad física; la abolición de la pena de muerte; la libertad ideológica y religiosa; la inviolabilidad del domicilio; la libertad de residencia, de reunión, asociación y manifestación con fines lícitos; el derecho a hacer huelga, a elegir libremente a los representantes políticos en los diferentes niveles en que se organiza el poder, la igualdad y el imperio de la ley, la independencia de los jueces. Cuestiones que la China actual no tiene resueltas. Es difícil adivinar la futura evolución del país, pero no cabe duda de que de esa transformación dependerá, en gran parte, el futuro del sistema. No hay que pensar más que en el significado o la esencia de la Iniciativa de la Franja y la Ruta de la Seda, lanzada por el presidente Xi Jinping. Se trata, en el fondo, de diseñar una concepción de la mundialización diferente a la que ha hegemonizado hasta el presente Estados Unidos u Occidente.

Las bases teóricas de la misma están sustentadas en conceptos abstractos como «modernización común», «aprendizaje mutuo entre diferentes civilizaciones» y «cooperación y mutuo beneficio» entre países de África, Asia y Europa. También incide en la idea de buscar nuevos modelos de cooperación internacional y gobernanza global; una red de áreas de libre comercio o la promoción de la conectividad de Asia, África y Europa. Todos estos son conceptos que pueden sonar bien, pero no señalan nada concreto. Porque la cuestión es: ¿cómo promover la modernización común? Desde luego no solamente por los Estados nación, sino por una comunidad internacional que está formada por países que están muy lejos de tener una visión compartida del bien común general. Si estamos enfrentados a problemas globales, es difícil pretender resolverlos desde la óptica egoísta o unilateral de los Estados nación. La dirección china sostiene que se trata de superar la concepción cultural occidental de la modernización, basada en la competencia y el «racionalismo individualista», y sustituirla por la idea de la cultura de la cooperación y del «racionalismo cooperativo». Como concepción puede resultar interesante e incluso asumible, pero otra cosa es la práctica real de China y otras potencias en las relaciones económicas internacionales que mantienen con África, Asia o Europa. En un informe dirigido por el profesor Ke Yimbin, titulado «Common Modernization: The Essential Characteristics of the Belt and Road Initiative», se afirma: «La teoría clásica de la modernización que se aplicó a países con cientos de millones de habitantes es completamente inapropiada en países con más de mil millones de habitantes. En los primeros se ha dependido del consumo de recursos no renovables, en los segundos esto sería catastrófico y hay que practicar nuevas rutas». No puedo estar más de acuerdo con el profesor Ke Yimbin, pero me temo que países con miles de millones de habitantes como China o la India no han caminado, de momento, por nuevas rutas, a pesar de sus actuales esfuerzos. No es menos cierta la crítica que se hace al pasado de Occidente, con sus múltiples guerras europeas o mundiales, el colonialismo y el imperialismo, pero está por demostrar si cuando China acabe convirtiéndose en una gran potencia, incluso en el aspecto militar, no caerá en la tentación de practicar una concepción hobbesiana del poder. En cualquier caso sería una tragedia que se implantase una nueva guerra fría entre EE. UU. y China, en vez de formas de cooperación ante los retos globales. Sería muy positivo que la Unión Europea fomentase esta segunda opción.

Estados Unidos: ¿primer país socialista?

Reconozco que es un título provocativo si pensamos que es un lugar común considerar que Estados Unidos es el país en el que el «capitalismo liberal» ha triunfado plenamente, y su próximo presidente puede ser una persona llamada Trump. Después de la Gran Guerra, pero sobre todo a partir de la IIª Guerra Mundial, Estados Unidos se convirtió en el líder indiscutible del mundo occidental y la potencia hegemónica a escala planetaria. Durante la guerra fría se creó el espe-

388

jismo de que se enfrentaban dos grandes potencias, Estados Unidos y la URSS, de similar magnitud. Nada más alejado de la realidad. Es cierto que en el ámbito militar o, si se prefiere, en el armamento atómico existía una cierta paridad capaz de garantizar la destrucción mutua asegurada en el caso de un conflicto nuclear. Mas, a partir de ahí, la diferencia de desarrollo económico era enorme. Ya fuese en términos de PIB, de renta per cápita o de capacidad de consumo, la brecha era inmensa. Y, especialmente en adelantos científicos y tecnológicos aplicados a la economía y la sociedad, Estados Unidos estaba mucho más adelantada que la URSS. La prueba es que cuando esta última implosionó o se disolvió, Rusia pasó a ser un país en vías de desarrollo, con una capacidad exportadora muy reducida salvo en productos energéticos o instrumentos de defensa, y más bien atrasada en la revolución digital. Su PIB es similar al de Italia, con dos veces y media más de población, y su renta por persona es tres veces inferior.

A pesar de esa naturaleza supercapitalista de Estados Unidos, siempre he pensado que, por eso mismo, quizá sería un día el país que conocería primero experiencias que se podrían conceptuar como poscapitalistas. Gracias a sus grandes avances científicos y técnicos, a su riqueza –y la concentración creciente de la misma–, estaría en condiciones para pasar a fases más allá de las limitaciones del capitalismo actual. No deja de ser paradójico que un país tan rico, con tal potencial creativo, esté tan atrasado en los aspectos más relevantes que acucian a la humanidad. Así, por ejemplo, existen abismales desigualdades en riqueza y renta, hasta el punto de que una parte no desdeñable de la población vive al borde de la pobreza y en áreas que recuerdan al tercer mundo. Una nación tan rica y, sin embargo, es la más contaminante per cápita del planeta. Su producto interior bruto es el más alto del mundo, y aun así cuenta con unas infraestructuras públicas –ferrocarriles, transporte urbano, autopistas– deficientes comparadas con las de Europa. Parece insólito que no tenga unos sistemas públicos de pensiones, sanitarios o educativos tan avanzados como los nuestros. Es curioso que Estados Unidos dedique a la sanidad una proporción de su riqueza superior a la europea y a la española y, sin embargo, sea mucho más deficiente para la generalidad de los ciudadanos, que se arruinan si tienen la desgracia de padecer enfermedades graves. O que en un país que cuenta con las mejores universidades –según sus propias clasificaciones–, la mayoría de los jóvenes que pretenden estudiar en ellas tienen que endeudarse en cantidades muy gravosas. Al lado de estos evidentes atrasos en todo lo que es público excepto las Fuerzas Armadas, Estados Unidos cuenta con las multinacionales más poderosas y avanzadas del mundo, sobre todo en las TIC, en la revolución digital, aunque en este aspecto China ya le pisa los talones y, en algunos aspectos, lo supera.

Algún día, estas contradicciones se tendrán que manifestar en el terreno social y político. Estados Unidos nunca ha padecido una guerra moderna en su territorio ni tampoco ha conocido partidos de izquierda relevantes como los europeos, es decir, comunistas, socialdemócratas o socialistas. Los tímidos brotes que surgieron alrededor de la Gran Depresión de los años treinta del siglo XX, o antes de la guerra fría, fueron pronto segados, o por falta de apoyo electoral o por la represión desatada en la época de McCarthy y compañía. Ahora bien, de un tiempo a esta parte, en el seno del Partido Demócrata están surgiendo jóvenes líderes –sobre todo mujeres– y algún veterano, como el senador Sanders, que no temen calificarse de socialistas democráticos y, sin embargo, reciben muy amplios apoyos sociales, especialmente entre los votantes más jóvenes. Hasta tal punto encuentran eco en la sociedad que cuando el senador Sanders estaba disputando la nominación demócrata a la presidencia de Estados Unidos consiguió millones de seguidores. Al final se retiró de la carrera, pero ya había ganado en no pocos estados, y lo más interesante, defendiendo un programa que a los oídos de una parte de los norteamericanos les debió sonar a «bolchevique».

En realidad trataba cuestiones que en algunos países de Europa se vienen aplicando desde hace muchos años. Por ejemplo, sostenía que debía reconocerse el derecho a una sanidad pública y una enseñanza superior gratuita para todos, y no como ahora, en que el estudiante norteamericano se endeuda una media de 29.000 dólares que deberá ir devolviendo a lo largo de su carrera profesional. Pues bien, como hemos dicho, la gratuidad es un concepto «no capitalista» que choca con su lógica y cuya extensión a nuevos dominios es mucho más factible en un país tan rico y avanzado como Estados Unidos que en otro pobre y atrasado, en el que la escasez reine por doquier. Y el que algo sea gratuito no quiere decir que no tenga un coste, sino que se sufraga con la riqueza general del país a través de los impuestos.

Hay que reconocer que también existen poderosos obstáculos que se oponen a este posible avance hacia una economía y una sociedad más igualitarias basadas en lógicas que vayan superando la exclusivamente mercantil. Estados Unidos es un país que viene dedicando, desde hace décadas, una ingente cantidad de riqueza a gastos militares. El final de la guerra fría no contribuyó a reducir sensiblemente ese derroche, como parecía previsible. Hoy en día la nación norteamericana posee un presupuesto de defensa superior a la suma del de todas las demás potencias juntas: una cantidad descomunal de más de 700.000 millones de dólares, un 3,2 % del PIB. Es una sociedad en exceso militarizada, con ochocientas bases militares desparramadas en más de cuarenta países, lo que le convierte en una especie de «gendarme mundial». No es de extrañar que alguien afirmara, con razón, que Estados Unidos, en vez de colonias como antaño las naciones europeas, tiene bases militares, es decir, otra forma de mantener su influencia. El resultado es que una parte sustancial del gasto federal –un 15 %– se dedica a defensa y no a otros menesteres más sociales.

Tampoco se puede olvidar que la industria de defensa norteamericana es privada, imbricada en todo tipo de industrias no solo militares, con un peso decisivo en la economía en su conjunto y una notable influencia política. Lo que el presidente Eisenhower calificó, en su día, de «complejo militar-industrial», al que veía como una posible amenaza para la propia democracia. El riesgo de estos gastos militares tan desorbitados, con una parte de la economía que depende de ellos, radica en que no es fácil invertir la tendencia. Por otro lado, ¿cómo se justifica ante la ciudadanía este derroche tan descomunal si no hay guerras ni amenazas reales para la seguridad del país? ¿Necesita Estados Unidos conflictos o amenazas bélicas para que su economía funcione? Yo creo que no, pero a veces da la impresión contraria, cuando se estudia cómo ha superado algunas crisis en el pasado, tal como hemos explicado en otro capítulo.

No obstante, Estados Unidos no siempre ha tenido la misma política. Después del crac del 29, con el capitalismo hundido en la miseria, la administración Roosevelt puso en marcha una serie de medidas que no solo salvaron el sistema, sino que lo modernizaron, lo hicieron más justo y, a fin de cuentas, evitaron el derrumbe. Entre ellas se impuso una política fiscal muy agresiva que llegó a «sangrar» las rentas más altas con tipos impositivos de hasta el 80 o el 90 %. Ya veremos si, algún día, un futuro presidente no tendrá que acudir a medidas semejantes o aún más drásticas que las de entonces. Por eso mismo creo que si un día las fuerzas progresistas del país se impusieran en la política norteamericana quizá podríamos asistir a experiencias nuevas de superación de los aspectos más negativos del capitalismo que conocemos. Estados Unidos cuenta con la tecnología, el capital humano y la riqueza para implantar el Estado social más avanzado del mundo, con la producción más abundante de bienes gratuitos. Puede parecer una utopía o un deseo ingenuo, pero hay signos que alimentan la esperanza, aunque sea a medio plazo. Hoy mismo, es allí donde están apareciendo los planteamientos más avanzados, que apuntan hacia una economía y sociedad diferentes.

Por ejemplo, la joven congresista Alexandria Ocasio-Cortez y sus colegas proponen que se eleve al 70 % el tipo del impuesto sobre las rentas superiores a diez millones de dólares, una medida que recuerda a las del New Deal. Por su parte, la senadora Elizabeth Warren defiende que el 40 % de los puestos en los consejos de administración de las grandes compañías los ocupen los representantes de los trabajadores. Por último, el senador Bernie Sanders plantea que el 10 % del capital de las grandes corporaciones esté en manos de los trabajadores o de entidades públicas. Son formas de cogestión ya conocidas en algunos países de Europa, pero su alcance no sería el mismo si se abrieran camino en Estados Unidos. El caso de Sanders, Warren y los jóvenes representantes que les siguen es particularmente interesante. Sus propuestas van más allá de las que se identifican en Europa con la social-democracia clásica. Por ejemplo, el planteamiento de que las empresas cotizadas –y al menos cien millones de activos– tienen que ceder a sus trabajadores anualmente el 2 % de las acciones durante diez años va mucho más lejos que la cogestión alemana. Eso supondría que, pasada esa década, los trabajadores serían propietarios del 20 % de la empresa. En efecto, se trataría de una minoría del capital, pero todo el mundo sabe que incluso con menos de ese porcentaje de las acciones de una sociedad se puede controlar la gestión de la misma o, por lo menos, se tiene una posición de poder muy notable.

En el tema de la educación, la propuesta del senador por Vermont va más allá de la del Estado social europeo. El programa de Sanders propone que la educación, incluida la universitaria, sea gratuita, y que además queden canceladas las deudas que alrededor de cuarenta y cinco millones de norteamericanos han contraído para cursar sus estudios. Al final, las últimas elecciones las ganó el demócrata Joe Biden con el apoyo de Sanders, después de superar el intento de golpe de Estado de Trump. Y si bien es verdad que el nuevo inquilino de la Casa Blanca no está haciendo cambios revolucionarios, las medidas sociales adoptadas son de las más avanzadas de los últimos años. Creo que fue Lao-Tse, maestro del taoísmo, el que dijo que aquellos que saben no hacen predicciones y que los que no saben las hacen. Por prudencia sigamos al sabio taoísta, pero mientras tanto recemos a todos los dioses para que Trump o alguien similar no regrese a la Casa Blanca.

Es difícil saber, igualmente, cómo quedarán la economía capitalista y la sociedad global después de la hecatombe del coronavirus y de la guerra de Ucrania. Sin embargo, tengo la impresión de que dependerá, esencialmente, de cómo evolucionen Estados Unidos, China y la Unión Europea, los tres grandes actores que he intentado analizar en este ensayo. Y como diría el no menos sabio Immanuel Kant, su futuro dependerá de lo que hagan... y de lo que hagamos.

A modo de conclusiones provisionales

En resumen, la paulatina superación del «capitalismo realmente existente», convertido en un obstáculo creciente para un progreso justo y libre de la humanidad y para la solución de sus problemas más acuciantes, vendrá de la mano del florecimiento de la ciencia y la tecnología y del empuje de la democracia. No llegará, desde luego, de un derrumbe del sistema como creían Eugen Varga, Yevgueni Preobrazhenski y tantos otros. Como hemos ido viendo, ni la desigualdad social, ni el freno al cambio climático, ni la liberación de la mujer, ni la globalización inclusiva, ni el desarrollo de la democracia ni el control social de las nuevas tecnologías del conocimiento tendrán solución en el marco del capitalismo actual y sus reglas. Pero también sería irreal pensar que este concreto e histórico modo de producción va a ser superado, de la noche a la mañana, al mismo tiempo en todas partes. Nunca se ha transitado así de un sistema economicosocial a otro superior. La cuestión es crear, fomentar y extender, apoyándose en la ciencia y en el empuje de la democracia, instituciones y formas economicosociales nuevas, más eficientes e inclusivas que sean capaces de abordar los problemas de la humanidad con eficacia y justicia. Pongamos algunos ejemplos. Está demostrado que un sistema sanitario público, adecuadamente dotado, es mucho más eficiente, justo y económico que otro sometido a las estrictas reglas del mercado. No tenemos más que comparar el sistema de salud español o europeo con el norteamericano. Lo mismo podríamos decir con el educativo o el de las pensiones. Pero también podríamos extender estos ejemplos a otras áreas menos tradicionales. Los ferrocarriles públicos europeos funcionan mucho mejor que los privados de Estados Unidos y en el único país de Europa que se deterioraron y aumentaron los accidentes fue en Gran Bretaña, a partir de la privatización de la señora Thatcher. Los transportes públicos regionales son gratuitos en no pocas ciudades europeas y son francamente eficientes. Los noruegos han tenido la buena idea de crear un fondo soberano con los beneficios del abundante petróleo y no han cometido el error de ponerlo en manos de empresas privadas. Nadie discute que es un fondo bien gestionado, cuyo rendimiento beneficia al conjunto de la sociedad noruega. Francia, por ejemplo, genera el 75 % de su electricidad mediante centrales nucleares, que están en manos de una empresa pública –EDF, perteneciente a ADEVA, ambas nacionales–. Al margen de la opinión que se tenga de esta energía, el hecho cierto es que una empresa pública proporciona electricidad de manera eficiente al país vecino a precios más baratos y sin producir gases de efecto invernadero, aunque sí puede provocar otros efectos nocivos. Varios países europeos, como Francia, Holanda, Suecia, Italia, Suiza, Noruega, Austria, cuentan con compañías eléctricas con participación pública que funcionan razonablemente bien. Una excepción es precisamente España, que privatizó todo lo que pudo, sin ton ni son, en unos casos por razones ideológicas de mentalidad neoliberal —el PP— y en otros por pura inercia —el PSOE—, como fue el caso de la venta de Endesa a la italiana Enel, que, por cierto, es pública. El resultado ha sido que la electricidad se ha pagado más cara en España que en esos otros países bastante más ricos, y por lo menos ha sido así durante mucho tiempo. Y lo seguiría siendo si no fuera por la llamada «excepción ibérica» y la reducción del IVA, conseguidos ambos por un gobierno progresista. Lo cierto es que, en todas esas empresas públicas en las que una parte de la propiedad pertenece a la sociedad a través del Estado u otros entes, se podrían desarrollar experiencias de participación y gestión más democráticas, como las que hemos examinado, por ejemplo, de Volkswagen.

En realidad, siempre he pensado, aunque parezca paradójico, que la enorme concentración de riqueza que este capitalismo ha generado en los últimos años podría facilitar esta tarea. Porque en el fondo lo que ha venido haciendo el sistema, a pesar suyo, ha sido «socializar» la producción hasta límites desconocidos en el pasado, aunque manteniendo la propiedad en manos privadas. En un informe de la Fundación Alternativas que tuve ocasión de coordinar y que tenía por título «Una nueva gobernanza global» demostrábamos que las diez multinacionales más importantes de los diez sectores más decisivos de la producción de bienes o servicios (la banca, las financieras, la comunicación, las farmacéuticas, la alimentación, la aeronáutica, la defensa, el automóvil, la energía) controlaban la economía global. Una lista en la que habría que incluir hoy algunas de las más grandes tecnológicas que dominan la revolución digital.

Es decir, las cien corporaciones transnacionales más grandes del mundo son las que «orientan», realmente, la actual globalización. Y esto es así no porque el poder político no pudiese intervenir para que fuera de otra manera, sino porque, en unos casos, esos poderes políticos son demasiado débiles ante esos gigantes y, en otros, porque los dirigentes políticos son sus representantes en la tierra. Un ejemplo indiscutible lo vimos los días «coronavíricos» en Estados Unidos. El presidente Trump, campeón del liberalismo más acendrado, obligó a la General Motors, por medio de una ley aprobada durante la guerra de Corea, a producir máscaras y otros artilugios con el fin de hacer frente a la pandemia. Con tal de ganar las elecciones –y salvar su capitalismo– algunos se hacen keynesianos, bolcheviques o lo que haga falta si la situación lo requiere. Así que no perdamos la esperanza...

BIBLIOGRAFÍA

ACEMOGLU, Daren y ROBINSON, James A., *Why Nations Fail: The Origins of Power, Prosperity, and Poverty*, Londres, Crown Business, 2012. [Ed. en esp.: *Por qué fracasan los países: los orígenes del poder, la prosperidad y la pobreza*, trad. de Marta García Madera, Barcelona, Deusto, 2014.]

AHAMED, Liaquat, *Lords of Finance: The Bankers Who Broke the World*, Londres, Penguin Books, 2009. [Ed. en esp.: *Los señores de las finanzas: los cuatro hombres que arruinaron el mundo*, trad. de Jorge Paredes, Barcelona, Deusto, 2012.]

ANDERSON, Bonnie S. y ZINSSER, Judith P., *Historia de las mujeres. Una historia propia*, varios traductores, Barcelona, Crítica, 2007.

APPLEBAUM, Anne, *El ocaso de la democracia: la seducción del autoritarismo*, trad. de Francisco J. Ramos Mena, Barcelona, Debate, 2021.

ARENDT, Hannah, *Las crisis de la República*, trad. de Guillermo Solana Alonso, Madrid, Trotta, 2023.

—, *Los orígenes del totalitarismo*, trad. de Guillermo Solana Alonso, Madrid, Alianza, 2006.

ARRIGHI, Giovanni, *The Long Twentieth Century: Money, Power and the Origins of Our Times*, Nueva York, Verso Books, 2010. [Ed. en esp.: *El largo siglo XX: dinero y poder en los orígenes de nuestra época*, trad. de Carlos Prieto del Campo, Madrid, Akal, 2014.]

AZCÁRATE, Manuel, *Crisis del eurocomunismo*, Barcelona, Argos Vergara, 1982.

BACEVICH, Andrew J., *The New American Militarism: How Americans Are Seduced By War*, Estados Unidos, Oxford University Press, 2013.

BANTI, Alberto Mario, *Storia della borghesia italiana: l'età liberale (1861-1922)*, Roma, Donzelli, 1996.

BATAILLON, Marcel, *Erasmo y España: estudios sobre la historia espiritual del siglo XVI*, trad. de Antonio Latorre, México, Fondo de Cultura Económica, 1979.

BERNSTEIN, Eduard, *Karl Marx y la reforma social*, trad. de Roberto Ramos y Antonio López, Barcelona, Página Indómita, 2018.

BRAUDEL, Fernand, *Civilización material, economía y capitalismo*, siglos XV-XVIII, 3 vols., trad. de Isabel Pérez-Villanueva, Vicente Bordoy Hueso y Néstor Míguez, Madrid, Alianza, 1984.

BROCHEUX, Pierre, *Ho Chih Minh*, París, Presses de Sciences Po, 2000.

BURRIN, Philippe, *Francia bajo la ocupación nazi, 1940-1944*, trad. de Vicente Gómez, Barcelona, Paidós, 2010.

CARRERAS, Albert y TAFUNELL, Xavier, *Entre el imperio y la globalización: historia económica de la España contemporánea*, Barcelona, Crítica, 2018.

CIPOLLA, Carlo M. (ed.), *Economías contemporáneas*, en *Historia económica de Europa*, vol. 6, trad. de Iris Menéndez, Barcelona, Ariel, 1979.

—, *Historia económica de Europa*, varios traductores, Barcelona, Ariel, 1979.

COLLIER, Paul, *The Future of Capitalism: Facing the New Anxieties*, Londres, Allen Lane, 2018. [Ed. en esp.: *El futuro del capitalismo: cómo afrontar las nuevas ansiedades*, trad. de Marta Valdivieso Rodríguez y Ramón González Férriz, Barcelona, Debate, 2019.]

DE FELICE, Renzo, *Mussolini il fascista*, 2 vols., Turín, Einaudi, 1997.

DONOFRIO, Andrea, *Érase una vez el eurocomunismo: las razones de un fracaso*, Madrid, Editorial Tecnos, 2018.

EAGLETON, Terry, *Why Marx was Right*, New Haven (Connecticut), Yale University Press, 2018. [Ed. en esp.: *Por qué Marx tenía razón*, trad. de Teófilo de Lozoya, Barcelona, Crítica, 2017.]

ELKINS, Caroline, *Legacy of violence. A history of British Empire*, Londres, Bodley Head, 2022.

ELLIOTT, J. H., *Spain, Europe and the Wider World (1500-1800)*, New Haven, Yale University Press,

2009. [Ed. en esp.: *España, Europa y el mundo de ultramar* (1500-1800), trad. de Marta Balcells Marcé, Madrid, Taurus, 2010.]

ENGELS, Friedrich, *El origen de la familia, la propiedad privada y el Estado*, traducción anónima, Madrid, Akal, 2019.

—, *La Révolution démocratique bourgeoise en Allemagne*, París, Éditions Sociales, 1951.

ESTRADA LÓPEZ, Bruno y FLORES, Gabriel, *Repensar la economía desde la democracia*, Madrid, Catarata, 2020.

FENBY, Jonathan, *The Penguin history of modern China: The fall and rise of a great power, 1850 to the present*, Londres, Penguin Books, 2013.

FERREIRÓS ORIHUEL, Inés y SAN VICENTE FEDUCHI, Jorge (coords.), *V Informe sobre la desigualdad en España 2022*, Madrid, Fundación Alternativas, 2022.

FERRO, Marc (dir.), *El libro negro del colonialismo: siglos XVI al XXI: del exterminio al arrepentimiento*, trad. de Carlo A. Caranci, Madrid, La Esfera de los Libros, 2005.

FIGES, Orlando, *La Revolución Rusa*, trad. de Ana Mata Buil, Barcelona, Taurus, 2021.

FLÓREZ ESTRADA, Álvaro, *Examen imparcial de las disensiones de la América con la España: de los medios de su reconciliación, y de la prosperidad de todas las naciones*, Nabu Press, 2010.

Fundación Alternativas, Informe medioambiente, 2021.

FURSENKO, Aleksandr y NAFTALI, Timothy, *Khrush-*

chev's Cold War: The Inside Story of an American Adversary, Londres, W. W. Norton, 2007.

GADDIS, John Lewis, *The Cold War. A New History*, Nueva York, Penguin Books, 2005. [Ed. en esp.: *La guerra fría*, trad. de Catalina Martínez, Barcelona, RBA, 2008.]

GARCÍA DE VALDEAVELLANO, Luis, *Orígenes de la burguesía en la España medieval*, Madrid, Espasa-Calpe, 1991.

GRAMSCI, Antonio, *Il materialismo storico e la filosofia di Benedetto Croce*, Roma, Editori Riuniti, 1971. [Ed. en esp.: *El materialismo histórico y la filosofía de Benedetto Croce*, trad. de Isidoro Flambaun, Buenos Aires, Nueva visión, 2003.]

—, *Notte sul Machiavelli, sulla politica e sullo stato moderno*, Roma, Editori Riuniti, 1971. [Ed. en esp.: *Notas sobre Maquiavelo, sobre política y sobre el Estado Moderno*, trad. de José Aricó, Buenos Aires, Nueva Visión, 2003.]

—, *L'ordine nuovo (1919-1920)*, Roma, Edizioni Pgreco, 2020.

GRANJEL, Luis Sánchez *et al.*, *Vida y obra del Doctor Andrés Laguna*, Salamanca, Consejería de Cultura y Bienestar Social, 1990.

GREENSPAN, Alan y WOOLDRIDGE, Adrian, *Capitalism in America: A History*, Londres, Penguin Press, 2018.

HABERMAS, Jürgen, *Después de Marx: la reconstrucción del materialismo histórico*, trad. de Jaime Nicolás Muñiz y Ramón Cotarelo, Barcelona, Taurus, 2023.

—, *Más allá del Estado nacional*, trad. de Miguel Jiménez Redondo, Madrid, Trotta, 1997.

HEGEL, G. W. F., *Lecciones sobre la filosofía de la historia*, trad. de José Gaos, Barcelona, Círculo de Lectores, 1996.

HERR, Richard, *España y la Revolución del siglo XVIII*, trad. de Elena Fernández Mel, Madrid, Aguilar, 1990.

HOBSBAWM, Eric J., *How to Change the World: Tales of Marx and Marxism*, Londres, Little Brown, 2011. [Ed. en esp.: *Cómo cambiar el mundo: Marx y el marxismo 1840-2011*, trad. de Silvia Furió, Barcelona, Editorial Crítica, 2012.]

—, *La era del capital, 1848-1875*, trad. de Ángel García Fluixà y Carlo A. Caranci, Barcelona, Editorial Crítica, 2011.

—, *La era del imperio, 1875-1914*, trad. de Juan Faci, Barcelona, Editorial Crítica, 2013.

—, *The Age of Extremes, 1914-1991*, Londres, Vintage Books, 1996. [Ed. en esp.: *Historia del siglo XX, 1914-1991*, trad. de Juan Faci, Jordi Ainaud y Carme Castells, Barcelona, Editorial Crítica, 2011.]

HOCHSCHILD, Adam, *El fantasma del rey Leopoldo*, trad. de José Luis Gil Aristu, México, Malpaso Ediciones, 2017.

HOLBACH, P. H. T., *Sistema social: principios naturales de la moral y la política, con un examen de la influencia del gobierno sobre la moral*, trad. de Serafín Senosiain, Pamplona, Ediciones Laetoli, 2017.

HUME, David, *Ensayos políticos*, trad. de César Armando Gómez, Madrid, Editorial Tecnos, 2006.

JONG, David de, *Dinero y poder en el Tercer Reich: la historia oculta de las dinastías más ricas de Alemania*, trad. de Marina Rodil, Madrid, Principal de los Libros, 2022.

JUDT, Tony, *Postwar: A History of Europe Since 1945*, Londres, Penguin, 2005. [Ed. en esp.: *Posguerra: una historia de Europa desde 1945*, trad. de Jesús Cuéllar y Victoria Gordo, Madrid, Taurus, 2006.]

JULIÁ, Santos, *Los socialistas en la política española, 1879-1982*, Madrid, Taurus, 1997.

KAMEN, Henry, *La invención de España: leyendas e ilusiones que han construido la realidad española*, trad. de Alejandra Devoto, Barcelona, Espasa, 2020.

KERSHAW, Ian, *Roller-Coaster Europe (1950-2017)*, Londres, Penguin, 2018. [Ed. en esp.: *Ascenso y crisis: Europa 1950-2017: Un camino incierto*, trad. de Yolanda Fontal Rueda, Barcelona, Crítica, 2021.]

KIERNAN, V. G., *America: The New Imperialism: From White Settlement to World Hegemony*, Londres, Verso, 2005.

KISSINGER, Henry, *Diplomacy*, Nueva York, Simon & Schuster, 1994. [Ed. en esp.: *Diplomacia*, trad. de Mónica Utrilla, Barcelona, Ediciones B, 2010.]

—, *Leadership: Six Studies in World Strategy*, Londres, Penguin Books, 2022. [Ed. en esp.: *Liderazgo: seis estudios sobre estrategia mundial*, Marta Valdivieso Rodríguez y Ramón González Férriz, Barcelona, Debate, 2023.]

— *On China*, Londres, Penguin Books, 2012. [Ed. en esp.: *China*, trad. de Carme Geronés Planagumà, Barcelona, Debate, 2012.]

LAPAVISTAS, Costas, *Profiting Without Producing: How Finance Exploits Us All*, Nueva York, Verso Books, 2014. [Ed. en esp.: *Beneficios sin producción: cómo nos explotan las finanzas*, trad. de Carla Estevan Esteban y Laura de la Villa Alemán, Madrid, Traficantes de Sueños, 2016.]

LANDES, David S., *La riqueza y la pobreza de las naciones: por qué algunas son tan ricas y otras tan pobres*, trad. de Santiago Jordán Sempere, Barcelona, Editorial Crítica, 2017.

LARRAGA, Vicente (coord.), *3ER informe sobre la ciencia y la tecnología en España*, Madrid, Fundación Alternativas, 2021.

LEFFLER, Melvyn P., *La guerra después de la guerra: Estados Unidos, la Unión Soviética y la Guerra Fría*, trad. de Ferran Esteve, Barcelona, Crítica, 2008.

LEPRE, Aurelio, *Storia della prima repubblica*, Bolonia, Il Mulino, 2006.

LIDDELL HART, sir Basil, *Historia de la Segunda Guerra Mundial*, trad. de Ricardo Artola, Madrid, Arzalia, 2022.

LÓPEZ GARRIDO, Diego, *La edad del hielo: Europa y Estados Unidos ante la Gran Crisis: el rescate del Estado de bienestar*, Barcelona, RBA, 2014.

408

LUKÁCS, György, *Testamento político y otros escritos sobre política y filosofía*, Barcelona, El Viejo Topo, 2008.

MACK SMITH, Denis, *Storia d'Italia dal 1861 al 1997*, Bari, Laterza, 2014.

MACKENZIE, John M. (ed.), *European Empires and the People: Popular Responses to Imperialism in France, Britain, the Netherlands, Belgium, Germany and Italy*, Manchester, Manchester University Press, 2011.

MACLENNAN, Julio Crespo, *Europa: How Europe Shaped the Modern World*, Nueva York, Pegasus, 2018.

MACMILLAN, Margaret, *The War That Ended Peace: The Road to 1914*, Nueva York, Random House, 2013. [Ed. en esp.: *1914: de la paz a la guerra*, trad. de José Vitier, Madrid, Turner, 2013.]

MAZZUCATTO, Mariana, *Misión economía: una carrera espacial para cambiar el capitalismo*, trad. de Marta Valdivieso Rodríguez y Ramón González Férriz, Barcelona, Taurus, 2021.

MARX, Karl, *Contra los nacionalismos*, selección de Constantino Bértolo, Madrid, Catarata, 2017.

—, *El capital*, trad. de Vicente Romano García, Madrid, Akal, 2022.

—, *Elementos fundamentales para la crítica de la economía política*, 3 vols., trad. de José Aricó *et al.*, Madrid, Siglo XXI, 1976.

—, *La lucha de clases en Francia*, trad. de Ramón García Cotarelo, Barcelona, Espasa, 1995.

MARX, Karl y ENGELS, Friedrich, *El manifiesto comunista*, trad. de José Ovejero, Barcelona, Galaxia Gutenberg, 2021.

MASON, Paul, *How to Stop Fascism: History, Ideology, Resistance*, Londres, Allen Lane, 2022.

MCPHEE, Peter, *Robespierre: A Revolutionary Life*, New Haven (Connecticut), Yale University Press, 2012. [Ed. en esp.: *Robespierre: Una vida revolucionaria*, trad. de Ricardo García Pérez, Barcelona, Península, 2015.]

MEDVEDEV, Zhores A. y MEDVEDEV, Roy A., *The Unknown Stalin: His Life, Death, and Legacy*, Londres, Tauris, 2003. [Ed. en esp.: *El Stalin desconocido*, trad. de Javier Alfaya, Barcelona, Crítica, 2005.]

MICKLETHWAIT, John y WOOLDRIDGE, Adrian, *Una nación conservadora: el poder de la derecha en Estados Unidos*, trad. de Julià de Jòdar, Barcelona, Debate, 2006.

MILTON, Giles, *Big Chief Elizabeth: How England's Adventurers Gambled and Won the New World*, Londres, John Murray, 2001.

MOORE, Robert I., *The First European Revolution: c. 970-1215*, Nueva Jersey, Blackwell, 2000. [Ed. en esp.: *La primera revolución europea, c. 970-1215*, trad. de Ferran Esteve, Barcelona, Crítica, 2003.]

NADAL, Jordi, *El fracaso de la revolución industrial en España, 1814-1913*, Barcelona, Ariel, 1988.

OKEY, Robin, *The Habsburg Monarchy: from Enlightenment to Eclipse*, Nueva York, St. Martin's Press, 2001.

OSTERHAMMEL, Jürgen y JANSEN, Jan C., *Colonialismo: historia, formas, efectos*, trad. de Juanmari Madariaga, Madrid, Siglo XXI, 2019.

OTAZU, Alfonso de, *Los Rothschild y sus socios españoles: 1820-1850*, Madrid, O. Hs. Ediciones, 1987.

OTERO CARVAJAL, L. E., *La ciencia en España, 1814-2015*, Madrid, Catarata, 2017.

PÉREZ GARZÓN, Juan Sisinio, *Historia de las izquierdas en España*, Madrid, Catarata, 2022.

PÉREZ, Joseph, *La revolución de las Comunidades de Castilla (1520-1551)*, trad. de Juan Faci, Madrid, Siglo XXI, 1999.

PETTIS, Michael y KLEIN, Matthew C., *Las guerras comerciales son guerras de clase: cómo la desigualdad distorsiona la economía y amenaza la paz*, trad. de Francisco Herreros, Madrid, Capitán Swing, 2022.

PIKETTY, Thomas, *Capital et Idéologie*, París, Seuil, 2019. [Ed. en esp.: *Capital e ideología*, trad. de Daniel Fuentes, Barcelona, Deusto, 2019.]

—, *Capital in the Twenty-First Century*, Cambridge (Massachusetts), Harvard University Press, 2014. [Ed. en esp.: *El capital en el siglo XXI*, trad. de Ana Escartín Arilla, Barcelona, RBA, 2015.]

PIRENNE, Henri, *Historia de Europa: desde las invasiones hasta el siglo XVI*, trad. de Juan José Domenchina, México, Fondo de Cultura Económica, 1995.

PRADOS DE LA ESCOSURA, Leandro, *De imperio a nación. Crecimiento y atraso económico en España (1780-1930)*, Madrid, Alianza, 1988.

QUIROGA FERNÁNDEZ, Alejandro, *Miguel Primo de Rivera: dictadura, populismo y nación*, Barcelona, Crítica, 2022.

RIFKIN, Jeremy, *El Green New Deal global: por qué la civilización de los combustibles fósiles colapsará en torno a 2028 y el audaz plan económico para salvar la vida en la Tierra*, trad. de Antonio Rodríguez, Barcelona, Paidós, 2021.

RIVERA, Antonio, *Historia de las derechas en España*, Madrid, Catarata, 2022.

ROBERTS, J. M., *A History of Europe*, Londres, Allen Lane, 1997.

ROGAN, Eugene, *The Arabs: A History*, Londres, Basic Books, 2009. [Ed. en esp.: *Los árabes: del imperio otomano a la actualidad*, trad. de Tomás Fernández Aúz, Beatriz Eguibar y Gonzalo García, Barcelona, Editorial Crítica, 2015.]

ROVAN, Joseph, *Histoire de l'Allemagne: des origines à nos jours*, París, Seuil, 1994.

SÁNCHEZ ALBORNOZ, Claudio, *España. Un enigma histórico*, Buenos Aires, Editorial Sudamericana, 1956.

SANTIRSO RODRÍGUEZ, Manuel, *El liberalismo: una herencia disputada*, Madrid, Cátedra, 2014.

SARRAILH, Jean, *La España ilustrada de la segunda mitad del siglo XVIII*, trad. de Antonio Alatorre, México, Fondo de Cultura Económica, 2008.

SARTORIUS, Nicolás (coord.), *Una nueva gobernanza global: propuestas para el debate*, Madrid, Marcial Pons, 2010.

SCHAMA, Simon, *Auge y caída del Imperio Británico, 1776-2000*, trad. de Juan Rabasseda, Barcelona, Crítica, 2006.

SEBAG MONTEFIORE, Simon, *Stalin: The Court of the Red Tsar*, Londres, Weidenfeld and Nicholson, 2003. [Ed. en esp.: *La corte del zar rojo*, trad. de Teófilo de Lozoya, Barcelona, Crítica, 2017.]

SERRA, Maurizio, *Le Mystère Mussolini*, París, Perrin, 2021.

SIMMS, Brendan, *Britain's Europe: A Thousand Years of Conflict and Cooperation*, Londres, Allen Lane, 2016.

—, *Europe: The Struggle for Supremacy from 1453 to the Present*, Londres, Penguin Books, 2014.

SMELE, John, *The Russian Civil Wars, 1916-1926*, Lanham, Rowman & Littlefield, 2015.

SMITH, Adam, *La riqueza de las naciones*, trad. de Carlos Rodríguez Braun, Madrid, Alianza, 2011.

SPERBER, Jonathan, *The European Revolutions, 1848-1851*, Cambridge, Cambridge University Press, 2005.

SPINOZA, Baruch, *Ética*, ed. de Vidal Peña, Madrid, Alianza, 2011.

SPRIANO, Paolo, *Storia del Partito Comunista Italiano*, 5 vols., Turín, Einaudi, 1967-1975.

STAËL, Madame de, *Consideraciones sobre los principales acontecimientos de la Revolución francesa: 25 años decisivos de la historia de Francia y de Europa en primera persona*, trad. de Xavier Roca-Ferrer, Barcelona, Arpa, 2017.

STIGLITZ, Joseph E., *El malestar en la globalización*, trad. de Carlos Rodríguez Braun, Madrid, Taurus, 2018.

—, *Freefall: America, Free Markets and the Sinking of the Global Economy*, Nueva York, W. W. Norton, 2010. [Ed. en esp.: *Caída libre: El libre mercado y el hundimiento de la economía mundial*, trad. de Alejandro Pradera y Núria Petit, Madrid, Taurus, 2010.]

STONE, Oliver y KUZNICK, Peter, *The Untold History of the United States*, Nueva York, Gallery Books, 2013. [Ed. en esp.: *La historia silenciada de Estados Unidos: una visión crítica de la política norteamericana del último siglo*, trad. de Amado Diéguez, Madrid, La Esfera de los Libros, 2015.]

SUTTER, Robert G., *Chinese Foreign Relations: Power and Policy of an Emerging Global Force*, Lanham (Maryland), Rowman and Littlefield, 2020.

TALLETT, Frank y TRIM, D. J. B. (eds.), *European Warfare, 1350-1750*, Cambridge, Cambridge University Press, 2010.

TOGLIATTI, Palmiro, *La via italiana al socialismo*, Roma, Editori Reuniti, 1964. [Ed. en esp.: *La vía italiana al socialismo*, trad. de Alberto Sánchez Mascuñán, Barcelona, Rufino Torres, 1976.]

—, *Problemi del movimento operaio internazionale, 1956-1961*, Roma, Editori Reuniti, 1962.

TORTELLA CASARES, Gabriel, *Los orígenes del capitalismo en España: banca, industria y ferrocarriles en el siglo XIX*, Madrid, Tecnos, 1995.

TORTELLA CASARES, Gabriel y NÚÑEZ, Clara Eugenia, *El desarrollo de la España contemporánea: historia económica de los siglos XIX y XX*, Madrid, Alianza, 2011.

TRENTIN, Bruno, *Da sfruttati a produttori*, Bari, De Donato, 1976.

TURNER, Adair, *Just Capital. Critica del capitalismo globale*, Bari, Laterza, 2004. [Ed. en esp.: *Capital justo: la economía liberal: cómo humanizar la globalización*, trad. de Mónica Rubio, Barcelona, Tusquets, 2003.]

VALLE INCLÁN, Ramón del, *El ruedo ibérico*, edición de Diego Martínez Torrón, Madrid, Cátedra, 2021.

VICO, Giambattista, *Ciencia Nueva*, trad. de Rocío de la Villa, Madrid, Editorial Tecnos, 2006.

VOGEL, Ezra, *Deng Xiaoping and the Transformation of China*, Londres, Belknap Books, 2011.

WANG, Hui, *The End of the Revolution: China and the Limits of Modernity*, Londres, Verso, 2009.

WEITZ, Eric D., *Weimar Germany: Promise and Tragedy*, Princeton (Nueva Jersey), Princeton University Press, 2007. [Ed. en esp.: *La Alemania de Weimar: presagio y tragedia*, trad. de Gregorio Cantera, Madrid, Turner, 2009.]

WENQIAN, Gao, *Zhou Enlai. The Last Perfect Revolutionary*, Nueva York, Public affairs, 2008.

WORLDWATCH INSTITUTE, *La situación del mundo*, 2013.

XING, Li (ed.), *The Rise of China and the Capitalist World Order*, Londres, Routledge, 2010.

Z∪BOFF, Shoshana, *La era del capitalismo de la vigilancia: la lucha por un futuro humano frente a las nuevas fronteras del poder*, trad. de Albino Santos Mosquera, Barcelona, Paidós, 2020.

ZUBOK, Vladislav M., *Un imperio fallido: La Unión Soviética durante la guerra fría*, trad. de Teófilo de Lozoya y Juan Rabasseda, Barcelona, Crítica, 2008.

ÍNDICE